記録と考証　日中国交正常化・
日中平和友好条約締結交渉

記録と考証　日中国交正常化・日中平和友好条約締結交渉

石井　明　朱建栄
添谷芳秀　林　暁光　編

岩波書店

はじめに

今から二五年前、一九七八年八月一二日、日中両国外相は北京で日中平和友好条約に調印した。同年一〇月二三日、東京で批准書が交換され、同条約は発効した。この条約は一九七二年九月二九日、北京で日中両国の首相・外相によって調印された日中共同声明で、両国の平和友好関係を強固にし、発展させるために結ぶことを約束していたものであった。

日中関係の歴史を振り返ると、一八七一年に結ばれ、七三年に発効した日清修好条規は対等な条約であった。しかし、一八九四―九五年、日清戦争が戦われ、その講和条約である下関条約はまぎれもなく不平等条約であった。日本は対欧米諸国との関係では不平等条約の改正に力を尽くしながら、近隣に対しては不平等な関係を押し付けた。脱亜入欧の道を歩み、ついには日中戦争を引き起こしてしまったのである。

日清修好条規の調印から百年経ち、一九七〇年代に日中両国は日中共同声明の調印により、第二次世界大戦後の不正常な関係に終止符を打ち、さらに平和友好条約を結んで、再び対等な基礎の上に両国関係を発展させる道を開いた。

しかし、日中共同声明調印への道、平和友好条約調印への道は平坦ではなかった。日中関係の打開は両国の当事者の真剣な努力、そして両国の国民の力強い支援があってはじめて可能になったのである。

日本では二〇〇一年四月、情報公開法が施行され、外交文書の開示を請求できるようになった。その結果、一九七二年当時の田中首相、大平外相が訪中し、周恩来総理らと会談した日本外務省文書のほぼ全貌が明らかになった。さらに和製キッシンジャーと称された竹入公明党委員長と周恩来総理との秘密会談の記録も公開された。併せて、それから六年後の日中平和友好条約締結交渉に関する事務レベルの会談と外相レベルの会談の記録も公開された。

それらの文書を読むと、両国首脳が実に率直かつ大胆に会談している様子がわかる。田中首相の「我々は異常な決心を固めて訪中した」(一九七二年九月二八日)という発言や、園田外相の「今次訪中に当っては私の生涯と運命をかけて訪中した。日本の政治家として生命をかけて参った」(一九七八年八月九日)という発言に接すると、その気迫に強い印象を受ける。これらの文書は堅苦しい外交文書としてではなく、いわば「読める記録」として打ち出せるものとなっている。我々はそう判断して、本書の出版を企画した。

本書の読者の中には、共同声明や条約の文言にどうしてこだわったのか奇異に感じる方がおられるかも知れない。共同声明に調印して帰国した直後の一九七二年一〇月六日、大平外相は内外情勢調査会で講演した際、次のように述べた。「ローマの昔にヤヌスという神様があったと言い伝えられております。これは入り口とか門なんかの守護神でございます。顔が二つある神様でございます。こっちから見たら同じ体でございますけれども、こっちから見ればこう読める、こっちから見るとこういう顔をしているというヤヌス的コミュニケといいますか、そういうものしか誰が考えても考えられなかったわけでございます」(時事通信社政治部編『ドキュメント日中復交』一九七二年)。

戦争状態がいつ終結したかについて、共同声明では、日中双方とも国内向けに別の説明ができるような文面になっていること等について述べているのだが、両国の指導者とも国家を背負って交渉に臨んでおり、国家の面子が立つような文面にするために苦心されたことがわかる。

ところで、ローマ神話に出てくるヤヌス(Janus)という神様、門の守護神なのだが、門は必ず二つの道に面しているので、首が二つある。この神様、年を開くのも仕事で、それで一年の最初の月は彼の名によってJanuaryと呼ばれる。すべての行動の初めを司る神なので、大平外相は気づいていないが、正常化された日中関係の起点になる日中共同声明を形容するのにふさわしい言葉でもある。いずれにせよ、過去の不正常な状態に終止符を打ち、新たな日中関係の一頁を踏み出すために、交渉に携わった方々は心血を注いだのである。

ここで、本書の構成について解説しておきたい。本書は三部構成となっており、冒頭の記録編には日中国交正常化交渉および日中平和友好条約交渉に関する会談記録を収めている。それぞれの会談記録には解題をつけるとともに、用語解説や当時の時代背景などの解説を注釈の形で加えていった。この作業は編者の一人石井明が担当した。本来は中国側の同一文書とも対照させながら注釈を加えていきたかったのであるが、中国側の文書の公開状況から断念した。ただ、田中・毛沢東会談記録のように、日本側には記録がなく、中国側に記録が残っていて、一部公開されているものもある。

なお、日中関係の正常化は日本側から見れば、台湾の政権との断交を意味する。当時の日本政府、外務省が台湾との関係をどのように扱ったかを示す会談記録・文書もこの記録編に収めてある。

次の証言編であるが、国交正常化交渉および平和友好条約交渉関係の会談に参加された当事者・要人にはすでに物故された方も少なくないのだが、引き続き御活躍中の方々にご無理を承知で寄稿をお願いした。すでに発表済みの文章の転載をお願いした方々もおられる。証言者の中には、当時、ジャーナリストとして現場に立ち会った方々も含まれる。

これらの証言によって、当時の外交交渉の背景がよりよく理解でき、外交文書の行間に潜む真実が見えてくるのであり、玉稿をお寄せくださった方々、転載をお許しくださった方々、各出版社に深く謝意を表したい。

最後の考証編には、記録編、証言編で得られた成果を元に、日中国交回復から平和友好条約締結にいたる外交交渉過程、国際環境、内政要因、その後に持ち越された諸問題とその歴史的意味について、編者がそれぞれ考察した論稿を集めてある。

添谷芳秀論文は米中和解の際に両国指導者が日本について何を語ったのかを、近年公開された米国の記録から明らかにし、日中国交正常化に臨んだ日本の外交との対比を浮き彫りにしている。石井明論文は日本が国民党政権との間で日華平和条約を結んだ経緯、そして田中内閣が「二つの中国」政策から「一つの中国」政策へと跳躍する過程を扱っている。林暁光論文は国交回復から平和友好条約締結まで六年もの歳月を要し、覇権条項をめぐる紛糾が鄧小平時代の到来とともに一気呵成に解決を見た経緯を、特に中国側の動きを中心に考察している。朱建栄論文は今回、公開された文書を踏まえ、日中関係に横たわる諸問題の歴史的淵源を説きあかし、その上で互いに未来志向の関係を目指そうと訴えている。

朱建栄論文も論じている通り、目下、日中間には歴史認識問題、台湾問題、ODA問題等をめぐって対立がある。本書に採録した文書を見ると、現在、日中間で争点になっている問題の多くが、すでに論争点となっていたことがわかる。問題のあり方が集約的に表現されている、と言っても過言ではないだろう。

日中間では、一九九八年一一月、江沢民国家主席（当時）が日本を公式訪問した際、「平和と発展のための友好協力パートナーシップの構築に関する日中共同宣言」が発表された。この文書は日中共同声明、平和友好条約に続いて、日中関係を律する第三の文書である。ただ、第三の文書の出現によって第一、第二の文書が役割を終えたわけでは全くない。

今後の日中関係の進むべき方向はこの三文書が指し示している、と言ってよいであろう。日中関係に関心をお持ちの方々、とりわけ日中関係の今後の発展に関心を持つ方々に、共同声明と平和友好条約の締結に取り組まれ、日中関係を打開した先人の思いを汲み取っていただければ編者としてこれ以上の喜びはない。

最後になってしまったが、本書の出版を企画された岩波書店学術一般書編集部編集長・馬場公彦氏に謝意を表したい。馬場氏のこの企画に対する情熱と厳しい督促がなければ、本書は日中平和友好条約締結二五周年の記念すべき年に日の目を見ることはできなかったであろう。

二〇〇三年六月一七日

編者を代表して　石井　明

凡　例

一、本「記録編」に収録した文献は、解題で特に断らない限り、「行政機関の保有する情報の公開に関する法律」(いわゆる情報公開法)による行政文書開示要求により外務省情報公開室から開示され、その後、外務省外交史料館において閲覧・複写可能となっている文書である。

二、これらの外交文書は横書きで記されているが、本書に収録するにあたり、縦書きに直した。

三、明らかに誤字、脱字と判断される箇所及び若干の不適切な表現については手直しした。

四、本文中の〔　〕内は編者および訳者の注である。

五、本文中、必要と思われる人名、事項については注を付けた。主要登場人物については、本編の冒頭に、簡単な人物紹介を付けてある。敬称については原則として省略した。

六、日中共同声明(全文)と日中平和友好条約(全文)及び「日中共同宣言」(全文)は本書巻末の「資料」に収めてある。

主要登場人物

田中角栄(一九一八―九三) 政治家。田中派領袖。一九七二年七月、五四歳で首相に就任し、日中国交正常化に取り組んだ。しかし、一九七四年一一月、田中金脈問題で内閣総辞職。

大平正芳(一九一〇―八〇) 政治家。大平派領袖。一九七二年夏、田中角栄と福田赳夫が争った政権抗争で田中を支持。一九七二年七月、第一次田中内閣で外相。一九七八年一二月―八〇年六月、首相。

竹入義勝(一九二六―) 政治家。一九六四年、公明党結成とともに副委員長。一九六七―八六年、公明党委員長。国交正常化時、日中両国政府間のパイプ役を務めた。

椎名悦三郎(一八九八―一九七九) 政治家。自民党内の親韓、親台派の長老。田中内閣の実現に協力し、一九七二年夏より四年余り自民党副総裁。日中国交正常化の直前、首相特使として台湾訪問。

福田赳夫(一九〇五―九五) 政治家。福田派領袖。一九七二年の自民党総裁選挙で田中角栄に敗れた。一九七六年一一月、首相に就任し、日中平和友好条約の締結に尽力。一九七八年、自民党員による総裁予備選で大平正芳に敗れ、首相退陣。

園田直(一九一三―八四) 政治家。一九七二年の総裁選挙では福田派の参謀格。その後、福田内閣の実現に努め、一九七八年、福田内閣の外相として、日中平和友好条約の締結に取り組む。

毛沢東(一八九三―一九七六) 中国共産党の創立者の一人。中国革命の指導者。日中戦争時、抗日民族統一戦線戦術で日本に立ち向かう。一九四九年一〇月の中華人民共和国の建国後、中国の内外政策の最終的策定者。

周恩来（一八九八―一九七六）　中国共産党の指導者の一人。建国後、人民政府政務院（後に国務院と改称）総理。以後、死去するまで終身総理。一九五八年まで外交部長を兼任したが、兼任を解かれた後も外交活動を指導。

姫鵬飛（一九一〇―二〇〇〇）　軍人出身の外交官。一九七一年、外交部長代理として文化大革命で打撃を受けた外交部の再建に取り組む。一九七二年一月、外交部長就任（七四年まで）。一九七九―八二年、党中央対外連絡部長、国務院副総理。

鄧小平（一九〇四―九七）　文化大革命で「資本主義の道を歩む実権派」のレッテルを貼られて失脚。復活するも一九七六年の第一次天安門事件に連座して再失脚。翌年、再復活をとげ、中国の近代化を目指す改革・開放路線への転換を指導。

黄華（一九一三―）　外交官。駐ガーナ、エジプト、カナダ大使等歴任後、一九七一―七六年、国連首席代表。一九七六年、外交部長。一九八〇年、国務院副総理。一九八三年、六期全国人民代表大会常務委員会副委員長。

蔣介石（一八八七―一九七五）　軍人。政治家。国民党政権の最高指導者。中国共産党との内戦に敗れ、一九四九年一二月、台北に遷都。その後も大陸反攻のスローガンを掲げ、中国の正統政府であると主張し続けた。

蔣経国（一九一〇―八八）　政治家。蔣介石の長男。台湾の国防部長、行政院副院長等を経て、一九七二年より行政院長（首相に相当）に就任。一九七八年より総統。この間、一九七五年、死去した父の後を継いで国民党総統。

目　次

記録編

日中復交の流れを決めた周・竹入会談．握手する周首相(左)と竹入公明党委員長(1972年7月，北京の人民大会堂で)

第一部　日中国交正常化交渉

1　竹入義勝公明党委員長・周恩来総理会談

解題

田中新内閣に日中国交正常化を図る決意を見た中国は一九七二年七月末、竹入義勝・公明党委員長に訪中を要請した。北京入りした竹入は七月二七日、二八日、二九日と三夜連続で周恩来首相と会談した。竹入は中国側の日中共同声明案八項目、台湾問題に関する三項目の黙約事項を書き写し、帰国後、周恩来との会談記録(竹入メモ)とともに田中首相、大平外相に見せた。竹入メモを見た田中・大平はこれで国交正常化はできると判断し、訪中に向けた準備を急ぐ。

国交正常化の大詰めの段階で中国側はなぜ公明党ルートに期待をかけたのだろうか。社会党が親中派と親ソ派に割れていたのに対し、公明党は全党的に日中国交正常化の実現に取り組んでいた等の要因が考えられる。

なお、竹入メモについては、一九八〇年五月二三日付け『朝日新聞』が、「関係筋」から入手した、としてその概要を紹介したことがある。

一九七二年七月二七日　一六・〇〇～一九・〇〇
竹入・周会談(第一回)

周　交わりは浅いが、中日両国人民の願望を表していることを嬉しく思う。重大な任務をもって来られたので、早く直接お目にかかって話しをしなければと思っていました。田中首相は、野党や議連(1)の中日友好運動をある程度評価しているのですね。貴方々が努力し、道をつくったと見ているのですね。田中首相は自民党日中協(2)で話しをしましたが、あらゆる方面に関心を寄せて(心を配って)話しをしていると思う。竹入先生の見方として、日本の政治に新しい雰囲気をもたらすことが出来るでしょうか?

竹入　松村先生(3)をはじめ、古井先生(4)等が長い間日中友好を積み重ねてきたことを評価していることに間違いはないと思います。私も家を建てる石垣の石の一つであり、光栄に思っています。

周　田中首相もこの事は十分考えに入れている日中国交を実現することは全人民の願望だと思う。大平外相も日本人民の動向を認識している。それは二〇年来、野党、与党の一部の先生方にも劣ることではないと思います。公明党は大きな尽力をされました。竹入先生が右翼に刺された事(5)は、その証拠です。竹入先生に慰問の意を表します。長い経験から、真にそれを上手くやっていきたいか、そうでないかは区別をしています。新内閣が成立したその日から田中首相は外交面で、激動の中に平和を求めると主張していますが、それは正しいと評価します。私は直ちに九日の宴会(6)で田中首相の発言を歓迎いたしました。

竹入　周総理の御好意に感謝しています。

周　中国が出来て二三年になりますが、そういう時に中国が答えたのは二回あります。第一回目は鳩山内閣[7]の時、高碕先生[8]をバンドン会議[9]に派遣したときです。その時、直接高碕先生に、その行動を歓迎する旨伝えました。鳩山内閣は日ソ問題に努力していたので、力が入りませんでした。田中首相は日中問題に力を入れ、日中国交回復は、大事業だとしています。私達も、それに答えなければなりません。田中首相の日中国交回復を願う気持は、間違いないと思います。二宮先生[10]に田中さんへの伝言を頼みました。委員長も御存知でしょう。

竹入　二三日に二宮が帰国し、田中通産大臣と私と二宮の三人で二四日に会い、間違いなく伝えました。

周　ありがとうございました。委員長副委員長が大変協力をしています。

竹入　二宮への周総理の伝言が、田中首相に勇気をふるい起させたと思います。

周　内因が大事で必要だと思います。

竹入　周総理の伝言が決意させた要因であると思います。

周　戦後二七年、新中国が出来て二三年になりました。海一つへだてた二つの国が今迄の現象を続けることは出来ないと思います。廖先生[11]に話されたことは、私も目を通しました。今日、補足する事はありませんか。

竹入　廖先生に申し上げた以上の補足はありません。公明党は日中復交三原則[12]を掲げ、強い闘いをして来ました。

田中首相、大平外相に会って、この様な話しを持って来ることは、大分悩みました。

周　それは、かまわないと思います。大事な事は先生が五項目(13)をかかげ、それを中国が支持したことです。他党は話し合いで決めました。公明党は主導的に五項目をかかげました。敬服しています。公明党が帰国してからの報告会でも、五項目が主導的であった為、誰れも文句が云えませんでした。公明党が政権をとったなら、こちらは何も云わなくても済むでしょう。激励電報だけ打てばいいでしょう。しかし、それは今日的ではありません。現在、自民党が政権をとっています。しかし、大きな変化が見られます。この点では、田中首相の云ったこと(野党と日中議連の努力)は一理あります。

この総裁選挙の争いのときに、福田でさえ自分が総理になったなら、北京に行くと云っている。七〇年代の福田は、六〇年代の佐藤(14)ではないと云っていました。従って、田中首相の云うことに福田は反対する訳にはいかない。二人の大臣(15)も入閣しました。ここに田中首相の才能が出ている。入閣しなくても就任式をやり、一三日迄に解決出来ると云った。一二日に解決しました。大学を出ない首相が日本で初めて生れ、歴史を破りました。これは日本の新しいきざしです。公明党は大衆運動の中に、平民運動をやっているわけですが、これで貴方々にとってもプラスですね。経済的に困難を突破する為、苦しみに堪えねばならないでしょう。今迄の経済発展が早過ぎたのでしょう。

竹入　田中首相の歩んで来た人生が大きく影響しています。田中首相は佐藤政治に訣別したいという決意をもっています。今迄の保守党の政治と訣別したいという決意をもっています。しかし、決意が実行されるかどうかは、これからのことです。

周　先ず第一に、困難を突破する決意が大事です。第二に、党内の反対をとり去らなくてはなりません。第三に、野党と人民の支持が、得られなくてはなりません。野党の立場は、田中首相が正しければ支持し、間違えば反対するということですか。

竹入　野党は日中問題では協力するのが当然です。

周　共産党[16]も、表面では反対出来ないから、裏から破壊するでしょう。云い難いけれども内心では、グロムイコ[17]に早く日本に来てもらいたいという考えでしょう。この間、田中首相と大平外相は八月三一日、九月一日に、ハワイでニクソン[18]と会って来ることを発表しました。竹入先生はこのことは重要な一環であるといったことを私は評価しています。

私たちは、文章の中に題目が必要であるという表現[19]をしていますが、云い方はちがいますが、意味は同じです。それは公明党全体の問題と、日本人民の要求です。日中問題は排他的なものではありません。これは、ニクソンにもキッシンジャー[20]にも云いました。これは日米間に水をさすものではありません。キッシンジャーにもきいたことがあります。キッシンジャーは、東京から北京へ来ました。キッシンジャーは、田中通産大臣に最後に会いました。最初に佐藤、次に福田、そして野党の皆さん。そして田中さん。これは面白いことです。最後が田中さんだったことについて、良い按配でした。キッシンジャーは、日中友好に反対するかと聞いたら、反対しないと答えました。そういうところに手をつけたことは、田中首相のいい段取りです。

竹入委員長を中国へ寄越した後で、ハワイへ行くことはいいことだと思います。ざっくばらんに問題点をはっきりさせたいと思います。

竹入　私も田中首相、大平外相の話しをざっくばらんに云いました。
周　それはいい方法だと思います。正しい方法だと思います。
竹入　私も、周総理にかけひきや、按配はしません。
周　この点は、先生を信頼しています。公明党の立場と、田中首相の話をする立場とを区別しています。公明党は、国内問題もあり、自民党と主張もちがいます。しかし、今の段階では、公明党の意見を押しつけることは出来ないでしょう。竹入先生の判断に依って、田中首相、大平外相の意見を云って下さることは、ありがたいと思っています。
竹入　今はそれしかありません。
周　国交回復後も、国家がやらねばならないこともあるが、政府間のみならず、民間のこともあります。先ず第一に、田中首相、大平外相が云っているように、中日両国間に、国交を樹立、大使の交換、相互に承認し合う。
第二に、遅くやるより早い方が良い。私達にとっては、二三年待ったから、差しつかえないが、田中首相にとっては、早い方が良いと思います。
竹入　好事魔多しということがあります。国交を回復し外交関係を樹立することは、早ければ早い方が良いと思います。
周　それは、総選挙に対しても、有利でしょう。今回の任期は来年まであるのでしょう。野党は来年まで、続けたくないというのでしょうか。
竹入　任期は来年一杯までありますが、新内閣が誕生した場合、解散して国民に信を問うのは常識ですが、田中首相はそれより日中が大事だと云っています。日中問題の段取りから、それが分ります。

周　中国人民の願望は前から出してあります。大平外相の予想では、蔣介石が大使館をひき上げようとしていると見ていますが、竹入先生はその意見をどう思いますか。頼りになりますか。

竹入　頼りになります。

周　台湾からもその様なニュースが入っているが、事実を見なければ判りません。反対する人達がいるでしょう。親善団体を送ったり、台湾から代表団が来たりしていますね。[21]岸・賀屋[22]が一四ヵ条の声明を出していますね。田中首相は、自民党日中正常化協議会で、一〇ヵ条を出したら、岸は一四ヵ条を出しました。岸・賀屋は、二つの中国を作ろうとしています。表向きには、反対出来ませんね。大きいことは出来ないが、かきまわすでしょうね。岸はそうゆう人ですか。

竹入　岸はそうゆう人です。吉田[23]のあとを岸が受けついで来ましたが、日中国交回復が、出来れば岸は、ダメになるでしょう。

周　佐藤より岸の方が陰険ですか。

竹入　そのように思います。

周　佐藤は最後にすてぜりふを残しましたね[24]。安保も岸ですね。日本の台湾への配慮は、経済と居留民ですか。前の統計ですと日本の婦人が中国人と結婚したのは六四人と云われています。国交回復したら、里帰りが出来るでしょう。国交回復されないと、再び帰れないという心配があります。そうした方々は、解放戦争[25]に力をつくされた方々です。医者とか看護婦が中国人と結婚し、私たちは彼等に感謝しています。中国に子供が居り、日本に両親がいるその双方に希望を抱いているのでしょう。

戦犯は解決済みです。全部帰らせました。高碕先生、松村先生、遠藤三郎先生(26)の努力でした。台湾との経済関係は日本の投資でしょう。

竹入　戦後の投資と政府借款と年間八億ドルの貿易関係です。

周　日本は輸入より輸出が多く、これは日本にとって大きな問題になっていますね。中国は何も云っていませんが、日中貿易も日本の輸出が多くなっています。

竹入　これは、すいません。

周　いいえ、日本の技術が高い。習う必要があります。これから、友好商社より大手商社との関係を結ぶことになります。日本の輸出を少くすることではなく、今迄より、ふえると思います。古井先生に対して、公に云わないが、その点は問題ありません、安心して下さいと云っておきました。戦後と戦前はちがいます。戦後は国交はないが、友好的往来はとだえませんでした。それはアメリカとちがうところです。岸もこれをとだえさせることは出来ませんでした。人民の友好です。

竹入　感謝しています。

周　お互いの問題です。貿易と友好の結びつきが深いのです。日本と中国は、戦後二七年ですが、秦の時代から二〇〇〇年もの友好があり、この二七年は、一瞬のようなものです。田中首相は、日中両国に、平和五原則(27)に基づいて国交を結ぼうとしています。全く賛成です。平和条約も可能ですが、平和友好条約にしたいと思います。この中に平和五原則を入れれば良いと思います。武力ではなく、話し合いによって、解決するというふうに、すれば良いと思います。アメリカもソ連もそれは反対出来ません。前途に光明は満ちております。日中間が本当に平和・友好になれば、極東に渦巻く具体的問題の解決になります。

田中首相は日中国交正常化の機は熟したと断定的に云い、自民党日中協では、それを基本原則としている。その精神に私たちも同感です。（ここで王暁雲氏[28]が）

「昨日の自民党日中協で初歩的な一致を見た二つの段取りがあります。その一つは共同声明で国交回復、その後、平和条約締結です。」

周　これですと、基本的に私たちの意見と一致しています。私は田中首相、大平外相が北京に来られ、共同宣言を出し（共同声明でも良い）国交を樹立することは、鳩山さんとソ連もそのやり方でした。平和、友好条約を結びたいと思います。そうすると、全世界が安心するし、そうした方が良いと思います。北京に来て、そうした共同宣言が無いと無意味になります。

三つの問題があります。田中首相、大平外相に、安心してもらいたいと思います。

①日米安保条約にはふれません。日中国交回復が出来たら、中国への安保の効力は無くなります。

②一九六九年の佐藤・ニクソン共同声明[29]にもふれません。共同宣言が発表されて、平和友好条約でいけます。あとは法律家にまかせれば良い。政治的信義が大事です。

③日蔣条約[30]の問題。

田中首相は就任してから、度々中国の政府が主張している、復交三原則[31]を理解していると云っていますが、これは尊重するという意味でしょうか。

竹入　そうです。

周　そういう云い方で、直接ふれたくないという考え方をしているのですね。

竹入　共同声明が出来、外交関係が樹立したその瞬間から、日台条約は無効になります。
周　そこで、具体的問題が一つあります。
田中首相は、中華人民共和国は正統と云っているがこれは、合法という意味になりますか。
竹入　そうです。
周　中国では合法の反対は非法・不法という事ですが、蔣政府は不法です。昨年は国連に復帰しました。国府は追い出されました。中華人民共和国は、国際的にも合法となったのです。田中内閣の法律家たちは何か正統という言葉に意味をもたせているのではないでしょうか。
竹入　ないと思います。田中首相は大平外相、三木さんと、協定しました。その中には復交三原則は含まれています。黙示として含まれています。田中首相の決意としてです。しかし、現状では明らかに云えない事情が、国内にあるという事です。唯ここで、改めて御了解を得たいことは、日台条約は本来、不法・不当という立場をとれば、日本国内に混乱をおこします。この点の御理解を頂きたい。
周　この正統ということは、中国では偏安(32)に対する言葉です。(ここで中国の古代からの歴史に於ける正統、偏安の言葉の意味が歴史的に述べられた。)
名詞の問題ですから解決出来ます。
合法という、云い方にして頂けますか。
竹入　そのように改めるよう話したいと思います。
ご面倒をかけます。
周　先生が云われたことは、お帰りになる迄に検討して、ご返事をいたします。

この第三の問題は、検討しておきます。一、二、は簡単です。もう一つの問題は、台湾は中国の領土の一部ということは、中米共同声明[33]でも、それを認めておりますが、日本にどんな問題がありますか。

竹入　問題はないと思います。

周　これは蔣介石も含め、中国は一つだと認めていますし、台湾が中国の一つの省だと認めています。台湾を省と呼んでいますよ。台湾の省長、高玉樹[34]という人です。

竹入　中米共同声明に於ける台湾の領土の表現についてゆるやかなものと云えるが、いかがでしょうか。

周　そうです。日本の立場とは違うでしょう。アメリカは、国交正常化を延したいという気持があります。選挙の問題があります。マクガバン[35]は直ちに中国を承認すると云っていますが、彼等の論争に介入したくありません。客観的に中国は一つであり、台湾は中国の一つの省だということは、中国人同士には、論争はありません。

竹入　確認をいたしたい。田中首相の訪中の共同声明の場合、

①中華人民共和国は、唯一合法政府。

②台湾が中国の領土の一部であることを明確にする必要がありますか。

周　その点を考えている最中ですが、もう少し考えさせてもらいたい。田中首相は、中国の主張の三原則を理解していると含蓄を持たせた云い方をしている。今日は意見の交換です。毛主席に報告し、党内で討議します。

毛主席は賠償請求権を放棄するといっています。賠償を求めれば、日本人民に負担がかかります。そのことは、中国人民が身をもって知っています。清の時代には二億五千万両《テール》、日本に賠償しました(36)。清朝はこれを利用して税を重くしました。これを全部払ったかどうか知りません。八国連軍の賠償は四億〜五億両でした(37)。四億ドル位で、今では大した額ではありませんが、負担を人民にかけることは良くない。賠償の請求権を放棄するという事を共同声明に書いても良いと思います。

竹入　お礼の言葉もありません。

周　当然のことです。二十数年来の両国人民の友好によって、国交が実現するのですから、私たちは、これから次の世代を考えなくてはなりません。私たちは、決してむずかしいことは云いません。早く国交を樹立する為、早く来られた方が良いと思います。

竹入委員長は九月中が良いということですが、私達は、歓迎します。日米会談(38)のあとになりますが、これは問題ありません。出来たら九月が良いと思います。若し、大平外相が、国連に出なければ下旬がよろしいですか。それが出来なければ中旬ということになりますが、その時は時間が短くなります。四〜五日になりますか。

竹入　九月下旬では国慶節への影響がありますか。

周　さしつかえありません。

周　飛行機直航は、良い考え方だと思います。今度、日航と全日空が舞劇団を運んでくれます。中国から飛行士を派遣し試験飛行をさせたいと思います。安全のために、日本の領空を出たら案内します。

北京から山東省の上空を通って東京に帰れば良いと思います。

竹入　今度の日航の操縦士は田中首相の準備をしなければなりませんか。

周　田中首相の試験飛行も可能です。

竹入　田中首相のときは又東京から案内していただきたい。

周　試験飛行をして平和友好条約を書きあげる前に実行しましょう。航空・漁業協定をつくりましょう。通商と航海はややこしいが、実際は今でもやっているのです。日本の船が中国の港に着いています。世界の中で中国には日本の方が一番おいでになっています。田中首相、大平外相が云っているように日中友好の願望はもどることが出来ません。

竹入　戦争終結宣言を、どのようにお考えでしょうか。

周　先生がお帰りになる迄検討します。草案を作っておくことも必要でしょう。日中協の話のニュースが確実であれば、準備をしているのではないでしょうか。竹入先生が帰って内閣が決定すれば、草案準備に信頼出来る人を寄越すか否かは田中首相にまかせます。

竹入　田中首相の決断が早いとその準備なしに、直接来ることもあり得るかも知れません。日本はマスコミ公害で草案が秘密に出来るかどうか判りません。官僚も秘密を守らない場合があります。

周　その点は、キッシンジャーも云っていました。キッシンジャーは、ホワイトハウスに少グループを作っています。

竹入　私が出発までに中国の御好意を示していただければ、田中首相、大平外相が直接来る方が国内もうまくいくと思います。

周　その考えは正しいと思います。先生は中にいるのですから。アメリカが中国との間に秘密でやったのは、アメリカに困難があったからです。日本に頭ごしのお詫びに行ったでしょう。

竹入　ニクソンの訪中を批難するのは的外れです。

周　佐藤は自信が強かったが、最後に自信が無くなったようです。田中首相の対中政策が、明らかになっていますが、アメリカが足をひっぱることはないでしょうか。

竹入　二人の決意としては、アメリカの考え方をきいて、決断することはないと思います。若しあっても、アメリカの要求をはねつけると思います。

周　記者会見からも独立性がうかがえます。記者に云えるなら本物でしょう。日本の経済が、ここ迄発展したことから独立が大事です。

台湾に対しては、台湾を解放します(39)。出来る丈、平和的に努力したいと思います。アメリカも知っています。竹入先生から田中首相、大平外相に伝えて下さい。蔣介石が攻めてくれば別ですが……。機が熟すれば自然に解決します。安保や日米共同声明に影響はしません。中国に関する部分は効力を失ってしまいます。日中間も国交回復し、友好条約を締結して、アジアの平和のみならず、世界の平和に貢献しましょう。

中米共同声明にあるように、中国は覇権を求めません。このことは中国と日本が実行すると思います。二つの大国は覇権を争わないとは云い切れません。これを私たちが実行し、世界にいい影響を与えましょう。

竹入　周総理の云うように、中国は超大国にならない事を信じます。中国が平和国家であることを信じます。

周　何回も中国へ来て、間違ったことは批判して下さい。次の世代のことを防止することが必要であり、友人の助けも必要です。永遠に助け合いましょう。貴方々も、もう一度戦争が起るという事が日中にも、世界にも不利だとお思いでしょう。

竹入　私は今回の訪中について、公明党として本来の立場を離れて、訪中しました。

周　今は公明党の党の立場ではなく、友人として来ているのです。公明党を支持している田中首相の伝言をもって来ているのです。矛盾していないと思います。内政については、公明党が田中首相と一緒になる事はないでしょう。

私たちのこの世代で国交を回復させ友好を回復させておけば、次の世代に有効だと思います。アメリカも頭ごしでやったのだから、日本が先に進むことは、非難出来ないのではないでしょうか。

竹入　大国主義は出て来ると思います。

周　矛盾はそこにあります。

竹入　これからの政治の面で、野党が自民党に反対して来た時代を終らせなくてはならない。反対の為の反対です。これからは、意見を持たなくてはならないと思う。そして、野党間の結束を固めなければなりません。種々の問題が大きな大衆運動にならなければならないと思う。田中内閣が転換したのだから、野党も変らなくてはなりません。

周　正しければそれを支持し、間違えばそれを批判する。それによって時代を前進させる必要がありますね。経済の発展の問題が大きな課題ですね。

竹入　最大の課題です。

周　世界的に問題です。欧州もそうです。

竹入　日本の産業構造の抜本的な変革が必要と考えています。周総理は昨年、アジアの国々を日本の食料供給国にさせてはならないと云いました。

周　その通りです。購買力をつけなくてはなりません。タマゴをとるためには、ニワトリを沢山飼わなくてはなりません。

竹入　又公害問題も国民が協力しなければなりません。

周　国家からある程度のお金を求め、企業家も自分の責任に於いて、お金を出し、人民大衆は、それを監視する立場になるでしょう。

この二、三年、公害、公害と日本の新左翼の人が云うので、中国も注意しています。赤軍派はいけません。では今日はこの辺で終りましょうか。

七月二八日(一九・〇〇〜二〇・四五)
竹入・周会談(第二回)

周　昨日のニュースを調べてみたら、自民党日中協の話しではなく、東京新聞(40)の記事でした。東京新聞の記事は変っています。テーマも変っています。

田中首相が訪中する場合は、戦争状態を終結することに重点を置いている。
田中首相が訪中する場合両国政府は、次の様な共同宣言を出す。
①日中両国間の戦争状態を終結。
②平和、友好、善隣の関係を回復する。そして、そのあとに（東京新聞の記事を読み上げる）。
東京新聞の報道のように、中国を承認しないのなら、田中首相は何にしに中国へ来るのでしょう。
竹入先生は、東京で草案の作成をやってはいけないと云ったが、東京でやれば長びくと思います。

竹入　日本の新聞は往々にして的を得ない記事を書くことがあります。私と田中首相、大平外相の話しからみて、この記事については二人の考えではないと思います。

また、この考えは、どこにももらしてはいない。知っているのは二人の他、若しかすれば、二階堂官房長官[41]だけです。恐らく、三木[42]もこのことは知らぬ筈です。外務省も事件以来、統制は行き届いている筈ですし、外相も、厳しく統制していると思いますので、外務省からでも、ないと思います。

周　田中首相が中国へ来て、戦争終結だけではコッケイです。岸や賀屋が飛ばしたものではないでしょうか。

今のニュースは、ソ連と比較しているが歴史的な事実を曲げている。（読売新聞二七日付の記事[43]を読み上げる）

竹入　読売新聞の方がましですね。私の申し上げた二人の考えは、変ることはありません。

周　そんなふうには、すこしも思っておりません。田中首相が先生方を信頼したという事は決心があったという事でしょう。

竹入　私も、そう了解しています。
周　若し東京新聞の段取りで行けば、時間を無駄にするだけです。先生が昨日、好事魔多しと云われましたが、時間の浪費になり、どんな邪魔が入るかも知れません。今の消息の出所は別としても、一部の人々に蔣介石の事が気になっているのではないでしょうか。
竹入　大平外相と意見交換をした。外相の判断としては、首相が訪中し、国交樹立の段階で間違いなく、台湾は出て行くだろうと云っていました。台湾の在日公館が売りに出されている事は、新聞に早く出ることは、好ましくないと心配していました。
周　新聞にチョット出ましたね。華僑の反対は値しないと思います。
竹入　華僑の気持は判らないでもありませんが、政府は黙殺しています。
周　解答しない方が良いでしょう。若し台湾が引きあげない場合はいかがでしょうか。
竹入　在日公館を引きあげて、貿易会社を残す動きをしています。首相が訪中し、外交関係の樹立、大使交換をした場合、日台間の国交は無くなります。それで、昨日、周総理が云われた平和友好条約に入っていく考えに変りはありませんが、細かい問題は残りますが、大筋の問題は、時間をおいてはいけないと思います。
周　そうです。尖閣列島の問題にもふれる必要はありません。竹入先生も関心が無かったでしょう。私も無かったが、石油の問題で歴史学者が問題にし、日本でも井上清さん(44)が熱心です。この問題は重く見る必要はありません。
平和五原則に則って、国交回復することに比べると問題になりません。新聞で書くことは、横ヤリを入れたことになりますね。

台湾問題は以上で、日米関係に入りましょう。

アメリカとしては、自分はまだ国交回復していないのだから、日本に待ってもらいたいという考えがあるのでしょう。

竹入　あると思います。

周　アメリカにはアメリカの事情があり、日本には日本の事情があります。

中米共同声明で、そのことにふれています。米は二十数年間、中国を封じ込めて来ました。日本は台湾を放棄しています。占領しているのは米です。陳儀(45)という人を派遣して、接収しました。責任を負うのは米で日本ではありません。しかし、そうゆう状態であるにも拘らず、米が一つの中国を認めました。台湾海峡の両側の中国人。これはキッシンジャーの創造的言葉で、私も思いつきませんでした。その次に台湾は中国領土の一部であり、台湾問題の解決は中国自身のものであり、米は異議がない。前提はハッキリしています。次に中国が平和的に解決することを希望すると書いてあります。

昨日云ったように、ニクソンにも平和的解決を求めると云ってあります。

台湾の米軍はベトナム戦争が終れば逐次引きあげる。現在、ベトナム戦争の規模が小さくなっている。ベトナム戦争が終れば完全に撤退し、台湾から完全にひき上げる(46)。

これは秘密です。先生方のみに云いました。共同声明では、ハッキリしていません。極東状勢が緩和するに従って引きあげるというふうにしてあります。

中米共同声明は、ベトナムと結びついている。私たちは、自分の事を考えるのではなく、ベトナムの事を考えねばなりませんでした。ベトナムでは、血が流されています。台湾の問題は分裂しているが、血は流されておりません。台湾は、中国の内部の問題です。ベトナムより先に台湾を解決するのはベトナムの兄弟に済まないことです。このことは、ニクソンとキッシンジャーと懇談をし、状勢緩和の責任を負うといいました。

しかし、米軍がベトナムで戦争をやっているのだから、ベトナムを支持します。ニクソンは、我々の意見が公正であることを認めました。米を非難してもニクソンは何も云わないと云いました。唯、米の希望は名指しで、余り形容詞を使わないでくれということでした。

ソ連は、米を批判しません。ソ連は自分の事だけ考えています。中東は鼻先きですから、関心がありますが、インドシナについては余り関心を示しません。

私たちはインドシナの主権はインドシナ三国のものであるとしています。

パリ会談(47)がうまくいかなくて戦争が続くなら、ベトナムを支持するとニクソンにはハッキリ云ってあります。どちらも第三国を代表して話しをしないという事はアメリカの要求です。

私は米の態度は良いと思います。第三国に代ってものを云うのは良くありません。

日中問題は、中米問題と別問題です。日本はインドシナ戦争に加担しておりません。同情し、反対しています。その闘いの中に得をしたとするならば、それは独占資本です。例えば、船舶・造船・武器輸送の部門でしょう。日本の政府は、直接公けに参加しなかったし、日本は拘束されません。

台湾についても元々、中国に返してあるものです。日中と中米は事情が違います。米は敵視し、日中間は二十数年間往来がとだえませんでした。

日本人は三万人全部返し戦犯も返しました。友好的態度で貫いてきました。友好、覚書貿易は、かつて大臣だった、松村先生がきりひらいた道です。このことは日本が良く知っています。米にはそれがありません。文化交流はもっとあります。昨年のピンポン外交[48]は、一時とだえていましたが、回復しました。頭ごし外交をニクソンがやったのは、この回復をもたらしたのは、ピンポンです。この球は重要です。

外交部では、カナダ等しか呼ばないと定めてありました。米も希望していましたが、状勢が未熟であると述べておりました。

毛主席が未熟とはとるに足らぬ理由であるとし、日本に居る王暁雲さんに電話で伝えました。そして米の卓球チームと新聞記者の方が中国に参りました。

米中のきっかけになったのは卓球団でした。四月に訪中し、キッシンジャーは七月でした。日本は、文化の面でも碁の往来、航海・漁業・貿易・科学技術の交流についてもやっていました。

中国の対外貿易は、いつも日本が一番多く、昨年は一〇億ドルで日本が最高でした。日本が黒字です。中国は抗議して居りません。これは、元通産大臣の首相と中曾根通産相[49]に伝えてもらいたい。貿易は発展するでしょう。日本とこうゆう《ママ》関係を発展させる為には、国交回復しかありません。アメリカと同じではダメです。米は、台湾と軍事条約を結んでいます。日本と蔣介石は平和条約を結んだが、軍事条約はありません。

米は台湾は中国のもので内政問題と認めているが、過程が必要です。

日中の国交樹立は米とちがいます。この点、米を説得する必要があります。

首相に報告し、首相が了解し、米に了解を求めるなら、中国は米に云います。
これは日米会談の前ではなく、あとにしたいと思います。日中関係の回復は米中関係に影響しないと、この点は云っておいた。日中両国の友好はキッシンジャーは賛成するといいました。現在、日中両国が国交回復を早めたい気持ですから、米は反対すべきではない。中米でも安保、佐藤・ニクソン共同声明は、出て来ませんでした。だから、米はいくらか足をひっぱるでしょうが、説得をしなければなりません。
日本としても、東京新聞のような云い方は出来ません。ソ連でも戦争終結と国交樹立を一緒にしました。日ソの前例があります。頭ごしは、米がはじめてやりました。ソ連がやった国交樹立とそれから平和条約、日中両国は先にやるのではなく、彼等のあとを追っているのですから、米に納得させる事が出来るでしょう。
竹入　米が若干文句を云うだろうとは外相が云っていました。しかし大平外相の決意はニクソンに会ってから決めるのではなくて、会う前に決めていく。そして、米を説得すると云っていました。
竹入　ベトナム戦争終結後、台湾の米軍が引きあげるということを二人に伝えてもよろしいですか。
周　二人には、云って良いと思います。しかし、二人が米にきき質さないように云って下さい。これをきくと、米以上に竹入さんを信頼しているという事になりますから。
竹入さん以外に、三木、藤山さん(50)にも云っていません。伝えるのは、お二人が日米関係を処理する為、いくらか知っておかねばならないからです。
竹入　周総理の御好意あるこの話しを正確に伝えます。二人はニクソンに会っても決心は変えないと思います。賢明に処理すると思います。

先日、沖縄にB52が飛来した時、二階堂官房長官が、米大使に厳重に抗議しました[51]。歴代内閣に無かったことです。

周　この点は私たちは、注意して見ていました。田中内閣の新しい要素です。今迄無かった事です。

竹入　米として、日本と沖縄はベトナム戦争の後方基地である。日本の基地では船や戦車など修理をしました。こうゆう《ママ》関係で日中国交回復の結果、米が日本の基地を使い難くなると考えてもいるでしょう。もう一点は、南朝鮮他、東南アジア諸国への影響を心配しているのではないでしょうか。しかし、田中首相はもう決心をしています。

周　そうですね。心配しているのでしょう。南北朝鮮が統一しようとしている。いい事ですね。早いですね。若し都合がついたら、日中関係とは別として、首相に申し上げると良いと思います。田中首相は貿易・文化の交流をしようとしていることをききましたが、北朝鮮との交流は日本のために良い事です。南北統一を促し、交流することはいい事だと思います。それを勧めてあげて下さい。

竹入　米が南朝鮮に対し、日中国交回復後、どうなるかを心配しているようです。

周　この問題(日中国交回復の為の日米会談)の解決は、日中両国人民のみに有利でなく、世界の人民に有利です。

中米会談では、平和共存の五原則に則り米が、中国の意見に賛成しました。中米両国は以上の平和五原則に則り、問題を平和的に解決する。

第二に共同声明として五点にわたって書いてあります。中米両国関係の正常化は中米両国のみでなく、世界の平和にとって有利である。そうなら、中日関係も同じである。中米共同声明で、米を説得すれば良いと思います。

今の部分は、米の起草です。米の云ったとおりやっているといって、説得したらどうでしょうか。秘密を先生に云いました。文献の共通点は米の起草したものです。私は動詞を現在形から、未来形にしました。

日中間では未来形はいらないばかりでなく、共通点のみにして、食いちがう点は書かない方が良い。長くせず、短かくしたらどうでしょう。一致点が現れてきます。小異を残して、大同を求める行き方です。バンドン会議(52)の精神です。

それでは食事でも致しましょう。

昭和四七年七月二九日　一九・三〇～二一・三〇
竹入・周会談の日中共同声明関連部分(第三回竹入・周会談)

周　昨日は、遅いところ、電話をありがとうございました。(53)あのニュースは、竹入先生がいっていたように、自民党の右派より、蔣介石が、やったのではないかと思います。あの中には、国府という言葉が何回も出てきます。国府の説得が難しいということが書いてあります。廖さんの話では、東京新聞は、サンケイ新聞と何か関係があるようですね。私たちの方も、蕭さん(54)から知らせがあり、彼が言うことによると、田中首相、大平外相の考え方は変わっていないということです。

竹入　それは安心をいたしました。

周　先生は真面目です。私たちの話合いでは、いろいろ予想した方がよいということでした。

竹入　いつも、物事は最善とは限りません。

周　物事に、変化がありますから。

東京のニュースをキャッチするのは早いです。新華社と共同通信と電送の関係をつくってもよいと考えています。そうすると、向こうのニュースが、すぐ入ってきます。先生がいわれるように、いろんなニュースがありますから、……。

竹入　日本のマスコミは、とくに記事のスクープをしたがりますから不正確な記事が出てきます。国民が迷惑します。

周　しかし、見方が鍛えられますね。錯覚も起こしますが……。

竹入　感覚がマヒして無責任な風潮が起こります。

周　世論を指導する点からいえば、やはりそういう面がありますね。この面からいえば、戦前から比べれば、自由になってきました。

竹入　自由が多すぎるようです。

周　自由が多すぎると、その反面にいってしまいますね。つまり、思想の起伏が激しくなってきたのでしょう。

竹入　同時に、人間本来の価値観が、つかみにくくなってきました。モラルが乱れてきました。これを、また、引きしめようとすると、反対が起こります。これからの日本の教育はたいへん重大になってきました。

周　先生方は社会活動の視野が広いと思うのですが、よくつかめるのでしょう。

竹入　それほど、適確ではありませんが、心配しています。青年が自己の使命感、義務感が薄くなったように思います。一つは、アメリカの占領政策の影響であり、一つは高度経済成長政策によるものです。自由のハキ違えもあるが、結局は日本を指導する政治の責任です。こういう点について、田中首相に期待するところは大です。田中首相は、本来、教育に熱心です。これをどう改革するか、期待しています。

周　田中さんとしては、国際問題を解決してから国内に眼を向けるのでしょう。選挙の彼の公約からいっても、内政問題が沢山でていますね。これは、国民の期待でしょう。野党がそういう面で促進的役割を果たせば、新しい要素が出てきます。そこまでには相当の努力が必要でしょう。

竹入　そうだと思います。あまりうまくいきますと野党の役割がなくなります。

周　出藍の誉れといって、後の者がそれをやるのでしょう。

竹入　田中首相に期待するのは、刻苦勉励して、総理になったことです。今太閤といわれています。国民の期待が強いです。

周　田中さんは佐々木さん(55)と同じ県の出身ですか。

竹入　首相は新潟県で、佐々木さんは宮城県です。

周　同じ東北です。ズウズウ弁が入っていますか。

竹入　首相はズウズウ弁ではありません。

首相とこちらへ来る前に話しましたが、今、人気がよいことを自分は知っているが、自分は、この人気に慢心しないように、自戒しているといっていました。

周　経済が今日まで発展し、国際的になりましたが、現在に満足してはいけないと思います。困難を突破しなくてはなりません。

先生が帰るまでに、私たちの話を具体化したいと思います。

今回の第一回、第二回は意見の交換でした。いま、私たちの意見の要点をいいたいと思います。田中首相、大平外相は、考えるうえに役だつと思います。

私たちの考えでは、田中首相、大平外相が訪中する場合は、共同声明か、共同宣言を発表した方がよいと思います。

竹入　同意です。

周　思い付いたところは、こういう問題です。もし、田中、大平両氏が、これよりたくさん、また、もっと少なくしてもよいと思う場合は意見の交換は可能です。

1　戦争終結の問題

私たちとしては、こういう表現でいきたいと思いますが、どうでしょうか。

「中華人民共和国と日本国との間の戦争状態は、この声明が公表される日に終了する。」

ここでいう、この日というのは、共同声明又は、共同宣言が発表された日のことです。

竹入　これは共同声明の中に入れるのですね。

周　そうです。こういう表現でいくと、これが終了するのですから、みんな安心します。

2　国交の問題です。こういう表現でいきたいと思います。……どうでしょうか。
「日本政府は、中華人民共和国政府が提出した中日国交回復の三原則を十分に理解し、中華人民共和国政府が、中国を代表する唯一の合法政府であることを承認する。

これに基づき両国政府は、外交関係を樹立し、大使を交換する。」

竹入先生の見解ですと、田中首相に困難はありますか。

竹入　私の見解ですが、困難はないだろうと思います。これは、田中首相の従来からのいい方ですから。

周　そのつぎは簡単です。

3「双方は、中日両国の国交の樹立が、両国人民の長期にわたる願望にも合致し、世界各国人民の利益にも合致することを声明する。」

中国の場合は文法上「声明する」が先に出てきます。日本語に翻訳すると「声明する」が後になります。これは検討しましょう。

この一項は、中米共同声明から受け継いだものです。双方が共同にうたった第一点です。

4「双方は、主権と領土保全の相互尊重、相互不可侵、内政の相互不干渉、平等・互恵、平和共存の五原則に基づいて、中日両国の関係を処理することに同意する。

中日両国間の紛争は五原則に基づき、平和的な話合いを通じて解決し、武力や武力による威嚇に訴えない。」

今の一句も中米共同声明の中で、キッシンジャーが得意がっているところです。(中国の平和共存五原則をアメリカが受け入れたという意味で）そこで書いたのですが、私たち両国が先に実行に移しましょう。

日本は、台湾、澎湖島を放棄しました。私たちは、日本の北方の四つの島を日本が回復することを支持します。これは、田中首相が五原則に基づいて発表したことがありますね。

竹入　世界の人たちの中で、これに反対する人はいないでしょう。

周　反対できません。

5「双方は、中日両国のどちらの側もアジア太平洋地域で覇権を求めず、いずれの側も他のいかなる国、あるいは、国家集団が、こうした覇権をうちたてようとすることに反対するということを声明する。」

これも、中米共同声明の第二点ですが、これは意味のあることだと思います。

これは、田中首相が、こういうことをいうのは、早すぎるというなら相談できます。中米両国が一致してとのことですから彼らも反対できないでしょう。日中両国の接近にアメリカは反対できないが、どこかの国に反対が出るのは、やむをえません。

竹入　私はこの点についての表現について、相談するとのことは、まことにありがたいと思います。しかし、これを受け入れられるか、どうか、田中首相、大平外相に話します。

周　つまり、旗印を鮮明にするということです。私たちが協力して、他が覇権を求めるなら共同して、反対しようということです。

竹入　こういうふうに表現しても、また、ゆるめても、ソ連は高圧を加えてくるのでしょう。

周　彼らが、いくら高圧を加えても、私たちは、準備をしていますから手の出しようがないでしょう。一〇〇万の軍隊を北方に派遣してあります。

竹入　周総理の幅のあるご理解あるお申出では、田中首相に伝えます。

周　田中先生には無理はいいたくありません。それでは次にまいります。

6「双方は、両国の外交関係が樹立された後、平和共存の五原則に基づいて、平和友好条約を締結することに同意する。」

7「中日両国人民の友誼のため、中華人民共和国政府は、日本国に対する戦争賠償の請求権を放棄する。」

8「中華人民共和国政府と日本国政府は両国間の経済と文化関係を一層発展させ、人的往来を拡大するため、平和友好条約が締結される前に必要と既存の取極に基づいて、通商、航海、航空、気象、郵便、漁業、科学技術などの協定をそれぞれ締結する。」

平和友好条約からですと、遅すぎます。アメリカと違った点は、ここで、私たち両国の間には、こうしたものが、すでにあるのです。中日両国の漁業協定[56]は、ソ連よりうまくいっています。電話は、よく聞こえますか。郵政大臣は三池さん[57]で、福田派ですね。三池さんは、田中首相が訪中するには、人工衛星の電波中継が必要でないかと聞いたら、田中首相は、中国が用意するだろう。だから急ぐことはない。といいましたね。

私たちが、今のところ、思い付いているのは、今の八項目です。日本の方が、もっと思い付いたらそれも結構です。

竹入　私が廖先生を通じて、周総理に申し上げたものは、入っております。したがってこれ以上のものは、日本政府の方から出ないと思います。

ご好意と寛大にあふれたご理解をいただきましたことにお礼を申しあげます。

周　たとえば、この中で、どこかの一句、覇権の言い方がきつすぎるのなら、言い方を変えていいと、入れなくてもいい。将来、平和友好条約に入れてもよいと思います。そうしないと、平和友好条約に書くものがなくなります。

竹入　私たちが、いちばん心配していた台湾の領土の問題、日台条約の問題を大変ご配慮いただいて、まことにありがとうございます。

周　双方の黙約事項を作ったら、どうかと思います。

黙約事項は、宣言、声明の中に書き入れません。

これについて、同意が得られるか、どうか、相談してみて下さい。

黙約事項

今のところ三点ですが、田中首相、大平外相で、もっとつくりたいと言うかもしれません。

1　「台湾は、中華人民共和国の領土であって、台湾を解放することは、中国の内政問題である。」

これは簡単な文章です。

2　「共同声明が、発表された後、日本政府が、台湾から、その大使館、領事館を撤去し、また、効果的な措置を講じて、蔣介石集団の大使館、領事館を日本から撤去させる。」

竹入　蔣介石集団という言い方には、抵抗があるかもしれません。昨年のわが党の共同声明には、蔣介石グループという言い方をしました。

周　あるいは、蔣介石の大使館、領事館といってもよいですね。

竹入　日本政府としては、台湾と国交を続けてきた事実があります。前段に、台湾という言葉がありますから、ここも、台湾の大使館というふうにしてもらえると結構ですが、その余地がありますか。いずれにしても、この点、田中首相、大平外相に考える余地を残してほしいと思います。

周　いいと思います。

3「戦後、台湾における日本の団体と個人の投資及び企業は、台湾が解放される際に、適当な配慮が払われるものである。」

竹入　最大の感謝をします。お礼の申しようもありません。

周　当然だと思います。私たちが挙げているのは三点ですが、田中首相の方で、他のものも入れたいというのでしたら、話し合ってよいと思います。この共同声明の文にしても日米安保、佐藤・ニクソン共同声明の「台湾条項」、日台条約を入れず避けています。あなたが来られた以上成功させたい、そうして、国交が回復されれば過ぎたことになります。これは、政治的に言っているので、法律は当てになりません。第二次世界大戦の中に、いろいろな法律がありましたが、あなた方も、それでひどい目にあっているでしょう。岸の頭は頑迷で、新しい政治の赴くところがわからなくなっています。ヤルタ協定(58)も三大巨頭がつくったものですが、今はどうなっているでしょう。……

日中国交回復は、人民の願望に政治が結びついているのです。

竹入　これで、すべての懸案が満たされました。ありがとうございました。

周　お礼の問題ではなく、情勢を変えるために、努力しなくてはなりません。公明党の立場と田中首相の努力とが、矛盾しないようになりました。内政では、一致しない点があることは当然でしょう。竹入さんは、中国へお出でになった時、何か気まずい心理状態があったでしょう。それが必要なくなりました。

竹入　たいへん、ご配慮をいただき感謝いたします。周総理のご好意を田中首相、大平外相が反対する理由は何もないと確信をいたします。責任をもって正確に伝えます。

周　感謝しております。これは、大事業ですから一人の人間や、一党のものではありません。人民の大事業です。これで、先生の今回来られたことに、背かないようになりました。

具体的問題に若干答えたいと思います。

①　竹入先生のご意見に賛成しますが、原則的に問題がなければ、田中首相が自ら来られる時に訂正した方がよいと思います。東京で論議すると秘密が洩れるかもしれません。

②　これも、竹入先生のご意見ですが、時期は九月の下旬がよいと思います。一週間くらいでしたら、下旬がよいと思います。国慶節も、五周年、一〇周年なら別ですが、いま、中日両国の問題は、大事なことですので、他の事は二次的なことになります。

田中首相の地方訪問にお供いたします。

九月下旬がまずければ、少し延ばすことも考えられないことはありません。その時期がいちばん望ましいと考えられますが、その時期でなくてはならないという意味ではありません。

③　田中首相、大平外相の訪中が定まる時期の少し前に共同発表する文章を作りたいと思います。

（日本の田中首相と大平外相が、中国を訪問する。国務院周恩来総理が、これを歓迎し、招請する。）

訪中の時期については、九月の下旬というように大まかに書いた方がよいと思います。

田中首相が来られる以上できるだけ時間を割いて、お供をしたいと思います。

ニクソンより時間を多くしたいと思います。というのは、国交の樹立ですから。……

竹入　首相の訪中の時期の表明の方法は、どのようにしたらよいか。

周　八月一六日に孫さんが帰国します。それまでにきまれば、孫さん[59]に伝えて下さい。それ以降ならば、蕭さんにいって下さい。竹入先生からでも結構ですし、大平外相からでも結構です。

④　東京から北京直行は可能です。

安全第一で試験飛行をやった方がよいと思います。ナビゲーター（航空士）と電信士を東京に派遣します。

ニクソンの場合、試験飛行をやりました。キッシンジャー自身が大統領の飛行機でやって来ました。

竹入　公表しましたか。

周　公表しなかったし憶測もしなかったでしょう。ＣＩＡがキャッチしたかもしれませんが、わかりませんでした。

キッシンジャーがパキスタンからきたときも国際的にニュースはもれませんでした。北京の駐在記者もつかめませんでした。キッシンジャーは最初にきたときは緊張しましたがその必要はありませんでした。田中首相に中国にくるときは緊張しなくてもよいと伝えて下さい。

⑤　田中首相、大平外相が来られる場合、随行は何名でもかまいません。

電信装置、無線装置も持ってきてかまいません。

ニクソンの場合は、飛行機の中でやりました。

⑥　首相、外相の訪中の場合は、日本の記者も、訪中を希望するでしょう。首相に決めてもらい(人数)どの社にするかは、そちらで選んで下さい。こちらで招待します。新聞司の方でセンターをつくります。宇宙中継は、センターがありますから援助したいと思います。

安全を保証します。先生方は何回もきているからわかっているでしょう。

⑦　帰ってから結果がわかったら、かいつまんで蕭さんに言って下さい。あまりくわしく伝えることはないと思います。たとえば〔アキママ〕

相談をする必要がある。

賛成するとか、(八項目、三項目)お会いしてから相談するとか、で結構です。

大平さんに伝えて下さい。東京駐在の連絡事務所は、外交機関ではなく、覚書貿易の弁事処です。外務省と正式に連絡を取りあうということはまずいと思います。孫、蕭、許[60]、江[61]の四人は十分頼りになりますし、信頼できます。

記者から聞かれて外相も、正式交渉を開始したいといっていますが、正式にはやらないで下さい。やれば、記者からいろいろ聞かれます。竹入先生が蕭さんと連絡をとるのもよろしいでしょうし、内密で、大平さんが直接、蕭さんと話しても結構です。孫さんは八月中旬に帰国します。田中首相が彼らと会見するなら私たちも、大へんうれしいと思います。大事な伝言があれば、孫一人に言って下さい。

毛主席に先生のことを伝えました。毛主席も、先生に敬服しています。田中首相、大平外相によろしくお伝え下さい。

日中国交回復は大事業でありますが、一握りの人であっても、それを妨害する人がありますから、気をつけて下さい。蔣介石も特務班を日本に入れているでしょう。竹入先生のようなことがまたあるでしょうから、十分気をつけて下さい。

（林彪[62]問題についての周総理発言は別紙）

竹入　何から何まで本当にありがとうございました。

周　当然のことです。私たちの話は、これでほとんど終ることができました。では、お元気で。

周　なお、三回にわたる会談の内容は、すべて重要でありますので、田中首相、大平外相以外は、完全に秘密を守って下さい。

私たちの方も当然秘密を守ります。

すべて竹入先生を信頼して申しあげたことです。

竹入　田中首相、大平外相に、このことを申し上げます。ほんとうにありがとうございました。周総理もお元気で、また、まいります。

以　上

（林彪問題等首相発言）

時代の流れに叛いていく輩は当然いるでしょう。

中国の場合は、人民戦争で勝利を勝ち取り農村から都会を包囲し二三年ばかり社会主義の革命をやってきました。林彪のような副主席でありながら、毛主席に叛逆する者が出ました。

歴史的には、井岡山[63]時代から毛主席と一緒におりましたが、思想の面では毛主席と合わず、個人主義が強かったのです。最大の戦役である東北の戦役[64]では、外国の人々に五〇万の大部隊を殲滅したのは林彪だとも思われています。彼は毛主席と一緒でした。彼は臆病で恐がっていました。毛主席は何度も何度も命令を出したのです。それからやっと動き出したのですが、延安から毛主席が直接指導してから一ヵ月余りで殲滅できました。私たちの軍隊が鍛えられて蔣介石の軍隊が弱っていることを認識できなかったのです。

毛主席の戦略配置を破壊していました。林彪は彼の意見を聞きませんでした。林彪は毛主席を暗殺しようとしたのです。

中国の軍隊にしても、人民にしても、党にしても、勝利を勝ちとっていました。彼の陰謀であっても、彼が脱走しようとしたことは思い付きませんでした。彼を教育しようとしましたが、彼は不安になり蒙古に逃げました。九月一三日の未明のことです。これは、アメリカの消息がいちばん早く、一番にキャッチしました。次が日本です。ソ連はダメでした。ソ連は初め判りませんでした。ソ連の顧問が現場にかけつけて見ても判りませんでした。蒙古の外交部は中国の大使を呼んで見せました。そして理解しました。

後で外国のニュースが流れ、ソ連が疑いを持ち、埋葬を掘りかえして検査の上、林彪を確認しました。林彪はソ連に病気の治療に二度行っていたのです。ブレジネフ(65)が残念、残念、残念、残念、残念とくりかえしました。国内は何もありませんでした。キッシンジャーが来て、話し合いました。蔣介石はもっと後で判りました。蔣介石の学生でもありましたから、(66)蔣は大変なことだといいましたが、耳に入ったとしても、既に全部納まっていました。

中国はいまや蔣介石時代の軍閥の時代とちがいます。すっかり変ってしまいました。閻錫山(67)や馮玉祥(68)等、抗日戦争前は軍閥との戦争は止まったことはありませんでした。それは党の命令で説得し得なかったので蔣介石の天下は穏やかではありませんでした。

いちばん最初、抗日戦争終了当時はアメリカの援助で威張っていました。五項目、四項目の綱領を出しました。毛主席は重慶会談(69)を行ない、ヤルタ協定は蔣が承認し、条約を結びましたが、人心を失っていき五〇〇万の軍隊は三年余りで殲滅してしまいました。

林彪の出来事が起きて、蔣介石は喜んだことでしょう。しかし、党内全体に公表し学習をしました。人民に公表し学習をしました。そして現在、外国の友人にも話せるようになりました。ブレジネフは残念がり、蔣介石は失望したでしょう。東条英機(70)も初めは有頂天になっていましたが最後は失敗しましたね。苦難をもたらせられたのは、日本の人民であり、アジアの人民でありました。

毛主席は南部三郎氏(71)にいいました。日本の軍国主義に感謝しているということを……、これは反面教師です。その第一は蔣介石であり、第二は日本の軍国主義であり、そして第三はアメリカの帝国主義です。

これによって中国人民は自覚いたしました。明治維新の時代は、未だ支配階級がはびこっていました。

農村蜂起はありましたが、(72)いい指導者がなく南京を取りましたが、北上できませんでした。一八五一年〜一八六三年までの一時のことでした。

英仏が中国に攻めてきて円明園が焼き払われ、当時の皇帝(73)は死んでしまいました。一八六一年のことです。その後、西太后(74)が四〇年間支配いたしました。それが暗黒の時代であり、日本の明治維新の時代でした。

皆さん方は、明治維新のあと、軍国主義が抬頭し、中国が弱まっていたので、日本の勝利がたやすくできました。一八九四年の中日戦争で勝利しました。その後一九〇四年、ロシヤとやり、ロシヤはスエズ運河が通れず、アフリカの喜望峰を廻って、遠廻りをしました。バルチック艦隊を破った東郷(75)が軍神と呼ばれ、軍国主義崇拝思想が生まれ、それがため第二次世界大戦で失敗しました。中国人民は目覚めたし、日本に教訓を学びました。平和五原則は、中国のみの有利だけでなく、世界の人民に貢献し得ると思います。

社会党の成田(76)さんに自衛のための努力について話しました。中曾根さんに話していいと思いますが、人民の自衛の気概を持っていることはいいことです。

こんどの田中内閣は四派(77)の連合政府ですね、仲良くすることが必要です。野党は意見を出し、間違ったら批判をするということですね。権力は向こうが握っているのですから――。正しい意見、積極的意見を出して、田中首相にそれを受け入れさせることです。それを受入れれば前進です。

人民の意見を促して政府に実行させることは、社会の改造に役立ちます。

注

(1) 日中国交回復促進議員連盟の略称。一九七〇年設立。会長藤山愛一郎。
(2) 正式名称は自由民主党日中国交正常化協議会。一九七二年七月二四日新設。会長小坂善太郎。初総会で、田中首相は国交正常化に向け「機は熟した」など一〇項目の決意を表明した。
(3) **松村謙三**(一八八三—一九七一) 自民党代議士。日中関係の打開に努め、国交正常化前、廖承志との間で日中間の総連絡役を務めた。
(4) **古井喜実**(一九〇三—九五) 自民党代議士。日中友好会館館長等歴任。
(5) 一九七一年九月二一日、竹入義勝は暴漢に襲われ、重傷を負った。
(6) 一九七二年七月九日のイエメン民主人民共和国政府代表歓迎宴会。
(7) 鳩山内閣の首班は**鳩山一郎**(一八八三—一九五九) 一九五六年、日ソ国交回復を実現した。
(8) **高碕達之助**(一八八五—一九六四) 衆議院議員。LT貿易の創始者。
(9) 一九五五年四月一八—二四日、インドネシアのバンドンで開かれたアジア・アフリカ会議。
(10) **二宮文造** 公明党副委員長。一九七二年五月、公明党第二次訪中団長として訪中。一五日、周恩来と会見。その際、周は「もし田中が首相になり、訪中して中日両国問題を話し合いたいというのであれば、歓迎する」と述べた(『周恩来年譜 一九四九—一九七六』下巻、中央文献出版社、一九七七年)。
(11) **廖承志**(一九〇七—八三) 一九六三年、中日友好協会初代会長。一九七二年当時、外交部顧問。
(12) 一九七一年七月二日、竹入義勝を団長とする公明党第一次訪中団と中国側の間で調印された共同声明の中の「五原則」のはじめの三項目を、中国側が簡略化した表現に直したもの。すなわち①中華人民共和国政府は唯一の合法政府、②台湾は中華人民共和国の領土の不可分の一部、③「日蔣条約」は不法であり、破棄されなければならない。

(13)　注(12)の三項目に次の二項目を加えたもの。④アメリカが台湾と台湾海峡地域を占領しているのは侵略行為、⑤国連における中華人民共和国の合法的権利の回復。

(14)　**佐藤栄作**(一九〇一―七五)　佐藤派領袖。一九六四―七二年、首相。

(15)　「二人の大臣」とは、第一次田中内閣の有田喜一・経済企画庁長官と三池信・郵政相を指す。一九七二年七月六日、田中角栄は衆参両院で内閣首班の指名を受けるや、組閣工作を始め、新閣僚の名簿を発表したが、福田派のこの両氏は入閣を拒否した。しかし、一二日、両氏は首相の要請を受け入れ、入閣を受諾した。

(16)　日中両国共産党は文化大革命の評価等をめぐり、見解が対立し、当時、関係が断絶していた。

(17)　**グロムイコ**(一九〇九―八九)　旧ソ連の外交官。一九五七―八五年、外相。

(18)　**ニクソン**(一九一三―九四)　一九六八年、第三七代米大統領に当選。一九七二年二月、米中関係打開のため訪中。ウォーターゲート事件を引き起こし、一九七四年、大統領辞任。

(19)　原語は「綱挙目張」であろう。主題をはっきりつかめば文章の筋道がはっきりするという意味。

(20)　**キッシンジャー**(一九二三―　)　一九六九年、国家安全保障問題担当米大統領補佐官。一九七三―七七年、国務長官。

(21)　**岸信介**(一八九六―一九八七)　岸派領袖。一九五七―六〇年、首相。

(22)　**賀屋興宣**(一八八九―一九七七)　元蔵相。親台湾派。

(23)　**吉田茂**(一八七八―一九六七)　元首相。首相在任中の一九五二年、日華平和条約締結。

(24)　佐藤栄作は一九七二年六月一七日、自民党の衆参両院議員総会で引退を表明した後、テレビを通じて政局に関する見解を表明した。その冒頭で「新聞は真実を報道しない」と述べたため、新聞記者団は退場して抗議の意思を表明した。報道陣が退場した後、佐藤はテレビカメラに向かい一人で所信を述べた。

(25) 第二次世界大戦後の国共内戦。中国共産党側が勝利した。

(26) 遠藤三郎・元陸軍中将は一九五六年六月、旧軍人代表団を率いて訪中した。『周恩来年譜 一九四九—一九七六』下巻によれば、六月一四日、周恩来は一行と会見した際、次のように述べている。「日本は今、十字路に立っており、二つの可能性がある。一つは、経済が引き続き膨張し、軍事力もそれに伴って拡大し、軍国主義の道を歩む、もう一つは日本が真に大国の支配を離脱し、独立民主、平和、中立の道を歩み、その基礎の上に自衛武装を進め、他者を侵略せず、他者の侵略に反対することだ」。旧日本軍幹部であったにもかかわらず、中国側から暖かく迎えられ、その寛大な姿勢に感銘を受けた彼らは帰国後、日中友好元軍人の会を結成し、中国との交流を進めた。

(27) 一九五四年四月二九日、中印間で調印された「中国チベット地方とインド間の通商交通に関する協定」の前文に記された、次の五項目。①領土主権の相互尊重、②相互不可侵、③相互内政不干渉、④平等互恵、⑤平和共存。

(28) **王暁雲**(一九二〇—八三) 一九七二—七九年、外交部アジア司副司長。

(29) 一九六九年一一月二一日、発表。「大統領は、米国の中華民国に対する条約上の義務に言及し、米国はこれを遵守するものであると述べた。総理大臣は、台湾地域における平和と安全の維持も日本の安全にとってきわめて重要であると述べた」という一節が盛り込まれている。

(30) 一九五二年締結の日華平和条約を指す。

(31) 注(12)の三項目。

(32) 「偏安」とは、帝王が一部の地区しか支配しておらず、全国を統率できない状況をさす。

(33) 一九七二年二月二八日、ニクソン大統領訪中時に発表された米中上海コミュニケ。

(34) **高玉樹**(一九一三—) 台湾省長として名前が挙げられているが、省長になった経歴はない。一九五四—七二年、台北市長。

(35)　一九七二年七月一二日、米民主党大会は、サウスダコタ州選出上院議員で、党内左派のマクガバンを同党の大統領候補に指名した。しかし、一一月七日の投票でニクソンに敗れることになる。

(36)　日清戦争に敗れた清朝は二億両の賠償金を課せられた。三国干渉による遼東半島の還付の際にさらに三千万両を課せられ、あわせて二億三千万両、払わねばならなくなった。清朝は列強から対日償金用に高利の借款を受けたが、借りた名目上の額は四七八二ポンド、実際の受取額は四三二一ポンド、元利合計の返済額は一億二三六ポンドにのぼった(四五年かけて支払う)。日本はこの賠償金を金本位制の確立等に使った。

(37)　八国連軍とは一九〇〇年の義和団事件の際、派兵し、北京を占領した日露英仏米独オーストリア伊の八カ国軍を指す。この事件で清朝に課せられた賠償金は四億五千万両。しかし、三九年、払い続けねばならず、利息を加えると九億八二〇〇万両余りとなり、地方に課せられた賠償金二千万両を加えると、トータルでは一〇億両を超える。

(38)　日本政府は、田中訪中に先立ち、アメリカへの事前説明を行うことにしていた。一九七二年八月三一日―九月一日、ハワイで日米首脳会談が開かれ、田中首相はニクソン大統領に訪中の意思を伝えた。

(39)　当時、中国は国民党政権の打倒を意味する「台湾解放」のスローガンを掲げていた。それが一九七九年から「台湾の祖国復帰による中国統一」との新たなスローガンを掲げるようになった。

(40)　一九七二年七月二七日付け『東京新聞』は、「政府・自民党首脳筋が二六日明らかにしたところによる」として、日中両国は田中首相訪中時、①日本と中華人民共和国との間の戦争状態を終結し、②両国間に平和および友好善隣関係を回復する――との日中共同声明(あるいは共同宣言)を発表する見通しが強まっており、近く外務省と中日備忘録貿易弁事処東京連絡処のルートを通じて、中国側との案文調整がスタートするとみられる、と報じた。『東京新聞』は続けて、そうなれば、日中国交正常化は、まず戦争状態終結を宣言し、次に諸懸案を解決するという二段構えの「日ソ方式」により行われることになる。外交関係回復、対日賠償、尖閣列島の領有権など日中間の諸懸案は、首相訪中後に始まる日中平和条約交渉の中で決着をつけることになろう、と記していた。その上で、『東京新聞』は、首相が訪中しても、日本が中国を承認することにはならず、外交関係の回復も平和条約発効後になる、という見通しを記している。

(41) **二階堂進**(一九〇九—二〇〇〇) 自民党代議士。田中内閣発足時、官房長官。

(42) **三木武夫**(一九〇七—八八) 自民党三木派領袖。一九七四—七六年、首相。

(43) 一九七二年七月二七日付け『読売新聞』は、「政府有力筋が二六日、明らかにしたところによる」として、日本政府は①田中首相の訪中の際は日中国交正常化のための政府間交渉を開始するという合意にとどめる、②次の段階として日中間の戦争終結と国交樹立を内容とした共同宣言を出す——との手続きによってまず両国間の復交を実現し、引き続き両国間の諸懸案を解決するための平和条約締結交渉を進める、との手順を考えていることを示唆した、と報じた。

(44) **井上清**(一九一三—二〇〇一) 歴史家。京都大学名誉教授。井上は、釣魚諸島は明の時代から中国領であったが、日清戦争の際、日本が盗み取った、と主張した。一九七二年五月四日付け『人民日報』に「釣魚列島(〝尖閣列島〟)等島嶼是中国領土」と題する文章を載せている。

(45) **陳儀**(一八八三—一九五〇) 一九四五年一〇月—一九四七年四月、台湾省長。一九四七年の二・二八事件を鎮圧。一九四七年四月、省長罷免。一九四九年二月、上海で逮捕された。

(46) 一九七一年七月、キッシンジャーは周恩来に対し、米国政府はベトナム戦争終了後に在台米軍を三分の二削減し、米中関係が改善すれば残りの米軍も減らす用意があると伝えた。この在台米軍の撤退問題は一九七二年二月のニクソン訪中の際、改めて議論され、同月二四日、ニクソンは周恩来に対し、米軍の恒久的な駐留がアメリカの安全のために必要だとは信じないと述べるとともに、残留部隊の撤退、三分の二だけでなく、残り三分の一を含む全ての撤退が達成できる目標である、と断言した。ニクソンはさらに次のように述べている。「ベトナムへのアメリカの関与が終わり次第、三分の二は撤退するでしょう。私の計画は、残り三分の一も削減し、私の政権担当中に撤退させることです。しかし来年の一月前にはそれはできません。四年の任期を越えなければなりません」。同年一一月の大統領選に勝つことが、この目標を実現する前提条件だというわけである。ニクソンは続けて、この「密約」について、帰国後、その存在を尋ねられたら否定せざるをえないと、次のように述べた。「帰国したときに、誰かが、台湾から全軍を撤退させると首相と密約しなかったかと質問したら、私は、しなかったと答えます。しかしそれは私の計画にあると首相には申し上げました。段階的に撤退させるうちに、議会で承認を得るに必要な支持を広げていくことができるでしょう」。これに対し、周恩来は「我々は時間を限ることを求めていません。期限の問題をたてているわけではありません」と述べ、ニクソンの説明を了承している。なお、その際、ニクソンは日台関係について、踏み込んだ発言をしていることが注目される。周恩来の、米軍が台湾にいる間、日本軍が台湾に入ることを抑えますか、という問いかけに、ニクソンは「それ以上のことをします。撤退したあとも日本軍を台湾に来させないようにします」。その後、原文は四行抹消されている。ニクソンは周恩来に対し、日台関係に関し、公開をはばかる何を約束したのだろうか(毛里和子・毛里興三郎訳『ニクソン訪中機密会談録』名古屋大学出版会、二〇〇一年、一五〇―一五二頁)。確かに、一九七二年二月二八日付けの米中上海コミュニケでは、アメリカ側は在台米軍の最終的な撤退期限を明示しておらず、次のような表現が使われていた。「アメリカ政府は、台湾からすべての武装力と軍事施設を撤去する最終目標を確認する。この期間に、アメリカ政府はこの地域の緊張緩和にしたがって、台湾におけるその武装力と軍事施設をしだいに減らしていくだろう」。

(47)　ベトナム和平実現のため、アメリカ、北ベトナム、南ベトナム政府、南ベトナム解放民族戦線がパリで行った交渉。一九七三年一月二七日、和平協定が結ばれた。

(48) 一九七一年の中国のピンポン外交については、中国のジャーナリスト銭江が当事者にインタビューし、アメリカ側文献にもあたってまとめた『「ピンポン外交」始末』(東方書店、一九八七年)が、アメリカ・チーム招請の過程を明らかにしている。一九七一年三月、名古屋で卓球世界選手権大会が開かれ、中国・チームからアメリカ・チームの訪中の希望が北京に届く。四月三日、外交部と国家体育運動委員会は名古屋からの請訓に対し、「アメリカ・チームが今、訪中するのは時が熟していない」という趣旨の報告をまとめ、周恩来のもとに送った。周は四日、その報告に「擬同意」(同意を考慮中)と記し、毛沢東のもとに送った。毛沢東はすぐには結論を出さなかった。毛沢東の指示を待っていては大会が終わってしまうため、外交部は招請せずとの趣旨の指示を送るが、大会最終日の七日になってから、毛はその指示を覆す。同日午前一〇時ごろ、名古屋に電話で新指示が伝えられた。「アメリカ卓球チームが訪中を求めている件については、同チームが何度も要求を出し、その態度は意欲的、友好的であることを考慮し、ここに責任者を含めアメリカ卓球チームが我が国を訪問することに同意することに決定する」。アメリカ卓球チームの招請は毛沢東の決断によって最終的に決まったのである。

(49) **中曾根康弘**(一九一八—) 自民党中曾根派領袖。一九八二—八七年、首相。

(50) **藤山愛一郎**(一八九七—一九八五) 一九五七年、岸内閣外相。藤山派領袖。

(51) 一九七二年七月八日から九日にかけ、B—52戦闘爆撃機二九機が沖縄・嘉手納基地に飛来した。七月一一日付け各紙によると、七月一〇日、大平外相が外務省にインガソル米大使を呼び、B—52の反復飛来を繰り返さないよう厳重に申し入れた。官房長官が米大使を呼びつけることは考えにくい。

(52) 一九五五年四月一八日—二四日、インドネシアのバンドンで開かれたアジア・アフリカ会議。

(53) 九月二八日の会談の冒頭、周恩来より、田中訪中は日中間の戦争状態の終結を図ることを主要な目的とすることになった、という趣旨の『東京新聞』

の記事を示された竹入は同夜、次のような行動をとった。「あれは外務省筋から出たらしいですよ。いったい日本の政府は何を考えているんでしょう。戦争終結なら何も来る必要ないんですよ、というようなことで、そのときにたった一回だけ、私ども大平外務大臣に北京から電話を入れました。『こういう新聞が出ているんだけれども、総理があぁいうふうに言っているのか。日本を出てくるときの態度と変わっているのか』と言ったら、『いやまったく変わっておりません』という。『では私が出てくるときの態度とまったく変わってないということを確認していいんだな』と言ったから、『だいじょうぶです』と言いました。それをものすごく心配しまして、その晩また私、夜中に人民大会堂に連絡とりまして、とんでいって、日本政府の態度は変わっちゃいませんよ、と説明する一幕までありました」(時事通信社政治部編『ドキュメント日中復交』時事通信社、一九七二年)。周恩来の「昨日は、遅いところ、電話をありがとうございました」というのは、前夜遅く、竹入が人民大会堂に連絡を入れたことを指すと思われる。

(54)　**蕭向前**(一九一八―二〇〇九)　一九七二年七月より中日覚書貿易東京連絡所首席代表。

(55)　**佐々木更三**(一九〇一―八五)　社会党代議士。元社会党委員長。一九七二年七月一六日、北京で周恩来首相と会見し、帰国後、田中首相に一日も早く訪中するよう伝えた。

(56)　一九五五年四月、日本側の日中漁業協議会と中国側の中国漁業協会の間で民間ベースの漁業協定が結ばれた。一九五八年の長崎国旗事件の後、無協定期間があったが、一九六二年、再び日中両国の漁業協会が漁業協定を結んだ。

(57)　三池信については注(15)参照。

(58)　一九四五年二月、クリミア半島のヤルタで、ローズベルト、スターリン、チャーチルは、ソ連の対日戦参加の見返り条件について協議し、旅順港の再租借等、中国東北地方における権益を認めた秘密協定を結んだ。

(59)　**孫平化**(一九一七―九七)　一九六四―六七年、中日覚書貿易東京連絡所首席代表。一九七二年七月、中国上海バレエ団団長として訪日。

(60) **許宗茂**(一九二五—) 一九七二年六月、中日覚書貿易東京連絡所代表。一九七三年二月、駐日大使館二等書記官。

(61) **江培柱** 一九七一年八月、松村謙三の葬儀に派遣された王国権に随行して来日。一九七二年七月、中国上海バレエ団通訳として来日。その後、駐日大使館三等書記官。

(62) **林彪**(一九〇六—七一) 軍人。中国共産党副主席。一九六九年の中国共産党大会第九回大会で改正された党規約では「毛主席の後継者」と記されていた。一九七一年九月、クーデターに失敗し、国外逃亡を図るも、モンゴルで墜落死。

(63) 江西・湖南省境にあり、一九二七年、毛沢東が率いる部隊が農村革命根拠地を築いた。

(64) 遼瀋戦役をさす。一九四八年九月—一一月、遼寧省西部と瀋陽、長春地区で行われた人民解放軍と国民党軍の大決戦。以後、国民党軍は壊滅に向かった。

(65) **ブレジネフ**(一九〇六—八二) 旧ソ連の政治家。一九六四—八二年、ソ連邦共産党書記長(総書記)。

(66) 林彪は蔣介石が校長を務める黄埔軍官学校に学んだことがある。

(67) **閻錫山**(一八八三—一九六〇) 山西を主要な地盤とする地方軍事指導者。

(68) **馮玉祥**(一八八二—一九四八) 西北軍の首領。

(69) 一九四五年八—一〇月、重慶での国民政府・共産党間の交渉。

(70) **東条英機**(一八八四—一九四八) 軍人。太平洋戦争開始時の首相。東京裁判で死刑判決。

(71) 遠藤三郎の間違いであろう。遠藤については注(26)参照。遠藤は一九五六年九月、訪中し、毛沢東と会見した。その模様について次のように回想している。「……軍人の教育を見ると上は司令官から下は一卒に到る迄『侵略戦争は必ず失敗する』という事が徹底しております。毛沢東主席にそのことを話した所『第一の先生は日本軍、第二の先生は米軍』と答えました。『世界一強いといわれた日本軍が侵略戦争をやられたから、我々解放軍の様な装備劣悪な軍隊に敗け、世界一装備優秀な米軍も朝鮮に侵略したから我々の義勇軍に敗けたでしょう。これが反面教師です』といわれ、私は赤面しました」(遠藤三郎『日中十五年戦争と私』日中書林、一九七四年、三五六―三五七頁)。

(72)　太平天国を指している。一九世紀半ばに起こった大規模な農民反乱。

(73)　**咸豊帝**(一八三一―六一)　熱河の離宮に逃れたまま三一歳の若さで病死した。

(74)　**西太后**(一八三五―一九〇八)　咸豊帝の側室であったが、後に同治帝となる男児を生んだ。皇帝の生母として宮廷政治の実権を握った。

(75)　**東郷平八郎**(一八四八―一九三四)　海軍軍人。日露戦争時、連合艦隊司令長官。

(76)　**成田知己**(一九一二―七九)　社会党代議士。一九六八―七七年、社会党委員長。

(77)　自民党内の四つの派閥、すなわち田中派、大平派、三木派、中曾根派を指す。

2 田中角栄首相・周恩来総理会談

解題

一九七二年九月二五日午前八時一〇分、田中首相、大平外相らが乗った日航特別機が羽田空港を離陸。午前一一時三〇分(日本時間午後〇時三〇分)、北京空港に着いた。

田中首相と周恩来首相の会談は計四回、行われた。日時と会場は次の通り。

第一回　二五日午後二時五五分―四時五〇分　人民大会堂安徽庁
第二回　二六日午後二時―四時三〇分　迎賓館
第三回　二七日午後四時一〇分―　人民大会堂福建庁
第四回　二八日午後三時―四時五〇分　迎賓館

なお、二五日の第一回会談終了後、午後六時三〇分から人民大会堂宴会庁で周恩来首相主催歓迎夕食会が開かれた。その際の田中首相の挨拶にあった「迷惑をかけた」という発言を第二回会談の冒頭、周恩来首相が問題にする。第三回会談は約二時間半かかった、と報じられたので、午後六時すぎには終ったはずである。二八日の第四回会談終了後は午後六時三〇分から人民大会堂宴会庁で田中首相主催答礼夕食会が開かれた。

双方の出席者

日本側　田　中　総理大臣
　　　　大　平　外務大臣
　　　　二階堂　官房長官
　　　　橋　本　中国課長(1)

中国側　周恩来　総理大臣
　　　　姫鵬飛　外交部長
　　　　廖承志　外交部顧問
　　　　韓念龍　外交部副部長(2)

（注―本会談記録は国交正常化当時の記録を改めて昭和六三年九月タイプしたものである。）

第一回首脳会談（九月二五日）

田中総理　日中国交正常化の機が熟した。今回の訪中を是非とも成功させ、国交正常化を実現したい。

これまで国交正常化を阻んできたのは台湾との関係である。日中国交正常化の結果、自動的に消滅する関係（日台外交関係）とは別に、現実に起こる問題に対処しなければならぬ。これをうまく処理しないと、国内にゴタゴタが起こる。日中国交正常化を実現するときには、台湾に対する影響を十分考えてやるべきだ。

国交正常化は、まず共同声明でスタートし、国会の議決を要する問題はあとまわしにしたい。

大平大臣　国交正常化をなしとげ、これをもって、日中両国の今後長きにわたる友好の第一歩としたい。

また国交正常化が、わが国の内政の安定に寄与するよう願っている。この観点から二つの問題がある。

ひとつは日華平和条約の問題であり、中国側がこの条約を不法にして無効であるとの立場をとっていることも十分理解できる。しかし、この条約は国会の議決を得て政府が批准したものであり、日本政府が中国側の見解に同意した場合、日本政府は過去二〇年にわたって、国民と国会をだまし続けたという汚名をうけねばならない。そこで、日華平和条約は国交正常化の瞬間において、その任務を終了したということで、中国側の御理解を得たい。

第二点は第三国との関係である。とくに日米関係は日本の存立にとり極めて重大である。また、米国が世界に多くの関係をもっているが、日本の政策によって、米国の政策に悪影響が及ぶことがないよう注意しなければならないと考える。つまり、日中国交正常化をわが国としては対米関係を損ねないようにして実現したい。

日中国交正常化後の日台関係については、日台の外交関係が切れた後の現実的な関係を、やることと、やらないこととのケジメをはっきりさせて処理したい。

周総理　田中総理の言うとおり、国交正常化は一気呵成にやりたい。国交正常化の基礎の上に、日中両国は世々代々、友好・平和関係をもつべきである。日中国交回復は両国民の利益であるばかりか、アジアの緊張緩和、世界平和に寄与するものである。また、日中関係改善は排他的なものであってはならない。

田中・大平両首脳は、中国側の提示した「三原則」(3)を十分理解できると言った。これは友好的な態度である。

今回の日中首脳会談の後、共同声明で国交正常化を行い、条約の形をとらぬという方式に賛成する。平和友好条約は国交樹立の後に締結したい。これには、平和五原則に基づく長期の平和友好関係、相互不可侵、相互の信義を尊重する項目を入れたい。

日中友好は排他的でないようにやりたい。

戦争状態終結の問題は日本にとって面倒だとは思うが、大平大臣の提案に、完全に同意することはできない。桑港条約(4)以後今日まで戦争状態がないということになると、中国は当事者であるにもかかわらず、その中に含まれていない。

私は、この問題を二人の外相に任せ、日中双方の同意できる方式を発見したいと思う。

「三原則」についても、この精神を反映させたいが、方式は二人の外相に任せたい。

日中は大同を求め小異を克服すべきであり、共通点をコミュニケにもりたい。

日米関係にはふれない。これは日本の問題である。台湾海峡の事態は変ってきているから、条約(日米安保、米華相互防衛条約)(6)そのものの効果も変ってきている。

台湾問題にソ連の介入を許さないという点で、日米中三国の共通点がある。中国側としては、今日は日米安保条約にも米華相互防衛条約にも、ふれずにゆきたい。日米関係については皆様方にお任せする。中国は内政干渉はしない。

第二回首脳会談（九月二六日）

周総理　日本政府首脳が国交正常化問題を法律的でなく、政治的に解決したいと言ったことを高く評価する。戦争のため幾百万の中国人が犠牲になった。日本の損害も大きかった。我々のこのような歴史の教訓を忘れてはならぬ。田中首相が述べた「過去の不幸なことを反省する」という考え方は、我々としても受け入れられる。しかし、田中首相の「中国人民に迷惑をかけた」(7)との言葉は中国人の反感をよぶ。中国では迷惑とは小さなことにしか使われないからである。

双方の外交関係樹立の問題に、日台条約や桑港条約を入れると、問題が解決できなくなる。これを認めると、蔣介石が正統で我々が非合法になるからだ。そこで、中国の「三原則」を十分理解することを基礎に、日本政府が直面する困難に配慮を加えることとしたい。

日華条約につき明確にしたい。これは蔣介石の問題である。蔣が賠償を放棄したから、中国はこれを放棄する必要がないという外務省の考え方を聞いて驚いた。蔣は台湾に逃げて行った(8)後で、しかも桑港条約の後で、日本に賠償放棄を行った。他人の物で、自分の面子を立てることはできない。戦争の損害は大陸が受けたものである。

我々は賠償の苦しみを知っている。この苦しみを日本人民になめさせたくない。

我々は田中首相が訪中し、国交正常化問題を解決すると言ったので、日中両国人民の友好のために、賠償放棄を考えた。しかし、蒋介石が放棄したから、もういいのだという考え方は我々には受け入れられない。これは我々に対する侮辱である。田中・大平両首脳の考え方を尊重するが日本外務省の発言[9]は両首脳の考えに背くものではないか。

日米安保条約について言えば、私たちが台湾を武力で解放することはないと思う。一九六九年の佐藤・ニクソン共同声明はあなた方には責任がない。米側も、この共同声明を、もはやとりあげないと言った。佐藤が引退したので、我々の側はこれを問題にするつもりはない。したがって日米関係については、何ら問題はないと思う。我々は日米安保条約に不満をもっている。しかし、日米安保条約はそのまま続ければよい。国交正常化に際しては日米安保条約にふれる必要はない。日米関係はそのまま続ければよい。我々はアメリカをも困らせるつもりはない。

日中友好は排他的なものでない。国交正常化は第三国に向けたものではない。日米安保条約にふれぬことは結構である。米国を困らせるつもりはなく、日中国交正常化は米国に向けたものでない。ソ連に対しては、日中双方に意見があるが、条約やコミュニケには書きたくない。日ソ平和条約交渉の問題につき、日本も困難に遭遇すると思うが同情する。北方領土問題につき、毛は千島全体が日本の領土であると言った[10]。だからソ連は怒った。茅台がウォッカよりよいとか、ウィスキーがよいとか、コニャックがよいとか、そのような新聞記者が言うような問題は中国側には存在しない。

日中両国人民が世々代々つきあっていけるようにすること、過去半世紀の歴史を繰り返さぬようにすることが、両国人民の利益であり、アジア・世界の平和に役立つ。

田中総理　大筋において周総理の話はよく理解できる。日本側においては、国交正常化にあたり、現実問題として処理しなければならぬ問題が沢山ある。しかし、訪中の第一目的は国交正常化を実現し、新しい友好のスタートを切ることである。従って、これにすべての重点をおいて考えるべきだと思う。自民党のなかにも、国民のなかにも、現在ある問題を具体的に解決することを、国交正常化の条件とする向きもあるが、私も大平外相も、すべてに優先して国交正常化をはかるべきであると国民に説いている。

日中国交正常化は日中両国民のため、ひいてはアジア・世界のために必要であるというのが私の信念である。

賠償放棄についての発言を大変ありがたく拝聴した。これに感謝する。中国側の立場は恩讐を越えてという立場であることに感銘を覚えた。中国側の態度にはお礼を言うが、日本側には、国会とか与党の内部とかに問題がある。しかし、あらゆる問題を乗り越えて、国交正常化するのであるから、日本国民大多数の理解と支持がえられて、将来の日中関係にプラスとなるようにしたい。

共同声明という歴史的な大事業は両大臣の間で話して貰えば、必ず結論に達すると思う。

具体的問題については小異を捨てて、大同につく[11]という周総理の考えに同調する。

日本側の困難は中国と政体が違うこと、日本が社会主義でないところから来る。つまり、この相異から、国交正常化に反対する議論も出る。しかし、国交正常化は政体の相異を乗り越えた問題であるから、この問題で自民党の分裂を避けたいと考えている。

周総理　田中総理が自民党内の国交正常化を急ぐなという意見をおさえて、一気呵成にやりたいというその考えに全く賛成である。

田中・大平両首脳は「復交三原則」を十分理解すると言った。その基礎の上に立って、中国側は日本側の問題に配慮すると言った。そうでなければ、国交正常化はあやしいものとなる。

田中総理　自民党の中には、国交正常化に十分の時間をかけろという意見が多い。それは、中国が大きな力で統一されたが、その中国に不安をもっているためである。他の社会主義国は別として中国は日本に対し内政不干渉であるという考えが国交正常化の前提となっている。日本の国内で、中国が革命精神の昂揚をやることはない。日中間に互譲の精神と内政不干渉、相手の立場を尊重するという原則が確認されれば、自民党内もおさまると思う。

周総理　その点は自信をもってほしい。

田中総理　日本の国内には中国が大国であることに対する恐れがある。

周総理　日本は経済大国である。我々は遅れている。かつて、ニクソンはカンサスで演説[12]し、EC[13]に次いで日本の名をあげた。日本の鉄鋼生産は米国についで世界第二位である。米国としては、日本の力を評価している。その次は中国である。中国は人口は多いが、潜在的な力をもっているに過ぎず、現実の力はない。中国は確かに潜在的な勢力である。しかし将来、力がつき大勢力となったとしても、超大国にはならない。国内に力を注ぐのに精一杯である。

思想に国境線はない。思想は人民が選択する問題である。しかし、革命は輸出できない。経済力について言えば、中国は二〇世紀の末になっても、一人当り国民所得で日本のレベルに到達できるかどうか全く判らない。中国の国民総生産は昨年は一、五〇〇億ドルである。但し、サービスは入っていない。七億の人口であるから、一人当り国民所得はせいぜい二〇〇ドルである。日本は昨年は一人当りで国民所得はいくらですか。(田中総理の説明を聞き)それでは、今世紀の末になっても、到底、日本のレベルに到達できないと思う。

我々は財政上、先端的な武器は持ちえない。また軍事大国には決してなりたくない。日本がどれだけの自衛力を持つかは日本自身の問題であり、中国側からは、内政干渉はしない。

田中総理　日本は核兵器を保有しない。防衛力増強は国民総生産の一%以下におさえる。軍隊の海外派兵はしないという憲法は守るし、これを改変しない。侵略は絶対にしない。だから日本に危険はない。国交正常化の結果、中国が内政に干渉しないこと、日本国内に革命勢力を培養しないことにつき、確信を持ちたいというのが、大平と私の考えである。中国が革命を輸出しないということが私の最大のみやげになる。

自民党を国交正常化問題について全部賛成に回らせることが問題解決のカギである。

周総理　我々のところでも、日中国交正常化に、少数の者が反対した。また、彼らは米中関係改善にも反対した。林彪がそうだった。また我々の方も人民に説明する必要がある。人民を教育しなければ、「三光政策」(14)でひどい目にあった大衆を説得することはできない。

第三回首脳会談(九月二七日)

周総理　今日は国際問題について議論したい。

昨日は、日中両国人民が外からの干渉を排し、自分たちの問題を処理できることについて合意した。

この問題が第二次大戦後に提起されたのは、思想と行動に区別があるからである。思想は国の境界線にかかわらず発展していく。マルクス主義はドイツではなく、ロシア、ついで中国で発展した。コミュニケイションの発達の結果、今は思想が早く伝わる。どこの国も思想の伝播をさえぎることはできない。中国でも各国の新聞・通信を伝える「参考消息」[15]を毎日六〇〇万部発行しており、この中には中国批判も含まれている。このように、中国人民にいろいろな意見を聞かせ、自分で判断させるようにしている。

さもないと疑問をもつ。ニクソンやヒース[16]の発言も掲載している。思想言論は妨げることができないし、人民に知らせてこそ、はじめて善悪を識別できるようになる。

ニクソンは社会主義国が一枚岩であると信じたダレス[17]の誤りを指摘した。米国は六〇年代の末から、中ソが、また社会主義陣営が一枚岩でないことを発見した。ＥＣ一〇カ国も一枚岩でない。世界の二つの体制は一枚岩ではない。

体制の異なる国のあいだで平和共存が可能である。南北朝鮮は話し合いを開始し、外からの干渉を排して、会談することに合意した。朝鮮半島の情勢は緩和の方向に向いている。ソ連はこれに批判的で、体制の相異がある南北朝鮮の統一がどうして可能になるかと言っている。ソ連は統一問題につき、北朝鮮と同じ立場ではない。しかし、北朝鮮は大分以前からソ連の支援を受けていない。

日本と北朝鮮の関係は二つの国の間の問題である。しかし、日本と北朝鮮との関係について言わせて戴くなら、日本政府は、今回の日中首脳会談を手始めに、北朝鮮との関係についても、改善をはかられたらいかがかと存ずる。これは極東の緊張緩和に役立つと思う。

大平先生は過去の歴史に終止符を打ち、日中間の平和友好条約では前向きの日中関係を発展させたいという趣旨を共同声明の中に入れたいと言われた。これに賛成する。相互不侵犯、平等互恵でいきたい。

田中総理　日本では中ソが一枚岩であるとの前提に立っていた。それは中ソ友好同盟条約(18)や、北朝鮮とソ連・中国との条約(19)を考慮してのことである。しかし、中ソが一枚岩でないことが、日本人にも理解されてきた。

ソ連には第二次大戦後、首をしめられたので日本人はソ連の言うことを額面通り受け取っていない。南北朝鮮が自主的に統一をはかることを支持する。しかし、ソ連の企みにより朝鮮統一がなされるのではないかという不安が日本国民のなかにある。

周総理が言うとおり、実体は北朝鮮がソ連の言うままになっていないということであれば、我が国が北朝鮮との関係を改善することはアジアの平和にとって、よいことだと思う。

周総理　中ソ友好同盟条約は源泉がヤルタの密約にある。対日問題もヤルタから出発している。米国は中国の東北地方と西北地方をソ連に任せた。ソ連は国民政府との間に、中ソ友好同盟条約を作ったが、これは日本に対抗するためである。当時蔣介石はヤルタの密約を知らなかった。このとき国府はモンゴルの独立を承認した(20)。また、ソ連の中長鉄道租借を認め(21)、旅大地区にソ連の進出を許した。

中国共産党が政権を握ってから、毛・周がモスクワに赴き、中ソ友好同盟相互援助条約を作った。その際、毛・周はモンゴルを中国の家庭に入れたいと言ったがソ連に反対された。しかし中長鉄道は取り返し、旅大地区は三年以内に返還する旨約束させた。

同条約には日本を対象とする部分がある。[22] 同条約の有効期限は三〇年であるが、この条約が実際に効果を見せたのは、最初の六年くらいで、フルシチョフ[23]が政権を取ると、彼はこの条約を無視した。一九五五年に、ソ連は、中ソで連合艦隊を作り、旅大地区を共同で防衛しようと提案した。[24] そこで毛沢東は、ソ連が海から来るなら、我々は山に入ってゲリラ戦をやると言った。

一九五九年六月、フルシチョフは中国との間に締結した原子力に関する協定を一方的に破棄した。[25] インドの挑発によって発生した中印国境紛争に際しても、ソ連はインドを支持した。フルシチョフはアイゼンハワーとの会談[26]がうまくいかなかったので、その鬱憤を中国に向けた。そこでソ連は対中国援助物資も提供を打ち切り、一、三〇〇〇余の技術者も一斉に引き上げた。ソ連は反面教師であり、我々は余儀なく自力更生の原則に立った。一九六三年七月のはじめ、モスクワで両党会談が行われたが、これが党と党との最後の会談になった。七月一九日、ソ連共産党は我々との会談を決裂させた。その翌日、二〇日には三国核実験停止条約が締結された。[27] フルシチョフは信用を重んじない人間だった。そこで我々はブレジネフに期待をかけた。しかしブレジネフの政策もフルシチョフと変らず、したがって、ソ連との話し合いは、うまくまとまらなかった。

かつて、毛沢東はコスイギン[28]に言った。中ソがお互いに相手を教条主義者、修正主義者と言っている。これでは中ソとも社会主義でないことになる。コスイギンは、一体何時まで論争するのかと聞いた。毛は一万年論争すると答えた。コスイギンはそれでは長すぎると言った。毛はそれではあなたに免じて一千年だけ引こう、九千年論争すると述べた。

しかし、毛は党と党との関係は別として、国家間の関係は改善できると言った。そこで、三年の長期貿易協定を作ったが、ソ連はこれを一年で破棄した。

一九六九年、中国の建国二〇周年を祝うとき、コスイギンがハノイにおけるホーチミン(29)の葬儀の帰りに、北京へ来たので、周がコスイギンと三時間会談した(30)。当時、中ソ間に国境衝突があったので、私は手始めに国境問題をとりあげたいと言った。

ツアーのロシアと中国との間に不平等条約が結ばれた。ロシア革命の後、レーニンはこれを不平等条約だと言った。実際のところ、この条約で国境を画定したときは、実地探査もやらず、鉛筆で線を引いただけで作った。

中ソ国境に関し、中国側が提案したのは次の三点である。

(1)現状維持

(2)武力不行使

(3)論争のある地域の調整

コスイギンはこの提案を受け入れたので、一九六九年一〇月二〇日から話し合いを開始したが、いまや三年になるのに暫定案すら、まとまっていない。

中国はビルマ、アフガニスタンなど、いろいろな隣接国と国境線を画定しており、未解決なのはソ連とインドだけである。

したがって、中ソ友好同盟相互援助条約は、実際には、存在しないも同然である。ソ連側にこう聞いた。お前達はこの条約を覚えているか？　そしたら覚えていると答えた。ソ連はカザフスタンからモンゴルにかけて、一〇〇万の軍隊を配置し、中国に対抗している。モンゴルだけでも六個師団を配置し中国に向けている。これでもソ連が同盟国であると言えるか？　中ソ友好同盟条約はないのと同じだ。我々はソ連と何回も交渉して深い教訓を得た。

なお、台湾について言えば国府は日本を脅かしているだけである。

田中総理　ソ連は日本との間で不可侵条約[31]を結んでいながら(敗色濃厚となると日本に対し)首つりの足を引っ張ったので、日本としては、ソ連を信用していない。

周総理　我々は日本がソ連と話をするのは容易でない、四つの島を取り返すのは大変だと思っている。

田中総理　魚の問題も大変だ。

周総理　これまで日中間に外交関係がなかったにもかかわらず、東海、黄海の漁獲について、日中間でうまくいっている。

話が変るが過去の歴史から見て、中国側では日本軍国主義を心配している。[32]今後は日中がお互いに往来して、我々としても、日本の実情を見たい。

田中総理　軍国主義復活は絶対にない。軍国主義者は極めて少数である。戦後、衆議院で一一回、地方の統一選挙が七回、参議院が九回選挙をした。革命で政体を変えることは不可能である。また国会の三分の二の支持なくして憲法改正はできない。

日本人は領土の拡張がいかに損であるかをよく知っている。

日本人は現在、二人ずつしか子供を生まない。このままでいけば、三〇〇年後には日本人がなくなってしまう。日本を恐れる必要はない。

周総理　政権担当者の政策が大事である。
田中総理　（日本列島改造計画を説明し）軍国主義復活のために使う金はない。
周総理　日本は核戦争にはどのように対処するのか？　ソ連は核戦争禁止、核兵力使用禁止を提唱しているが、これは人をだますペテンであるから、あばく必要がある。核非保有国がソ連のペテンにかかる恐れがある。二七回国連総会におけるソ連提案[33]は危険であるから、あばいてやろうと思う。ソ連の云うことを信ずれば、他の国は、無防備になる。ソ連は自分の手には最大の核を持ち、人には持つなと言っている。米国も中国もともに、ソ連提案に反対することがソ連には判っている。それにもかかわらず、持ち出すのは、米中が同調していると宣伝したいためである。
ソ連には既に言った。非核保有国に対して、中国と同様、自らは核を最初に使用することはないと誓え。また、核が不必要と言うなら、全部廃棄して、国際監視委員会の監視下においたらどうか？　こうソ連に言った。
彼らは核兵器の禁止を口にするが廃棄するとは決して言っていない。これはペテンだ。ソ連に対する警戒心を失えば、ソ連にやられてしまう。
田中総理　日本の工業力、科学技術の水準から、核兵器の製造ができるがやらない。また一切保有しない。
周総理　日米安保条約には不平等性がある。しかし、すぐにはこれを廃棄できないことはよく判っている。なぜなら、日本が米国の核の傘の下にあるのでなければ、日本に発言権がなくなるからだ。
田中総理　米国は侵略的だと言うが、米国は共産主義の一枚岩に対し、自由主義国家を守ってきた。

米国には領土拡張の野心も、侵略の意図もないと思う。だから、米中関係改善はアジア、ひいては世界平和のためになる。

周総理　第二次大戦後の米国の行動には拡張主義、侵略主義の考えが裏にあった。しかし今や米国は他国をふとらせてしまって、自分は困っている。

田中総理　米国としては、中国には他国を侵略する意図がないと考えている。米国はその国が自ら決する問題には介入しない。米国には侵略の意図がないと思う。また侵略に出れば、国がもたぬ。これが私の米国に対する率直な評価である。日中国交正常化後は、日米関係についても御理解を深めてほしい。

周総理　中国と米国との間で、最も合意し難いのはヴィエトナム問題についてである。南北ヴィエトナムの問題は三八度線の問題とは本質的に異る。

米国のヴィエトナム政策、インドシナ政策の変遷を見ると、米国に責任がある。ラオス問題はＣＩＡがやったことだ。キッシンジャーにもそう言った。米国はボロ屋台を抱えており、ヴィエトナムでは朝鮮戦争よりも多くの戦費と死者を出した。一方、中国にはヴィエトナムに対する義務がある。

ニクソン訪中の際の最大の問題はヴィエトナム問題であった。

蔣介石の問題は、いずれ解決できる。今はインドシナが問題である。

ダレスの政策は、大陸と台湾を分断し、台湾を米国の保護下におこうとした。しかし、蔣介石が米国の言うことを聞かなかった。蔣は個性の強い人間である。米国は金門・馬祖から国府軍を撤去させようとした。なぜなら、金門・馬祖は米国の防衛範囲に入っていなかったからである。そこで蔣介石は激怒した。我々はこれを見て、金門・馬祖に砲撃を加えた。そこで蔣は金門・馬祖を守る口実ができた。我々は奇数日だけ砲撃することに決めた。(34)

キッシンジャーは「台湾海峡の両側の中国人が中国は一つであると主張することにチャレンジしない」と言った。これはキッシンジャーの傑作である。

ヨーロッパ問題について言えば、今、ヨーロッパの連中は平和の幻想を抱いている。しかしこれはソ連にだまされている結果である。

田中総理　尖閣諸島(35)についてどう思うか？　私のところに、いろいろ言ってくる人がいる。

周総理　尖閣諸島問題については、今回は話したくない。今、これを話すのはよくない。石油が出るから、これが問題になった。石油が出なければ、台湾も米国も問題にしない。

国交正常化後、何カ月で大使(館)を交換するか？

大平大臣　できるだけ早く必要な措置を講じていくが、共同声明のなかに、何カ月以内にとは書けない。もし一日でもたがえたらよくないことだからだ。総理と私とが中国を訪問した以上、二人を信用してもらって、できるだけ早く大使の交換をやるということで御了承願いたい。

周総理　「できるだけ早く」で結構だ。お二人を信用しましょう。

田中総理　相互信頼が大事だ。だから、日本に軍国主義が復活するとか、侵略主義が復活するとか考えないよう願いたい。

周総理　私は日本の社会党より、ひらけている。社会党は「非武装」をやかましく言うから、日本が自衛力をもつのは当然ではないかと言ってやった。(36)

田中総理　それはどうも。

周総理　我々は、インドシナ問題を第一に、台湾問題は第二に考えている。台湾解放は中国の国内の問題だから、しばらく後でもよいと思う。

第四回首脳会談（九月二八日）

周総理　今日は台湾問題を話し合いたい。ところで明日はどうしますか？

（周総理から、調印式はじめ、二九日の日程及び三〇日出発の細目につき話があり、詳細につき橋本中国課長から韓叙(37)（儀典長）に連絡して決定しようとの話あり。）

台湾問題につき、日本側から話を聞きたい。私は一九二四年に蔣介石と知りあった。国民党とは二回合作した。また二回戦った。私は五〇歳以上の国民党・政府の要人はよく知っている。今日は秘密会談であるから、何でも言ってほしい。

大平大臣　いよいよ明日から、日台間の外交関係は解消される。（以下大平大臣は別紙をそのままゆっくりと読みあげ、周総理以下中国側は極めて真剣に聞いた。）

周総理　日本側では、台湾との間で「覚書事務所」のようなものを考えているのか？　台湾が設置に承知するであろうか？　日本側から、主導的に先に台湾に「事務所」を出した方が良いのではないか？

(別紙)

日中国交正常化後の日台関係

1. 日中国交正常化の結果、現に台湾を支配している政府と我が国との外交関係は解消される。このことは当然のことではあるが明確にしておきたい。しかしながら、昨年、日台貿易が往復一二億ドルを越えたこと、我が国から台湾へ約一八万人、台湾から我が国へ約五万人の人々が往来したことなどにみられるとおり、日本政府としては、日台間に多方面にわたる交流が現に行われているという事実、また日本国民の間には台湾に対する同情があるという事実を無視することはできない。

2. 日本政府としては、今後とも「二つの中国」の立場はとらず、「台湾独立運動」を支援する考えは全くないことはもとより、台湾に対し何等の野心ももっていない。この点については、日本政府を信頼してほしい。しかしながら、日中国交正常化後といえども、我が国と台湾との関係においては、次の諸問題が当分の間残ることが予想される。

(1) 政府は在台湾邦人(現在在留邦人三、九〇〇及び多数の日本人旅行者)の生命・財産の保護に努力しなければならない。

(2) 我が国は自由民主体制をとっており、台湾と我が国との人の往来や貿易はじめ各種の民間交流については、政府としては、これが正常な日中関係をそこねない範囲内において行われるかぎり、これを抑圧できない。

(3) 政府は民間レベルでの日台間の経済交流も(2)と同様容認せざるをえない。

(4) 日台間の人の往来や貿易が続く限り、航空機や船舶の往来も(2)(3)と同様、これを認めざるをえない。

3. 日中国交正常化後、台湾に在る我が方の大使館・総領事館はもちろん公的資格を失うが、前記の諸問題を処理するため、しばらくの間、その残務処理に必要な範囲内で継続せざるを得ない。またある一定期間の後、大使館・総領事館がすべて撤去された後に、何等かの形で民間レベルの事務所、コンタクト・ポイントを相互に設置する必要が生ずると考える。このことについて中国側の御理解を得たい。

4. なお、政府としては、日中国交正常化が実現した後の日台関係については、国会や新聞記者などに対し、上記の趣旨で、説明せざるをえないので、あらかじめ御了承願いたい。

（橋本中国課長注　周総理以下中国側は、大平大臣あるいは田中総理が日台関係につき、何か難しいことを言い出すのではないかという顔をして、難しい顔で大平発言を聞いていた。しかし、大平発言が終ると、一様に安心したという表情となり、大平発言につき正面から認めるとは言わなかったが、わかっているから心配するなという表情で、うなづいた。）

大平大臣・田中総理　まあ「覚書事務所」のようなものを考えている。

周総理　日中双方の大使館が出来るまで、中国側としては、蕭向前が中国政府を代表することとしたい。

田中総理　結構である。

周総理　日本側は誰が代表するのか？　北京の日本側覚書事務所の代表は〔二字伏字〕とかいう人だが？

田中総理　（中国課長に向い、また、大平大臣に向い、どうするか？　と言われた。中国課長より、北京には外務省出身の〔二字伏字〕と通産出身の〔二字伏字〕がいると答えたが、田中総理は両名とも御存知なかった。）

日本政府の方は橋本中国課長にやらせる。従って、大使館ができるまで橋本—蕭向前のラインで政府間の連絡をさせたい。

北京の日本側覚書事務所で誰を代表にするかは、後で決めて通報する。

周総理　結構である。橋本—蕭向前で政府間の連絡をしあうことに確定しよう。

明日（二九日）大平大臣が調印後、記者会見で、日台外交関係が切れることを声明されると聞いたが、大いに歓迎する。田中・大平両首脳の信義に感謝する。中国も言ったことは必ず実行する。「言えば必ず信じ、行えば必ず果す」(38)という諺が中国にある。

今後は日中間に新しい関係を樹立して行きたい。

田中総理 我々は異常な決心を固めて訪中した。明日の大平大臣の記者会見で、台湾問題は明確にする。責任を果すためには、困難に打ち勝ち、実行していくという考えを堅持していきたい。日本の政治の責任者として、万全の配慮をし、事後処置についても最善の努力をしなければならぬことを御理解願いたい。

明日の大平大臣の記者会見で、自民党内には党議違反の問題が起ってくる。(39)しかし、私は総理であると同時に総裁であるから、結論をつけたいと考えている。

台湾との関係については、色々問題が起るが、大平大臣の述べた最小限の措置について御理解願いたい。

周総理 私もその問題について話したいと思っていた。

田中総理 台湾に対する日本側の現実的な措置については、事前に中国側にお知らせする。しかし、台湾は日中国交正常化後は戦争状態に戻ると言っているから、日本の総理としては困っている。

周総理 今回の共同声明につき、中国側で、「戦争状態」の問題につき、表現を考えたのは、その点に配慮したからである。

米国に対し、我々も通報した。

大平大臣 日台問題に関し、後で色々問題が起ったら、中国側に連絡する。

周総理　蔣介石は重病であるが、何応欽[41]、張群[42]の二人は扱いやすい。この二人は風向きを見て、方向を変えて行く人だ。谷正綱[43]も口先だけの人で、バックに力はない。張群は四川、何応欽と谷正綱は貴州の人だ。しかし、蔣父子は彼等をあまり信用していない。何故なら、彼らに権力を奪われるのではないかと心配しているからだ。沈昌煥[44]は極端に走る人ではない。主な問題は経国である。経国は小細工をやる人で、蔣介石の方がスケールは大きい。蔣介石は軍隊を誰にも渡さない。蔣介石が米国にも日本にも行かない理由は、ゴジンジェム[45]や李承晩[46]の二の舞をしないようにしているからだ。

経国の弱点は、黄埔軍官学校出身者[47]との関係がよくないことだ。彭孟緝駐日大使[48]も黄埔軍官学校出身者である。彭は台湾には帰りたくないと思っている。経国は陳大慶[49]を除いては、黄埔軍官学校出身者を排斥している。

厳家淦[50]が財政経済をあずかっている。台湾がうまくやっていくためには、二つの面で外国に頼らざるをえない。一つは軍事援助で、これは米国に頼らざるをえない。いまひとつは貿易の面であり、これは厳家淦がやっているが、貿易なくしては台湾経済がやっていけないし、借款を受けねば、五〇万の軍隊を維持できない。また大陸から渡来した二〇〇万〜三〇〇万の人々と台湾人との関係の問題もある。

台湾には、このような弱点がある。したがって、台湾にいる連中は小さな波乱は起すが、大きなことはできない。これを小細工と言う。

田中総理　台湾問題につき、問題は日本国内、特に自民党内に問題がある。私は訪中前、佐藤前総理に決意を伝えた。彼は十分理解してくれた。台湾との関係については私と大平との政治力が試される問題である。しかし、日中の長い歴史のためには、その程度の困難は覚悟している。

周総理　何か物事をやろうとすれば、必ず反対する者が現われる。

田中総理　私が中国との国交正常化を決意した最大の理由は、中国(共産党)が世界を全部共産党にしようなどとは考えておらず、大中国統一の理想をもっている党であって、国際共産主義の理念の下に行動しているのではないと考えたからである。

周総理　まず自分の国のことを立派にやっていくことが大事で、他国のことは他国自身が自分でやるべきだ。今後は日中関係をできるだけ緊密なものにしたい。まず、飛行機の相互乗り入れからやりたい。

田中総理　結構である。

注

(1)　**橋本恕**(一九二六―　)　外交官。一九六八年、中国課長。一九七三年、駐中国大使館参事官。一九八九年、駐中国大使。

(2)　**韓念龍**(一九一〇―　)　一九五一年、駐パキスタン大使。一九五六―五八年、駐スウェーデン大使。一九六四年以降、外交部副部長。一九八二年当時、外交部顧問。

(3)　復交三原則、すなわち①中国は一つであり、中華人民共和国が中国の唯一の政府であること、②台湾は中国の一つの省であること、③日台条約は不法であって破棄されるべきこと、を指す。

(4)　サンフランシスコ平和条約。

(5)　周恩来の使った中国語は「求同存異」、すなわち共通点を求めつつ、相違点は残しておく、という意味。

(6)　一九五四年一二月二日調印。一九五五年三月三日発効。アメリカは台湾・澎湖諸島を防衛範囲に含めた。但し、金門・馬祖島は含まれない。

(7)　「迷惑をかけた」の中国語訳は「添了麻煩」。一九七二年九月二五日、周恩来総理主催招宴で、田中首相が使った。

(8)　原語は「慷他人的慨」という成語。他人の財物で自分の気前のよさをみせようとするという意味。俗っぽくいえば、他人のふんどしで相撲をとるということである。

(9)　九月二六日午前の第1回外相会談の際、高島条約局長が読み上げた「日中共同声明日本側案の対中説明」を指す。本書所収。

(10)　一九六四年七月一〇日、毛沢東は日本社会党訪中団佐々木更三議員らに対し、ソ連が占領したところは余りにも多すぎます、と語ったうえで、千島列島に関し「皆様に返還すべきだと思う」と指摘した。

(11)　周恩来の、相違点は残しておくという発言を田中角栄が「小異は捨てる」趣旨と受け取ったことがわかる。

(12)　一九七一年七月六日、ニクソンはカンサスシティでの演説で、戦後二五年、世界には巨大な変化が起き、アメリカはもはや超大国ではなくなり、いまや世界には五大勢力がある、と指摘した。ソ連の脅威以外に、アメリカは西欧、日本との競争に直面しており、中国も潜在的なライバルである、とも述べた。同年七月一二日、周恩来は岩井章を団長とする日本労働者代表団と会見した際にも、このニクソン演説に言及している(『周恩来年譜　一九四九―一九七六』下巻)。

(13)　欧州共同体。一九六七年七月一日、誕生。原加盟国はフランス、旧西ドイツ、イタリア、ベルギー、オランダ、ルクセンブルクの六カ国であった。一九七三年、イギリス、デンマーク、アイルランドが、一九八一年にギリシャが加盟し、一〇カ国に拡大した。外国政府と外交関係を持ち、主権国家と同様の扱いを受けた。

(14)　日中戦争期、日本軍が中国大陸で行った作戦。「光」とは「……し尽くす」という意味で、焼光(焼き尽くす)、殺光(殺し尽くす)、搶光(奪い尽くす)の三つを指す。
(15) 新華通信社発行の、外国の中国関係報道を紹介する日刊紙。一九七二年当時は内部発行であったが、一九八五年から内部発行の扱いを止めた。
(16) **ヒース**(一九一六—) イギリスの政治家。一九七〇—七四年、首相。
(17) **ダレス**(一八八八—一九五九) 冷戦期のアメリカの外交官。積極的に共産主義封じ込め政策を進めた。
(18) 中ソ友好同盟条約は一九四五年八月一四日、中華民国とソ連の間で結ばれた。しかし、田中首相がここで言及したかったのは、一九五〇年二月一四日、中華人民共和国とソ連の間で結ばれた中ソ友好同盟相互援助条約であったはずである。
(19) 北朝鮮は一九六一年七月、中国との間では中朝友好協力相互援助条約を、ソ連との間ではソ朝友好協力相互援助条約を結んだ。
(20) 中ソ友好同盟条約付属の交換公文で、中華民国は国民投票の実施を条件に外モンゴルの独立を認めた。
(21) 中長鉄道とは中国長春鉄道のことで、中東鉄道と南満洲鉄道は中国長春鉄道の名称の下で一鉄道系統として結合された。満洲里からポグラニーチナヤ間および、その途中のハルビンから、遼東半島の先端の旅大(旅順・大連)に至る。中華民国とソ連の間の中国長春鉄道に関する協定では、この鉄道は中華民国とソ連の共有財産とされ、共同経営される、と規定されており、租借という表現は使われていない。なお、ソ連は中東鉄道を一九三五年に満洲国に売却し、代金を受領済みであった。
(22) 中ソ友好同盟相互援助条約第一条は仮想敵国として「日本国又はこれと同盟している他の国」と明記している。日本と同盟している国とはアメリカを指す。
(23) **フルシチョフ**(一八九四—一九七一) 旧ソ連の政治家。スターリンの死後、マレンコフを追い落としてソ連邦共産党第一書記。米ソ共存外交を推進。一九六四年、失脚。
(24) フルシチョフが連合艦隊案を提案してきたのは、一九五八年である。一九五五年五月に旅順港からのソ連軍の撤退を勝ち取ったばかりの中国は、再びソ連に海軍基地を提供するつもりはなかった。

(25)　一九五七年一〇月一五日、中ソ間で国防新技術協定(秘密協定)が結ばれた。この協定は中国に原爆のサンプルと生産技術資料の提供を約していた。しかし、一九五九年六月、ソ連は同協定の中止を通告してきた。以後、中国は核兵器とその運搬手段の自力開発を決意する。

(26)　一九五九年九月二五—二七日、キャンプ・デービットでの米ソ首脳会談。

(27)　米英ソ三国が部分的核実験停止条約に調印したのは一九六三年八月五日。

(28)　**コスイギン**(一九〇四—八〇)　旧ソ連の政治家。一九六四年、首相となり、経済改革を進めたが、失敗。

(29)　**ホーチミン**(一八九〇—一九六九)　ベトナムの革命家。一九四五年の八月革命を指導。ベトナム民主共和国初代大統領。

(30)　コスイギンはハノイからの帰国の機上で、ソ連共産党政治局の指示を受け、イルクーツクから北京に向かい、北京空港内で周恩来と会談した。

(31)　日ソ間で結ばれていたのは日ソ中立条約。一九四一年四月調印。有効期間五年間。ソ連は日本に同条約の不延長を通告してはいたが、一九四五年八月の日本への宣戦布告時、なお有効期間を残していた。

(32)　一九七〇年、中国では「復活している日本軍国主義」に反対する大々的なキャンペーンが繰り広げられた。

(33)　一九七二年九月一五日、ソ連のマリク国連代表は「国際関係における武力不行使と核兵器の永久使用禁止について」の問題を第二七回国連総会の議題に採択するよう要請する書簡をワルトハイム事務総長に手渡していた。同年一〇月三日、喬冠華外交部副部長は国連総会の一般討論演説で、ソ連が提出した武力不行使宣言と核兵器恒久使用禁止を「でたらめのたわごと」と決めつけた。

(34)　金門は福建省のアモイ沖二キロの台湾海峡にあり、馬祖は福建省の福州沖にあり、ともに国民党軍が駐留していた。一九五八年八月、人民解放軍が金門・馬祖を砲撃した。アイゼンハワー政権は金門・馬祖の防衛を宣言せざるを得なくなった。アメリカの圧力によって国民党軍が大陸に隣接する島から撤退し、台湾が「独立」するのを防ぐための人民解放軍の砲撃であった。まもなく奇数日には人民解放軍がアモイから、偶数日には国民党軍が金門から砲撃しあう、という奇妙な状況が生まれた。

(35) 中国名は釣魚島。沖縄の八重山諸島の北方、台湾の北東にある小島群。一九六八年、国連アジア極東経済委員会(ECAFE)の調査で、周辺の大陸棚に石油資源が埋蔵されていることが明らかになった。

(36) 一九七〇年一〇月二六日、一一月一日の両日、周恩来は成田知己委員長を団長とする日本社会党訪中団と会見した。『周恩来年譜　一九四九―一九七六』下巻によると、社会党側が提起した、大国が共同で日本の平和中立(非武装中立)を保障する、すなわち米ソ中朝日が共同で協定を結び、相互不可侵、平和共存を実現し、さらにはアメリカ州を含めアジア太平洋沿岸に非核地帯を作るという方策について、周恩来は、政治スローガンとして提起するのであれば、反対はしないが、中国政府と中国人民の意見を求められるのであれば、我々は実際的ではないと思う、と述べ、さらに、この五カ国が条約を結ぶのは不可能であり、米ソ両国に平和を維持してもらう方法に同意することは、二つの超大国が世界の人民の命運を左右することを認めるのに等しい、とも述べている。

(37) **韓叙**(一九二四―九四) 外交官。一九七一年一一月、外交部礼賓司司長。一九八二年、外交部副部長。一九八五―八九年、駐米大使。

(38) 原語は「言必信、行必果」。言葉には信頼がもて、果敢に行動するとの意味。周恩来がこの六字を毛筆でしたため田中角栄に渡したところ、田中角栄は「信は万事のもと」と書いて周恩来に贈った。

(39) 一九七二年九月八日、自民党は日中国交正常化交渉にあたり、「特に、我が国と中華民国との深い関係にかんがみ、従来の関係が継続されるよう十分配慮のうえ交渉すべきである」との党議決定を行っていた。「従来の関係」が外交関係を含むかどうかについては、自民党内にも両論があった。九月二九日、国交正常化実現の直後、大平外相は記者会見で、日華平和条約の終了を宣言したが、「従来の関係」が外交関係を含むという立場に立てば、これは党議違反という解釈がでてくるであろうことを田中首相は覚悟していたことになる。

(40)　蔣介石は当時、健康を害していたが、重病であったかどうかは疑問。秦孝儀総編纂『総統　蔣公大事長編初編』には、一九七二年七月二二日、「風邪にかかり、肺炎をおこす」、八月六日、「栄民総医院に移り、療養す」、九月一五日、「昼間、気分がすぐれず、診察を受けたが、すぐ正常に戻った」と記されている。

(41)　**何応欽**(一八九〇—一九八七)　軍人。一九四四年、陸軍総司令。一九四八年、国防部長。一九四九年、行政院長となるが、上海失陥により辞任。一九四八年以来、国家安全会議戦略顧問委員会主任委員。

(42)　**張群**(一八八九—一九九〇)　一九三五年、外交部長。一九四六年、周恩来との間で国共停戦協定に調印。一九五〇年以降、総統府資政。一九五四—七二年、総統府秘書長。

(43)　**谷正綱**(一九〇一—九三)　国民党の政治家。一九六七—八八年、アジア人民反共連盟中国総会理事長。一九六五年以降、国民党中央常務委員。

(44)　**沈昌煥**(一九一三—　)　一九六〇年、外交部長。一九六九年、駐タイ大使。一九七二年六月、外交部長。一九七三年一一月以降、国民党中央常務委員。

(45)　**ゴジンジェム**(一九〇一—六三)　一九五六年、南ベトナム初代大統領。親米反共主義者。一九六三年、クーデターで殺害された。

(46)　**李承晩**(一八七五—一九六五)　一九四八年、韓国初代大統領。一九六〇年、大統領に四選されたが、暴動が起き、辞任してホノルルに亡命。

(47)　第一次国共合作期の一九二四年六月、広州市郊外の黄埔に設立された国民党陸軍軍官学校の通称。校長蔣介石。周恩来は政治部主任を務めた。多くの将校を養成した。

(48)　**彭孟緝**(一九〇七—　)　一九二六年、黄埔軍官学校卒業。一九五九―六五年、参謀総長。一九六五年、総統府参謀長。一九六九―七二年、駐日大使。

(49) **陳大慶** 一九五七―六二年、国家安全局長。一九六九―七二年、台湾省長。

(50) **厳家淦**(一九〇五―九三) 一九五〇年、行政院経済部長、財政部長。一九六三年、行政院長。一九六六―七五年、副総統。

3　大平正芳外相・姫鵬飛外交部長会談

一九七二年九月二六日―二七日

解題

日中外相会談は、三回の正式会談と、万里の長城往復の車中での非公式会談の計四回行われ、日中共同声明の案文検討等の実質的討議を行った。

唐家璇国務委員(前外交部長)とコンビを組んで日中外相会談の中国側通訳を担当したのが、周斌(当時、外交部新聞司所属)であった。周斌は、加藤千洋・朝日新聞編集委員のインタビューに答え、次のように回想している。

「印象深い場面の一つは、万里の長城見学に行く車中での通訳だったという。

『歓迎宴会で田中首相が「多大のご迷惑をかけた」とサラッと言ったから、歴史認識の協議が難航し、打開の道を探る異例の車中会談となったんです』

同乗通訳は周さんだけ。大平外相は謝罪の仕方次第で自民党分裂の可能性もあるという党内事情も訴え、こうつけ加えた。

――中国の怒りは、私、大平個人としてはわかる。私は戦前、若き大蔵官僚として張家口にいた。田中は胸を病んで満洲の陸軍病院にいた。日本は確かにひどいことをした。どうか、私、大平を信じてほしい。

『通訳していても胸を打たれた。姫外相はその晩、大平という男は信頼していい政治家だと周総理に報告したんですよ』」(二〇〇二年九月二九日付け『朝日新聞』)。

この時、両外相が乗った車の助手席に座っていたのが橋本中国課長であった。ただ、日本側には、両外相がこのような深刻な議論を交わしたことは記録に残っていない。

二七日、万里の長城から戻ると、両外相は夕方行われた第三回首脳会談に参加し、夜は田中・毛会談に同席した。その後、深夜の第三回外相会談で共同声明案文の最終的詰めが行われた。

なお、この会談要録の目次には「本『会談要録』は、国交正常化当時の記録を改めて昭和五三年五月タイプ印刷に付したものである」という注が付されている。

第一回外相会談

日　時　九月二六日　午前一〇：二〇〜一一：四〇
場　所　人民大会堂
出席者
（日本側）大　平　外務大臣
吉　田　アジア局長（1）
高　島　条約局長（2）
木　内　総理秘書官（3）
橋　本　中国課長
栗　山　条約課長（4）
藤　井　外務大臣秘書官（5）
（一行伏字）
（中国側）姫鵬飛　外交部長
韓念龍　副部長
張香山　外交部顧問（6）
陸維釗　亜洲司司長（7）
王暁雲　亜洲司副司長
陳　抗　亜洲司処長（8）

高 鍔 亜洲司処長(9)
その他

（挨拶、雑談の後）

姫外交部長 この度田中総理及び大平大臣が訪中されたことに対しては、昨日周総理より既に歓迎の意を表明致しました。私達は、昨日の総理会談で双方の総理の委任を受けて、これから国交正常化についての具体的問題を話し合う訳ですが、これは、重要な任務であると考えます。会議の進め方について大平大臣の御意見はいかがですか。

大平大臣 先ず、田中総理以下随員に寄せられた中国側の行き届いた、友情のこもった歓待に対して厚く御礼の意を表します。

姫外交部長の言われるように、双方の首脳から委任された重要な任務につき卒直に意見の交換を行ない、相互理解を通じて立派な成果をあげたいと思います。この会議の運び方についての私の意見を求められましたが、私は、今日は、私共日本政府が考えている共同声明の草案について中国側の考え方を聞かせて戴きたいと考えます。

姫外交部長 結構です。草案はあるのですね。

（当方より、本文だけから成る共同声明日本側案を手交（別紙1の別添1）。）

大平大臣 案文は、まだ日本語のものだけです。これについて、条約局長から説明させるのでお聞き戴きたい。

（ここで条約局長より、東京より携行の「日中共同声明の対中説明要領」に沿い説明を行なったが、実際の発言振りは別紙1の通りであった。）

大平大臣　以上に対して中国側からコメントを得られれば幸いです。

姫外交部長　解説に感謝します。周総理も昨日はっきり述べたように、いくつかの問題の提起の仕方に双方にとり困難があります。例えば、両国の戦争状態の終了についての提起の仕方は、日本側にもそれなりの問題があろうが、中国側も人民を納得させることができないので同意できません。又、歴史の事実にも合いません。だから、双方とも頭を働かせる必要があり、このため十分話し合いたい。周総理が述べたように、双方の頭を働かせて解決の方法を見出したいと思います。中国側も草案を用意しています。（当方に手交す。別紙2）これは、日本側の考えも考慮して作ったものです。戦争状態の第1項は、中国側のもとの書き方にしてあります。日本側の困難は、「日台条約」に関して国会を納得させられないということのようですが、日本側案では、中国人民を納得させることができません。中国人民に、戦争状態がいつ終了したのかをはっきりさせなければなりません。日本側において中国側案文をよく研究して戴きたい。この草案は前文も入ってまとまっております。条項については、順を変えたところがあります。中国側としても日本側がさきほど述べたことを研究しますから、中国側案文も研究してみて下さい。中国側案文の括弧してあるところは、日本側の意見を述べるところだからそうしてあります。

今話している問題の主なものは、戦争状態の問題と三原則をどう表現するかということと平和友好条約のところを独立の項とすることです。

双方の研究のために今日はこれ位にしたいと思います。

大平大臣　日本側にも勉強させて戴きたい。

姫外交部長　結構です。とにかく、こういう問題を解決しなければなりません。

大平大臣　日本側も同じ考えです。

第二回外相会談

日　時　九月二六日　午後一七：一〇～一八：二〇

場　所　迎賓館一八号楼

出席者

（日本側）大　平　外務大臣

　　　　　橋　本　中国課長

　　　　　（二行伏字）

（中国側）姫鵬飛　外交部長

　　　　　張香山　外交部顧問

　　　　　周　斌　（通訳）[10]

　　　　　江培柱　（記録）

大平大臣　共同コミュニケ前文についての日本側草案をまだ提出していないが、中国側の提起された三原則に対する日本側の基本姿勢を前文に謳うべきであるとの示唆があったので、日本側では目下どういう形で挿入すべきか検討中である。また中国側の前文には入っていないが、日本側としては、前文に、日中国交正常化が排他的であってはならないとの趣旨を入れてはどうかと考えている。この点については、周総理も強調されたところであり、今後の日中関係が各々の友好国との関係を損うものであってはならず、また第三国に向けられたものでないことを明らかにしてはどうかと考えている。いずれにしろ、上記の趣旨をもり込んだ日本側草案を次の外相会談までに用意したいと考えている。共同声明の本文について、二点申し上げたい。第一点は、戦争状態の終了宣言の問題であり、これについては、色々工夫をこらした結果として、ここに二つの試案を提示するので、中国側で御検討頂きたい。

第一案は、「中華人民共和国政府は、中国と日本国との間の戦争状態の終了をここに宣言する」というものであり、主語が中華人民共和国になっている点が特徴的である。このように、戦勝国だけが一方的に戦争状態の終了を宣言した例は、過去に、連合国とドイツとの戦争状態終了に際して採用されたことがある。(11)

第二案は、「日本国政府および中華人民共和国政府は、日本国と中国との間に、今後全面的な平和関係が存在することをここに宣言する」というものであり、いつ戦争が終了したかを明確にしないものである。この問題については、双方に立場の違いがあるので、将来に向って前向きな態度で処理することを考えたものである。

第二の問題は、台湾問題であり、これについても試案を考えたので御検討願いたい。

中国側案では、第2項に、唯一合法政府の問題と台湾問題とを一緒に記してあるが、これを切離し、台湾問題を第3項として、「中華人民共和国政府は、台湾が中華人民共和国の領土の不可分の一部であることを重ねて表明した。日本政府は、この中華人民共和国政府の立場を十分理解し、ポツダム宣言(12)に基づく立場を堅持する」というものである。

以上、あくまでも試案として作ってみたものであり、中国側で御検討の上、更によい知恵があればお聞かせ願いたい。

もう一度申し上げれば、前文については、本日私から御説明申し上げた考え方に基づいて、日本側案を作成し、次の外相会談で提示したい。

本文については、戦争状態の終了と台湾の領土帰属の二点について、日本側試案を提出したので、次の会談において、これに関する中国側のコメントを伺いたい。

第三点として、こちらからお願いしたいのは、今後とも重要な点については、私と貴外交部長との間で話しあうこととしたいが、その他の、文章づくり、テニヲハ等については、私の指名する者と、貴部長の指名される者との間で相談させては如何かと考えます。

姫外交部長　三原則を前文にどう入れるかを検討中であるのか。

大平大臣　三原則について、日本側草案は、分解して本文に記していたが、中国側案では、三原則ともひっくるめて前文に記してあり、日本側案に御同意頂けるならば別であるが、そうでないならば、前文において、どのような表現で言及するかについて目下工夫しているところである。

姫外交部長　中国側草案の前文には、これまで存在していた日中間の不正常な関係を改めることを両国人民が切望している旨の、両国人民の共通の気持を記したが、これは必要だと考える。次に中国側草案は、日中の過去の歴史にふれるとともに、「日中復交三原則」について記している。中国側は、この原則がこのたびの日中国交正常化の基礎となるものと考えているが、日本側としても、すでにこれを充分理解できるとの態度を表明しているのだから、特に問題はないのではないか。中国側草案の本文には、三原則のうち、二原則しか記述されておらず、第三原則すなわち「日台条約」にふれていないのは、前文において、日本側が三原則全体に理解を示す旨記述するからである。個別に記す形式を採用し、かつ、「日台条約」に言及しないというわけにはいかない。

前文には、その後に、日中は社会制度が異なるとはいえ、平和友好的につきあうべきである旨強調され、最後に、日中国交正常化がアジアの緊張緩和、世界の平和に利するとの評価が記されている。なお、以上の中国側前文案は、古井先生との話しあいの結果[13]に基づいて起草されたものである。

次に本文について説明する。

第1項の戦争状態の終了については、日本側の提示された案に基づいて再検討してみる。ただ、「本声明が公表される日に」戦争状態が終了する旨の時期の問題は重要である。つまり、この時から、本文の戦争状態以外の他の部分についても効力が発生することとなる。例えば、日本が中華人民共和国を中国の唯一合法政府と認めるのも、この日からであろう。現時点でこう認めろと要求されても、日本側はお困りでしょう。

第2項については、どうして、中国側案のカイロ宣言[14]ではなく、ポツダム宣言の立場を堅持するとしたのか。

大平大臣　日本が受諾したのは、カイロ宣言ではなく、ポツダム宣言だからである。

姫外交部長　この点については再度検討してみる。

「日中関係が排他的でなく、第三国に向けられたものではない」旨記するのは、前文の中よりもむしろ第6項に入れるべきであると考えるがどうか。

大平大臣　特にこだわらない。

姫外交部長　戦争状態の終了の問題について、本日、二つの日本側案を頂いたが、中国側としては、時期の問題を極めて重視している。しかし、なんとかして解決しなければならない問題である。

大平大臣　日本側としては、なんとか国内的にdefendできる線でまとめたいと考えている。

姫外交部長　この点については、周総理もはっきり(日本側の困難はわかっていると)言明しておられるので、何とかよい案を考えたい。

他に御注文があれば伺いたい。

大平大臣　実質上の問題ではないが、本日話しあったような重要問題については、貴外交部長と私との間で解決することとし、他の基本的合意に達した部分については、できれば早速にも、特定の者を双方で指名して、修文にかからせてはどうかと考えるが如何。

姫外交部長　日本側は誰を指名されるか。

大平大臣　アジア局長、条約局長、橋本中国課長、栗山条約課長と通訳と記録係を考えている。

姫外交部長　中国側出席者は、後刻お知らせすることと致したい。ただ、今後、各問題についての案を双方が交互に出すのではなかなか話が進まないので、この八人が一緒に作業し、一緒にコミュニケ案を起草してはどうかと考える。そして、これら八人で解決できない問題を我々で話しあいたい。

大平大臣　そのように致したい。われわれは双方の総理から任されたわけであるから、できるだけ総理を煩わさず、我々レベルで問題を解決したい。

姫外交部長　結構です。

非公式外相会談

日　時　九月二七日
場　所　万里の長城往復の車中
大平大臣及び姫鵬飛外交部長、他通訳等。

(以下は会談の要旨)

1．三原則を前文に記入する問題

姫外交部長　何とか日中国交回復三原則を明記したい。

大平大臣　原則のみを記入したく、日本国内の事情を御理解願いたい。何れにせよ、日本側の対案を用意しているので帰ってお渡しする。

2. 大使交換問題

姫外交部長 何とか期限を明記するよう配慮願いたい。

大平大臣 「すみやかに」という日本側の表現をお呑みいただきたい。日本には次の事情があるので十分御配慮願いたい。先ず在台邦人三、八〇〇人の安全の問題があり、台湾側の出方が心配である。次に在京台湾大使館が直ちに断交するのか、更に居座ろうとしているのか先方の出方が全く不明である。但し、もし先方が何時までも引きあげないようであれば断固とした措置をとるので理解してほしい。

3. 平和友好条約

姫外交部長 日本側の考えをおたずねしたい。

大平大臣 平和友好条約を結ぶための交渉を開始すべきであるというのが日本側の主張であるが、何らかの方法でこれを共同声明にもりこむことには異存はない。しかし同条約締結前にも航空協定等の実務条約を締結したい。

姫外交部長 異存ない。但し、一番頭の痛い問題は航空協定で、各国から締結したいとの申し込みが来ている。しかし、中国と日本は、カナダ等と異なり近隣であるので、話し合えば妥協可能である。

4. 軍国主義についての表現

大平大臣 今次田中総理の訪中は、日本国民全体を代表して、過去に対する反省の意を表明するものである。従って、日本が全体として戦争を反省しているので、この意味での表現方法をとりたい。

姫外交部長 中国は日本の一部の軍国主義勢力と、大勢である一般の日本国民とを区別して考えており、中国の考えは、むしろ日本に好意的である。

5．戦争終結問題

姫外交部長　戦争状態終結の時期として、「今後」との表現があるがこの意味が不明である。日本側のお考えを聞きたい。

大平大臣　それとも「共同声明発表の日」との表現方法をとりますか？　何れ帰ってからよく考えてみましょう。

姫外交部長　この点われわれ中国側も一番頭を痛めている点である。

6．「反省」等のことばの問題

姫外交部長　「反省」と「めんどう」との表現方法は軽すぎはしないか。(大平大臣と姫部長との間で「反省」のニュアンスについて双方で意見を述べ合う。)

7．共同声明発表の時期

姫外交部長　共同声明を今晩、明朝中にも発表出来るように努力したい。ニクソンの時のように上海で発表するようなことはさけたい。

大平大臣　お考えには賛成である。

第三回外相会談
（最終会談であり、最も重要なもの）

日　時　九月二七日午後一〇：一〇～二八日午前〇〇：三〇
場　所　迎賓館
出席者
（日本側）大　平　外務大臣
　　　　　橋　本　中国課長
　　　　　通訳
（中国側）姫鵬飛　外交部長
　　　　　張香山　外交部顧問
　　　　　通訳

大平大臣　本日の話し合いは夜の仕事になりました。
姫外交部長　私は夜の仕事に慣れている方です。
大平大臣　本日午前中の八達嶺(15)、定陵(16)の参観に際しては、姫外交部長に御案内頂いた。姫部長はお疲れのことと思う。
姫外交部長　疲れてはいない。

大平大臣　共同声明について、中国側で何かいい案が出たかうかがいたい。

姫外交部長　本日午後の事務レベルでの話し合いにより、次の諸問題が問題として残った。第一番目の問題は、日本側提出の共同声明案の前文で述べられている、日本側の態度の表明に関する問題である。即ち、日本側が与えた戦争損害に対する日本側の反省表明の問題である。

次は「復交三原則」についての問題である。

第三番目の問題は、共同声明案本文での戦争状態終結に関する問題である。

次は戦争賠償についての表現の問題である。

最後に平和友好条約の締結についての問題、ならびにその他の各種協定締結についての問題がある。

これらの諸問題は両国外相間の討議事項であり、事務レベルでは、詳しい、突っ込んだ話し合いは行わなかった。

最後に、共同声明の表題については、総理により処理してもらうこととしたい。

大平大臣　総理マターとして、本件を扱うことを意味するのか。

姫外交部長　そのとおりである。中国側についていえば周恩来総理に処理を一任することになる。

そこで中国側の考え方を次に申し述べることとする。まず共同声明の表題について、本件表題は、共同声明の中国語テキストでは「中華人民共和国政府と日本国政府との共同声明」と修正し、反対に日本語のテキストの表現に置き換えれば「日本国政府と中華人民共和国政府との共同声明」と修正してはどうか。中国側がかかる表題を選んだ理由は、共同声明の内容自体が、単に国交正常化の一事を指しているのではなく、それ以上の幅広い問題を含んでいるからである。表題を国交正常化という字句で表現した場合、共同声明に含まれている全ての問題を包括することが出来なくなるからである。「中華人民共和国政府と日本国政府との共同声明」(或いは「日本国政府と中華人民共和国政府との共同声明」)とした場合、包括する範囲が広くなるからである。

大平大臣　表題については、上記の中国側の提案も含めて田中総理とともに研究したいと考えている。

姫外交部長　第二番目の問題は、共同声明の前文の中の、戦争により中国に与えた損害に対する日本側の態度表明の問題である。日本側案文によれば、共同声明の前文二段目において、「日本側は過去戦争によってもたらされた苦しみと損害に対し深く反省の意を表明する」とされている。然し中国側は、右の表現中、「苦しみ」という表現を除去し、同部分を「日本側は、過去戦争によってもたらされた重大な損害に対して深く反省する」との表現をとることを提案する。

大平大臣　それでは、「日本国が戦争を通じて中国国民に重大な損害を与えたことに対して深い反省の意を表明した」との表現でよいのか。

姫外交部長　「日本側は、過去において日本が戦争を通じて中国人民にもたらした重大な損害の責任を深く反省する」との表現を採ってはどうか。

大平大臣　上記の中国側の案では、「反省の意を表明する」との字句が落ちているが、これについて中国側の意見をうかがいたい。

姫外交部長　わざわざ「反省の意を表明する」との表現を用いることはない。「深く反省する」だけでも十分に意味がとおり、簡潔である。

橋本課長　「責任を深く反省する」との表現は日本語として何かちぐはぐな感じを与える。
大平大臣　上記の表現の中で、「責任」という言葉は何を具体的に指しているのか。
姫外交部長　損害を与えたことに対する責任を反省するということで、非常に明確な、はっきりしたものとなっている。
大平大臣　次に「復交三原則」の問題について話を進めてもらいたい。
姫外交部長　本問題については、次のような表現によってはどうか、即ち、「日本側は、日本政府が中華人民共和国政府の提起した「復交三原則」を十分理解する立場に立って国交正常化の実現を計るという見解を確認する。中国側はこれを歓迎する」かかる表現に修正してはどうか。
大平大臣　上記の文章を共同声明の日本語テキストに直すと、「……を確認する。中国側はこれを歓迎するものである」と修正されるものと理解してよいかどうか。
姫外交部長　そのとおり理解してよい。右はそもそも日本側の案文に沿い作成したものである。中国語としては余りすんなりとした中国語とはなっていない。
大平大臣　中国側の意見を最初に全部うかがった上で、一つ一つの問題につき改めて検討を進めてゆくこととしたいが、差し支えないか。
姫外交部長　結構である。
大平大臣　戦争状態終結の問題についての中国側の考えをうかがいたい。
姫外交部長　この問題については、私は周恩来総理とともに長い時間をかけてあれこれ考えたが、その挙句考えついたのが次の方法である。つまり共同声明の前文の中に「戦争状態終結」の字句を入れる、即ち、声明前文の第一段に、右字句を入れるということである。即ち、同前文第一段で謳われている「両国人民はこれまで存在した不自然な状態……」の次に戦争状態の終結、中日国交正常化及び両国人民の願望の実現という三つの字句を全て名詞形で挿入する。その結果同箇所は「両国人民はこれまで存在した不自然な状態、……戦争状態の終結、中日国交正常化及び両国人民の願望の実現は中日両国関係史上に新たな一頁を開くであろう」という表現に修正される。

上述のごとき方法を採ることにより、戦争状態の終結は時間上の制限を受けなくなり、中日双方ともその問題についてそれぞれ異なった解釈を行いうる余地を生ずることとなる。

大平大臣　では声明本文の第1項は不要となるのか。あるいは(それは)第1項を引出すためのものか。

姫外交部長　第1項が不必要となるのではない。前文において、名詞形により、「戦争状態の終結は……」と入れ、本文第1項において、「本声明が公表される日に、中国と日本との間の極めて不正常な状態は終了する」との字句を入れることにより、戦争終結の時期について、中日双方がそれぞれ異なった解釈を行ないうる余地が生じる。

また極めて不正常な状態が終結したということは、終結に伴い日中両国間の国交正常化が始まったことを意味する。

大平大臣　「極めて不正常な状態が終結する」ということは、かかる「不正常な状態」が終結した後も、幾分か不正常な状態が引続き残るということを意味するのか。

姫外交部長　そういう意味ではない。「極めて不正常な状態が終結する」ということは、かかる不正常な状態が完全になくなるということを意味している。

大平大臣　「極めて不正常な状態が終結する」ということは、これを日本語の語感で解釈すれば、極めて不正常な状態が終結した後の段階においても、その後も引続きある程度不正常な状態が残るという意味に受けとれる。従って、「極めて不正常な状態」という表現を、「一切の」とかあるいは「全ての不正常な状態」という風に変えてはどうか。表現についての中国側の苦心の跡がうかがわれるが、この問題は後程検討することとして、その他の残っている問題について中国側の説明をうかがいたい。

姫外交部長　中国語の「極不正常」（「極めて不正常」の意）という表現については、「極」という言葉は単に「不正常」を修飾するものとして使われているのである。従って、中国語の語感から言えば、「極めて不正常な状態が終結した」ということは全ての不正常な状態が終熄したことを意味している。

大平大臣　日本語の語感では、右の表現は、どうしても「今後とも何がしかの不正常な状態が残る」という意味になる。従って「極めて」という字句を「これまでの」とか、あるいは上述の「一切の」あるいは「全ての」という表現に改めてはどうか。

姫外交部長　只今の日本側提案について、今少し考慮・検討することとしたい。

大平大臣　次は賠償請求の問題をとり上げるのか。

姫外交部長　本問題について中国側で検討した表現方法は次のとおりである。即ち、「中華人民共和国政府は、中日両国人民の友好のために、日本国に対し、戦争賠償の請求を放棄することを宣言する」。かかる表現についての日本側の考えをうかがいたい。

大平大臣　日本側は右表現に同意出来ると考える。

右は中国側の好意によるものであると考えている。

次に平和友好条約の問題についてうかがいたい。

（しばらくして）

姫外交部長　本問題について中国側において検討した表現は次のとおりである。即ち、「中華人民共和国政府と日本国政府は、両国人民の平和と友好関係を発展させるため、交渉を通じて平和友好条約を締結することに合意した」とする。

大平大臣　中国側の表現には随分と苦心の跡がうかがわれる。平和友好条約締結の問題は、日本では国会マターである。本条約の締結について中国政府側も非常に強い意向を持っており、日本政府側もこれに反対の意見を持っているわけではない。ただし、上述のごとく、本問題は国会マターであるので、共同声明の表現としては、日本政府が国会に対して大変出過ぎたことをした、との印象を与えないような表現が望ましい。

かかる観点より、同部分の表現は、「平和友好条約を結ぶことを目的とする交渉を開始した」という表現を採ることが望ましいと考えるが、これについての中国側の考えをうかがいたい。

姫外交部長　「交渉を通じて平和友好条約を締結する」という表現と、「平和友好条約を結ぶことを目的とする交渉を開始する」という表現を比較した場合、その相違は奈辺にあるのか。

大平大臣　上述のとおり、締結は国会の権限に所属するものである。共同声明の表現を「条約の締結を目的として交渉に入る」ということにすれば、日本政府が出過ぎたことをしたとの印象を与えないで済む。

姫外交部長　平和友好条約を締結するということは国会の同意を必要とし、国会の責任になるのか。

大平大臣　国会が条約締結権を持っている。喩えて言えば、日本政府と国会の関係は、料理人とお客の間柄のようなもので、条約について、日本政府側が調理して国会に食べてもらうという手続を踏むこととなる。政府側で草案を用意し、これを国会にかけ、批准を得ることになる。従って、共同声明の表現についても、「交渉を通じて平和友好条約の締結……」というダラダラ交渉するごとき印象を与える字句ではなく、締結を目的とする交渉に入るという風な印象を与える表現がとられることが望ましい。

姫外交部長　交渉を通じ締結した条約は、国会の条約批准を必要とするのか。

大平大臣　国会で批准されなければ、一片の反故と同じである。

姫外交部長　では平和友好条約締結を目的とする交渉を行なう権利は政府側にあるのか。

大平大臣　その通りである。国会には交渉権はない。平和友好条約を目的とする交渉は国会の批准を必要としない。

姫外交部長　本問題についてはもう少し考慮、検討することとしたい。

第9項の各種協定の問題に進みたい。

大平大臣　結構である。これについての中国側の意見をうかがいたい。

姫外交部長　中国側で検討した表現は次の通りである。即ち、「中華人民共和国政府と日本政府は両国間の関係を一層発展させ、人的往来を拡大させるため、必要に基づき、また既存の民間の取決めを考慮しつつ、交渉を通じて、貿易、航海、航空、漁業等の協定をそれぞれ締結する」との表現によることが望まれる。

大平大臣　日本では、協定の中には、国会の承認を必要とするものと要しないものがある。この問題も前出の第8項目の平和友好条約と同様、国会マターの問題である。

姫外交部長　では如何なる表現によればいいのか。

大平大臣　中国側の表現を借りると次の通りとなる。「中華人民共和国と日本国政府は両国間の関係を一層発展させ、人的交流の拡大のため、既存の民間協定に応じ、通商航海、航空、漁業関係の協定の締結を目的とする交渉を行うことに合意した」。かかる表現についての中国側の意見をうかがいたい。

姫外交部長　日本側のこの間の案では、「日本国政府と中華人民共和国政府は、両国の平和友好関係を強固にし発展させるため、外交ルートを通じて交渉を行うことによって貿易、航海、航空、漁業等に必要な諸協定の締結を行う」とされている。

大平大臣　締結と交渉という字句をそれぞれ入れ替えればよい。

姫外交部長　外交ルートを通じて交渉を行うことによりこれらの諸協定の締結を行うことに合意した、との表現を採ってはどうか。

大平大臣　かかる表現によった場合、結局上記の中国側の草案通りとなる。日本側としては、締結することを目的として交渉を行うことに合意したという表現であれば、これを受け入れることが出来る。

姫外交部長　かかる表現は一寸力が弱い。日本の法律では、締結後、国会の批准を受けられぬということもあるのか。

大平大臣　その場合は反故と全く同じであり、何らの効力もない。

姫外交部長　国会の批准がなければ反故と同じか。

大平大臣　国会の批准を受ける前は、締結したものも反故と同じである。

しかしながら、本件については、日本国政府が責任をもって推し進めれば、国会での批准を得られることは問題ない。現在の自民党政権が日本国内の少数政党により構成されたものであれば、国会での批准を得ることは困難であるが、現在の自民党は国会で三〇〇余議席を持つ強力政党であり、国会での批准は問題ない。

姫外交部長　条約、協定についての交渉自体は国会の批准を必要としないのか。

大平大臣　これは政府が持つ外交権に属するものであり、国会の批准を必要としない。

姫外交部長　中国側の案通り、交渉を通じて、貿易、航海、航空、漁業等の協定をそれぞれ締結するとの表現を採った場合、国会に対するいかなる侵犯となるのか。

大平大臣　条約或いはある一部の協定の締結の権限は国会にある。従って、中国側の案の通り、交渉を通じて諸条約の締結を行うとの表現を採った場合、国会の持つ締結権を侵犯したこととなる。

姫外交部長　日本側の説明はよく理解出来た。日本側の案に同意する。

なお共同声明本文第4項の外交関係の樹立については、日本側の案通り、「中華人民共和国政府及び日本国政府は、一九七二年九月　日から外交関係を樹立することに決定した。両国政府は、国際法及び国際慣行に従い、それぞれの首都における他方の大使館の設置及びその任務遂行のために必要なすべての措置をとり、また、できるだけすみやかに大使を交換することを決定した」との表現を採ることに同意した。

大平大臣　感謝する。

姫外交部長　諸問題についての中国側の説明は以上の通りである。

大平大臣　ではこれまで未解決の問題について検討したい。戦争責任に対する日本側の態度表明及び復交三原則の問題であるが、中国側の案によれば次の通りである。即ち、「日本側は過去において、日本が戦争を通じて中国人民にもたらした重大な損害の責任を深く反省する。また日本側は、日本政府が中華人民共和国政府の提起した「復交三原則」を十分理解する立場に立って国交正常化の実現を計るという見解を確認する。中国側はこれを歓迎する。」

上記の中国側の案に見られる「責任」という言葉についてうかがいたい。この「責任」という言葉には具体的な、ある何らかの特別な意味が含まれているのではなく、単に、損害を与えたという事実に伴なう責任を十分に反省しているという意味に理解してよいのか。つまり、文字通り損害を与え、責任を感じ、深く反省するという意味であると理解して差支えないか。

姫外交部長　その通りである。

大平大臣　その部分を「重大な損害を与えたことについての責任を痛感し、反省する」という表現に変えてはどうか。

また復交三原則に関する部分の表現で、中国側の案では、「日本側は、日本国政府が中華人民共和国政府の提起した……」とされているが、「日本国政府が」という字句を削除した方がすっきりする。

ここで言う「日本側」とは日本国政府を意味するので、「日本側は日本国政府が……」という表現は重複した表現となり、余りすっきりしたものではない。

姫外交部長　復交三原則の部分については、日本側が問題としているのは、その重複の部分だけであり、復交三原則に係る全体の内容については同意するのか。

大平大臣　内容については同意する。従って修正箇所としては、「痛感する」という言葉を入れ、復交三原則の部分では、「日本国政府が」という言葉を削除する。この二箇所となる。この二箇所を修正すれば日本側としては中国側の案に同意出来る。

姫外交部長　しかしながら、中国語で考えると、先程の日本側の修正案では文章の主語がなくなってしまう。

大平大臣　ここでは「日本側」という言葉が文章の主語となる。もし「日本側は、日本国政府が……」という重複した表現をとることとなると、再確認の問題となる。

姫外交部長　では同部分について、「日本側は、中華人民共和国政府が提起した……を計るという見解を再確認する」という表現に修正することとする。（中国語では「日本方面重申……」との表現に修正される。）

大平大臣　結構である。

大平大臣　戦争状態終結の問題については、中国側で日本側の意向をお含み頂き感謝する。ただ、この部分についての日本側の案を述べると、「戦争状態の終結、日中国交正常化という両国人民の願望の実現は両国関係史上に新たな一頁を開くこととなろう」という表現を採ることとしたい。

中国側の案では「戦争状態の終結、日中国交正常化及び両国人民の願望は……」と三つの言葉が並列されているが、前の「終結」、「国交正常化」という二つの言葉は両国人民にかかる言葉である。従ってこの三つを並列的に置くのは重複することとなる。また後方で述べている「中日両国関係の歴史に新たな頁を……」の部分のうち「中日両国関係……」とあるのは、同一のセンテンスで言葉が重複することになるから、「両国関係の歴史に……」と簡潔な表現に変えては如何。

姫外交部長　日本側の提案を中国語に訳して表現すれば、「戦争状態の終結、中日国交正常化という上述の両国人民の願望の実現は……」となる。この表現ではどうか。

大平大臣　受け入れることが出来る。

共同声明本文第1項について、中国側の案による「極めて不正常な状態……」という表現の中の「極めて」という言葉を何とかしてもらえないであろうか。その部分を「これまでの」という言葉に置き替えてはどうか。

姫外交部長　同意する。

日本側の修正をとり入れ、確認のため本文第1項をもう一度読み上げると、「中華人民共和国と日本国政府との間のこれまでの不正常な状態は、この共同声明が発出される日に終了する」となる。このような表現ではどうか。

大平大臣　同意する。

姫外交部長　次の問題に移ることとしたい。

大平大臣　賠償請求については中国側の案を受け入れることが出来る。従って、賠償の部分については、「中華人民共和国政府は、中日両国人民の友好のために日本国に対し戦争賠償の請求を放棄することを宣言する」との表現を採ると理解してよいか。

姫外交部長　その通りである。

大平大臣　これに同意する。

本文第8、第9項の問題をとり上げることとしたい。

姫外交部長　同部分については、「中華人民共和国政府及び日本国政府は、……平和友好条約締結についての交渉に入ることに合意する」との表現を採っては如何。

大平大臣　かかる表現は適確ではない。日本語の感覚から言うと、かかる表現では、締結するのかしないのか不明確な印象を与える。従って「平和友好条約の締結を目的として交渉を行なうことに合意した」との表現を採ると意味が明確となる。

姫外交部長　日本側の趣旨はよく解った。同意する。

姫外交部長　右の部分を「平和友好条約の締結を行なうことを目的とする交渉を行なうことに合意した」と変えることとする。ただし、同部分についての中国語文の表現について、中国側でもう少し工夫したい。

大平大臣　有難う。種々迷惑をかけて申し訳なかった。

姫外交部長　迷惑とは思っていない。これは日中両国による共同作業である。

共同声明全体としては、これで一応まとまったこととなる。

大平大臣　共同声明の表題については、先程、中国側より、「日本国政府と中華人民共和国政府の共同声明」という提案が出されたが、これについて田中首相に報告のうえ、明朝九時までには田中首相の回答を中国側に伝えることとしたい。

姫外交部長　今晩これから起草委員会で修文を作成し、終了後、周総理に報告するとともに、同修文についての周総理の意見を聞くこととしたい。

大平大臣　日本側も同様、修文についての田中首相の意見を聞くこととなる。

姫外交部長　修文について周総理の方からも何らかの意見が出るやも知れないが、その節はよろしく願いたい。

ここで確認のために共同声明の構成について読み上げると次の通りとなる。

まず最初は、「日本国内閣総理大臣田中角栄は、中華人民共和国国務院総理周恩来の招きにより、一九七二年九月二五日から九月三〇日まで、中華人民共和国を訪問した」という言葉が来る。

第二段においては、毛主席と田中首相の会見を書き入れる。

その次には、会談を行なった参加者の名前を記入し、終始、友好、卒直な話し合いを行なった旨記述する。

その次から前文が始まる。前文は三つの文章により構成される。

まず第一は、「日中両国は、……両国関係の歴史に新たな一頁を開くこととなろう」という部分である。

第二の部分は、「日本側は、過去において……中国側は、これを歓迎するものである」という部分である。

第三は、「日中両国間には……アジアにおける緊張緩和と世界の平和に貢献するものである」という部分である。

その次から本文に入る。

第1項は、不正常な状態の経緯を謳った部分。

第2項は、中華人民共和国政府を唯一の合法政府と認める旨謳った部分。

第3項は、台湾問題に関連する部分。

第4項は、国交樹立に関連する部分。

第5項は、戦争賠償請求の放棄に関する部分。

第6項は、主権及び領土保全の相互尊重等について謳った部分。

第7項は、日中国交正常化は第三国を対象とするものでない旨謳った部分。

第8項は、平和友好条約締結に関連した部分。

第9項は、貿易、海運、航空等の諸協定締結に関連する部分。

共同声明の構成は上述の通りで差支えないか。

また署名者は日中両国総理及び外務大臣(中国側は外交部長)となる。

大平大臣　これに同意する。

別紙1
日中共同声明日本側案の対中説明

（注）以下は、九月二六日午前の第一回外相会談において、高島条約局長が読み上げたものである。日本側案については別添1中国側「大綱」については別添2をそれぞれ参照ありたい。

日本側が準備した日中国交正常化に関する共同声明案は、先般中国側から非公式に提示された「日中共同声明文案大綱」を基礎にして、同大綱に示されている中華人民共和国政府の見解を尊重しつつ、若干の重要な点に関する日本政府の立場も反映されるように配慮したものである。以下、中国側の「大綱」と対比しつつ、共同声明案本文の各項についての日本側の考えを説明する。

1　第1項は、中国側の「大綱」と同様に、日中両国間の戦争状態の終結問題をとり上げている。「大綱」との相違は、日中両国政府による戦争状態終了の確認という形式をとっていること及び戦争状態の終了時期が明示されていないことの二点である。この相違は、日本側としてきわめて重要視する点であるので、この機会に、この問題に関する日本政府の基本的立場を説明し、これに対する中国側の理解を得たいと考える。

日中間の戦争状態終結の問題は、いうまでもなく、日華平和条約に対する双方の基本的立場の相違から生じたものである。この点は、昨日大平大臣から説明したとおりであるが、繰り返し説明したい。中国側が、その一貫した立場から、わが国が台湾との間に結んだ条約にいっさい拘束されないとすることは、日本側としても十分理解しうるところであり、日本政府は、中華人民共和国政府がかかる立場を変更するよう要請するつもりは全くない。しかしながら、他方において、日本政府が、自らの意思に基づき締結した条約が無効であったとの立場をとることは、責任ある政府としてなしうることではなく、日本国民も支持しがたいところである。したがって、わが国と台湾との間の平和条約が当初から無効であったとの前提に立って、今日未だに日中両国間に法的に戦争状態が存在し、今回発出されるべき共同声明によって初めて戦争状態終了の合意が成立するとしか解する余地がない表現に日本側が同意することはできない。

第1項の表現は、このような考慮に基づいて書かれたものである。これまでの日中関係に対する法的認識についての双方の立場に関して決着をつけることは必要ではなく、また、可能でもないので、それはそれとして、今後は、日中両国間に全面的に平和関係が存在するという意味で、戦争状態終了の時期を明示することなく、終了の事実を確認することによって、日中双方の立場の両立がはかられるとの考えである。表現については、中国側の提案をまってさらに検討したい。

2　第2項は、日本政府による中華人民共和国政府の承認であり、中国側の「大綱」第2項の前段に相当する。「大綱」は、まず承認問題を含む中国側の三つの原則的立場に対する日本政府の態度を包括的かつ抽象的に述べた後に、具体的に承認問題に言及する構成をとっているが、日本側は、本項においては、承認問題のみをとり上げ、これに対する日本政府の明確な態度を示すことが適当と信ずるものである。その他の二つの問題(すなわち、台湾問題と日華平和条約問題)については、それぞれ別途に処理することとしたい。中国と諸外国との間の共同声明においても、承認と台湾問題とは切り離して処理されていると承知しているので、このように、三つの問題を個別に解決していく方式については、中国側にも特に異存はないものと考えた次第であるが、昨日の周総理の発言に関連し、この点に関する中国側の見解を伺いたい。

3 第3項は、外交関係の開設、大使の交換及び外交使節団の設置に関する日中間の合意に関するものであり、中国側の「大綱」第2項の後段に相当する。「大綱」に比してその内容がより詳細なものとなっているが、本項の表現は、中国と諸外国との間の共同声明を先例として参考にしたものであるので、特に補足的な説明を要しないであろう。

なお、日中両国間の外交関係開設は、この共同声明発出の日と同日付けで行なわれるべきであるというのが日本側の考えであり、中国側も同様の見解と了解している。

この項の内容は、日中両国政府の正式の合意を必要とする事項であり、わが方としては、国内手続上、共同声明とは別個の事務的な合意文書を必要とするので、中国側に特に異存がない場合には、別途同趣旨の簡単な覚書を作成し、共同声明ではこの合意を確認するという形にしたいと考える。

4 次の第4項は台湾問題に関する部分であり、中国側の「大綱」別添の「黙約事項」の1に対応する。

すでに中国側も理解しているとおり、日本側は、日中国交正常化に際しては、いっさい秘密了解のごとき文書を作るべきではないと考えており、台湾問題についても、他の項目と同様に、日中双方が合意しうる表現を見出し、これを共同声明に含めることとしたい。

台湾問題に関する日本政府の立場については、この機会にこれを要約すれば次のとおりである。

サン・フランシスコ平和条約によって、台湾に対するすべての権利を放棄したわが国は、台湾の現在の法的地位に関して独自の認定を下す立場にない。中国側が、サン・フランシスコ条約について、日本と異なる見解を有することは十分承知しているが、わが国は、同条約の当事国として、右の立場を崩すことはできない。しかしながら、同時に、カイロ、ポツダム両宣言の経緯に照らせば、台湾は、これらの宣言が意図したところに従い、中国に返還されるべきものであるというのが日本政府の変わらざる見解である。わが国は、また、「中国は一つ」との中国の一貫した立場を全面的に尊重するものであり、当然のことながら、台湾を再び日本の領土にしようとか、台湾独立を支援しようといった意図は全くない。したがって、わが国としては、将来台湾が中華人民共和国の領土以外のいかなる法的地位を持つことも予想していない。

このような見地から、日本政府は、台湾が現在中華人民共和国政府とは別個の政権の支配下にあることから生ずる問題は、中国人自身の手により、すなわち、中国の国内問題として解決されるべきものと考える。他方、わが国は、台湾に存在する国民政府と外交関係を維持している諸国の政策を否認する立場になく、また、米中間の軍事的対決は避けられなくてはならないというのがすべての日本国民の念願である以上、台湾問題はあくまでも平和裡に解決されなくてはならないというのが日本政府の基本的見解である。

共同声明案の第4項第2文の「日本国政府は、この中華人民共和国政府の立場を十分理解し、かつ、これを尊重する」との表現は、右に述べたような日本側の考えを中国側の立場に対応して簡潔に表わしたものである。

5　中国側の「大綱」第4項に述べられている日中関係に適用されるべき基本原則については、日本側としても、その内容に特に異存がないので、これを若干敷衍した形で第5項において確認することとしたい。

なお、本項後段において、両国間の紛争の平和的解決及び武力不行使と並んで、日中双方が自由に自国の国内制度を選択する固有の権利を相互に尊重する旨をうたっているが、これは、前段で強調されているように、「両国間に平和的かつ友好的関係を恒久的な基礎の上に確立」するためには、日中両国が、それぞれの政治信条に基づき、異なる政治、経済、社会制度を有している事実を相互に認め合い、これを許容するという基本的姿勢がきわめて重要であると考えられるからである。

6　第6項は、中国側の「大綱」第5項と同じ内容であるので、日本側から特に補足すべき点はない。

7　賠償の問題に関する第7項は、本来わが方から提案すべき性質の事項ではないので、括弧内に含めてある。その内容は、中国側の「大綱」第7項とその趣旨において変わりがないが、若干の表現上の修正が行なわれている。すなわち、日本政府は、わが国に対して賠償を求めないとの中華人民共和国政府の〔二字欠落〕を率直に評価するものであるが、他方、第1項の戦争状態終結の問題と全く同様に、日本が台湾との間に結んだ平和条約が当初から無効であったことを明白に意味する結果となるような表現が共同声明の中で用いられることは同意できない。日本側提案のような法律的ではない表現であれば、日中双方の基本的立場を害することなく、問題を処理しうると考えるので、この点について中国側の配慮を期待したい。

8　最後の第8項においては、中国側の「大綱」第6項と第8項を一項にまとめ、国交正常化後日中間において締結交渉が予想される平和友好条約及びその他若干の諸取極が例示的にあげられている。本項において触れられていない他の分野に関する取極については、日本側として、これを積極的に排除する意図はないが、当面その締結の必要性につき確信がえられないのであえて言及しなかった次第である。

なお、本項に関連して、日本側としては、二つの点について、中国側との間に誤解がないように確認しておきたい。

まず、平和友好条約に関しては、日本側は、中国側が予想している条約の内容を具体的に承知していないが、日本政府としては、この条約が、将来の日中関係がよるべき指針や原則を定める前向きの性格のものである限り、その締結のために適当な時期に中国側の具体的提案をまって交渉に入ることに異存はない。戦争を含む過去の日中間の不正常な関係の清算に関連した問題は、今回の話合いとその結果である共同声明によってすべて処理し、今後にかかる後向きの仕事をいっさい残さないようにしたい。

次に、個々の実務的分野を対象とする取極については、既存の民間ベースの取極がある場合、従来これが果たしてきた役割を否定するものではないが、やはり政府間の取極ということになれば、民間取極の内容をそのまま取り入れることができない場合もありうると考えられるので、政府がこれに拘束されるかのように解される表現を共同声明において用いることは避けたい。

9　日華平和条約に関するわが国の基本的立場は、すでに第1項の戦争状態終了の問題に関連して述べたとおりであるが、他方、日中国交正常化が達成されれば、日華平和条約は実質的にその存続意義を完全に失うこととなるので、日本政府としては、今後の日中関係が全く新しい基礎の上に出発することを明確にする意味で、なんらかの適当な方法により同条約の終了を公けに確認する用意がある。

10 なお、中国側の「大綱」別添の「黙約事項」においては、台湾問題のほかに、わが国と台湾との間の大使館、領事館の相互撤去及び戦後の台湾に対する日本の投資に対する将来の中国側の配慮の二点が言及されているが、このうち第二点に関しては、これが日中国交正常化の必然的帰結と認識しており、妥当な期間内に当然実現されるものであるので、このようなことのために、公表・不公表を問わず、あえて文書を作成する必要はなく、中国側において日本政府を信用してもらいたい。また、第二点に関しても、秘密文書を作成しないとの基本方針に基づき、これを口頭での了解にとどめておくべきものと考える。

(別添1)

日本国と中華人民共和国との間の国交正常化に関する日本国政府と中華人民共和国政府の共同声明案

(前文省略)

1 日本国政府及び中華人民共和国政府は、日本国と中国との間の戦争状態の終了をここに確認する。

2 日本国政府は、中華人民共和国政府を中国の唯一の合法政府として承認する。

3　日本国政府及び中華人民共和国政府は、一九七二年　月　日から外交関係を開設することを決定した。

両政府は、また、できるだけすみやかに大使を交換することに合意し、国際法及び国際慣行に従い、それぞれの首都における他方の外交使節団の設置及びその任務の遂行のために必要なすべての援助を相互に提供することを決定した。

4　中華人民共和国政府は、台湾が中華人民共和国の領土の不可分の一部であることを再確認する。日本国政府は、この中華人民共和国政府の立場を十分理解し、かつ、これを尊重する。

5　日本国政府及び中華人民共和国政府は、主権及び領土保全の相互尊重、相互不可侵、国内問題に対する相互不干渉、平等及び互恵並びに平和共存の諸原則に従って、両国間の平和的かつ友好的関係を恒久的な基礎の上に確立すべきことに合意する。

これに関連して、両政府は、日本国と中国が、外部からのいかなる干渉も受けることなく政治的、経済的又は社会的制度を選択する両国の固有の権利を相互に尊重すること、及び、両国が、国際連合憲章の原則に従い、相互の関係において、いかなる紛争も平和的手段により解決し、武力による威嚇又は武力の行使を慎むことを確認する。

6　日本国政府及び中華人民共和国政府は、両国のいずれも、アジア・太平洋地域において覇権を求めるべきではなく、また、このような覇権を確立しようとする他のいかなる国あるいは国の集団による試みにも反対するとの見解を有する。

(7　中華人民共和国政府は、日中両国国民の友好のため、日本国に対し、両国間の戦争に関連したいかなる賠償の請求も行なわないことを宣言する。)

8　日本国政府及び中華人民共和国政府は、両国間の平和友好の関係を強固にし、かつ、両国間の将来の関係を発展させることを目的として、平和友好条約及び通商航海、航空、漁業等の各種の分野における必要な諸取極の締結のため、外交上の経路を通じて交渉を行なうことに合意した。

(別添2)
日中共同声明文案大綱

1　中華人民共和国と日本国との間の戦争状態はこの声明が公表される日に終了する。

2　日本国政府は、中華人民共和国政府が提出した中日国交回復の三原則を十分に理解し、中華人民共和国政府が、中国を代表する唯一の合法政府であることを承認する。

これに基づき両国政府は外交関係を樹立し、大使を交換する。

3　双方は、中日両国の国交樹立が両国人民の長期にわたる願望にも合致し、世界各国人民の利益にも合致するものであると声明する。

(「双方は次のように声明する」と冒頭にいってもよい。)

4　双方は主権と領土保全の相互尊重、相互不可侵、内政の相互不干渉、平等互恵、平和共存の五原則に基づいて、中日両国の関係を処理することに同意する。

中日両国間の紛争は、五原則に基づき、平和的話合いを通じて解決し、武力や武力による威嚇に訴えない。

5 双方は、中日両国のどちらの側も、アジア・太平洋地域で覇権を求めず、いずれの側も、他のいかなる国、あるいは国家集団が、こうした覇権をうちたてようとすることに反対するものであると声明する。

(相談に応ずる)

6 双方は、両国の外交関係が樹立された後、平和共存の五原則に基づいて平和友好条約を締結することに同意する。

7 中日両国人民の友誼のため、中華人民共和国政府は日本国に対する戦争賠償の請求権を放棄する。

8 中華人民共和国政府と日本国政府は、両国間の経済と文化関係をいっそう発展させ人的往来を拡大するため、平和友好条約が締結される前に、必要と既存の取極めに基づいて通商、航海、航空、気象、郵便、漁業、科学技術などの協定をそれぞれ締結する。

黙約事項

1 台湾は中華人民共和国の領土であり、台湾を解放することは、中国の内政問題である。

2 共同声明が発表された後、日本政府は、台湾からその大使館、領事館を撤去し、また効果的な措置を講じて、蔣介石集団(台湾でもよい)の大使館、領事館を撤去させる。

3 戦後、台湾における日本の団体と個人の投資、及び企業は、台湾が解放される際に適当な配慮が払われるものである。(もちろん中国側が適当な配慮を払うという意味である。)

別紙2
中華人民共和国政府 日本国政府 共同声明(草案)

(中国文による翻訳)

中日両国は海ひとつへだてた隣国であり、両国間の歴史には悠久な伝統的友誼があった。両国人民は、両国間にこれまで存在していたきわめて不正常な状態をあらためることを切望している。中日国交の回復は、両国の関係史上に新たな一ページを開くであろう。

(日本国政府は、過去において日本軍国主義が中国人民に戦争の損害をもたらしたことを深く反省する。同時に、中華人民共和国政府が提起した国交回復三原則を十分理解することを表明し、この立場にたって中日関係正常化の実現をはかる。)中国政府はこれを歓迎するものである。

中日両国の社会制度は異なっているとはいえ、平和かつ友好的につきあうべきであり、また、つきあうことができる。中日両国の国交をあらたに樹立し、善隣友好関係を発展させることは、両国人民の根本的な利益に合致するばかりでなく、アジアの緊張情勢の緩和と世界平和の擁護にも役だつものである。

両国政府は友好的な話合いをつうじて、つぎの合意に達した。

（1）本声明が公表される日に、中華人民共和国と日本国との間の戦争状態は終了する。

（2）（日本国政府は、中華人民共和国政府が中国を代表する唯一の合法政府であることを承認する。）

中華人民共和国政府は、台湾が中華人民共和国の領土の不可分の一部であることを重ねて表明する。（日本国政府は、カイロ宣言にもとづいて中国政府のこの立場に賛同する。）

（3）中華人民共和国政府と日本国政府は、一九七二年九月　日から外交関係を樹立することを決定した。双方は国際法及び国際慣例に従い、それぞれの首都における相手側の大使館の設置とその任務遂行のために必要な条件をつくり、また　箇月以内に大使を交換することを申し合わせた。

（4）中華人民共和国政府は、中日両国人民の友好のために日本国にたいし戦争賠償請求権を放棄することを宣言する。

（5）中華人民共和国政府と日本国政府は、主権と領土保全の相互尊重、相互不可侵、相互内政不干渉、平等互恵、平和共存の五原則にのっとって中日両国間の関係を処理し、両国間の平和友好関係を恒久的な基礎のうえに確立することに合意する。

上記の原則にもとづき、両国政府は相互の関係において、すべての紛争を平和的手段により解決し、武力の行使あるいは武力による威嚇をおこなわないことに合意する。

（6）中華人民共和国政府と日本国政府は、中日両国のどちらの側もアジア・太平洋地域において覇権を求めるべきではなく、いずれの側もいかなるその他の国あるいは国家集団がこうした覇権を確立しようとするこころみに反対するものであると声明する。

（7） 中華人民共和国政府と日本国政府は、両国間の平和友好関係を強固にし、発展させるため、平和友好条約を締結することに合意する。

（8） 中華人民共和国政府と日本国政府は、両国間の経済、文化関係をいっそう発展させ、人的往来を拡大するため、平和友好条約が締結される前に交渉を通じて、必要と既存の取り決めにもとづき、貿易、航海、航空、漁業、気象、郵便、科学技術などの協定をそれぞれ締結する。

中華人民共和国
　国務院総理　（署　名）

日本国
　内閣総理大臣　（署　名）

注

（1） **吉田健三**（一九一七— ） 外交官。一九七二年、外務省アジア局長。一九七九年、駐中国大使。

（2） **高島益郎**（一九一九—八八） 外交官。一九七二年一月、外務省条約局長。一九七七年、外務審議官。一九七九年七月、外務事務次官。一九八二—八四年、駐ソ大使。

（3） **木内昭胤**（一九二七— ） 外交官。駐米大使館

一等書記官、首相秘書官等歴任。一九七九年、アジア局長。その後、駐仏大使等歴任。
(4)　**栗山尚一**(一九三一—　)　外交官。一九七一年九月、外務省条約課長。一九八九年、外務事務次官。一九九二—九六年、駐米大使。
(5)　藤井宏昭(一九三三—　)の肩書は外務大臣秘書官事務取扱。森田一(大平外相の娘婿)が外務大臣秘書官として訪中に同行している。
(6)　**張香山**(一九一四—二〇〇九)　一九五五年、中国共産党中央対外連絡部秘書長(後、副部長)。一九七二年九月、外交部顧問。一九八八年、中国国際交流協会副会長。
(7)　**陸維釗**(一九一八—　)　一九七二年八月、外交部亜洲司長。一九七四年、駐パキスタン大使。一九七九年、駐シリア大使。一九八三年、駐アルジェリア大使。
(8)　**陳抗**(一九二三—九二)　一九七二年九月、外交部亜洲司日本処長。一九八〇年、在札幌総領事。一九八九年、中日友好協会副会長。
(9)　**高鍔**(一九二七—　)　一九五四年当時、外交部新聞司科長、在北朝鮮大使館一等書記官等歴任。一九八一年、駐スリランカ大使。
(10)　**周斌**(一九三四—　)『人民中国』編集部、外交部新聞司等で活動。一九七三年、駐日大使館三等書記官。
(11)　第二次世界大戦でドイツを打倒した連合国は一九四五年六月五日、「ドイツ国の敗北と最高権力掌握宣言」(ベルリン宣言)を出した。
(12)　一九四五年七月二六日、ローズベルト、蔣介石、チャーチルが日本の無条件降伏を求めて発出。その第八項に「カイロ宣言の条項は、履行せらるべく」という一節がある。日本は八月一四日、受諾。
(13)　古井喜実は田中首相訪中に先立ち、九月九日より訪中した。『周恩来年譜　一九四九—一九七六』下巻によると、周恩来は九月二〇日、古井と会見し、古井が大平外相の委託を受けて、日本から持参した共同声明草案について意見を述べている。古井は、草案の、戦争状態終結に関する部分は「戦争状態の終結を確認するというような表現」であり、確認だから済んでいるということを確認するという形だ、と回想している(時事通信社政治部編『ドキュメント日中復交』一九七二年)。

(14) 一九四三年一一月二七日、ローズベルト、蔣介石、チャーチルが署名して発出。「満洲、台湾および澎湖島のような日本国が清国人から盗取したすべての地域」を中国に返還するよう求めている。

(15) 万里の長城の観光スポットの一つで、北京の北方にあり、最もポピュラーなところ。

(16) 北京から八達嶺に向かう途中にある。明の十三陵(明朝一三代の皇帝の陵墓)の内の一つで万暦帝の陵墓。一九五八年に地下宮殿が発見された。

4　田中角栄首相・毛沢東主席会談

解　題

一九七二年九月二七日午後一〇時過ぎ、二階堂官房長官が突然、記者会見し、田中首相が午後八時三〇分から九時三〇分まで、毛沢東主席と中南海の毛主席邸で会見したことを明らかにした。

午後八時、突然周恩来総理が、田中首相一行が宿泊している迎賓館に田中首相を迎えに来て、毛主席邸の書斎で会見が行われた。二階堂長官は会見の模様について、いっさい政治抜きで、中国の昔話、四書五経、料理の話などに終始し、なごやかな雰囲気のうちに行われた、と発表した。同席者は大平外相、二階堂官房長官、周恩来総理、姫鵬飛外交部長、廖承志外交部顧問。

それから二〇年以上経ち、中国で田中・毛会談記録の一部が公表された。中華人民共和国外交部・中共中央文献研究室編『毛沢東外交文選』(中央文献出版社・世界知識出版社、一九九四年)に、「談話記録稿」に基づくとして「中日復交問題はやはり自民党の政府に頼る」というタイトルで、毛沢東の談話の一部が載ったのである。

この会談の「談話記録稿」が残っているのは、王效賢(外交部アジア司)、林麗韞(中国共産党中央対外連絡部)の両氏が通訳と記録係として、会見に同席していたことによる。本書「証言編」所収の横堀克己氏の文章は王、林両氏の記憶をもとに日中両国の首脳の会見の模様を生き生きと再現している。毛沢東との会見予定は日本側には直前に突然、知らされたわけだが、中国側は事前に王、林両氏に毛沢東の湖南なまりに慣れさせており、会見の準備を進め、タイミングを計っていたことがわかる。

　なお、王泰平主編『新中国外交五〇年』上(北京出版社、一九九九年)は、この談話記録の一部を紹介するとともに、毛沢東が時には英語を使い、時には日本語も使ったと記し、次のように広範な話題が話し合われたことを明らかにしている。

「会見の話題は、中日両国の交流史から始まって、両国政府間で交渉が行われ両国関係が解決に至るまで、国際情勢については中、米、ソ、日関係まで話が及び、日本の天皇から始まって中国の唯一の天皇——唐の第三代皇帝、則天武后の夫の高宗にまで及び、マルクス主義から始まって仏教や思想文化の伝播にまで及び、四書五経から家庭まで、北京料理、龍井茶から茅台酒、読書から毛沢東の幼年時代の話にまで及んだ」(同書四四九—四五〇頁)。

　ここではまず、『新中国外交五〇年』上の、日中関係にかかわる部分をまとめた王泰平著・青木麗子訳『大河奔流』(奈良日日新聞社、二〇〇三年)中の、田中・毛沢東会談の部分を紹介する。そのうえで、『毛沢東外交文選』所載の部分を紹介する(編者の一人、石井明訳出)。

九時三〇分、会見時間が終わりに差しかかろうとした時に、毛沢東主席は、室内にある本棚を指しながら「ここには、私が読みきれないほどの本があります。私は、毎日好んで本をたくさん読みます。この本のセット(《楚辞集注》六巻を指しながら)を田中首相に進呈しましょう」と言った。

周恩来総理は、毛沢東主席の意思に従って、本棚からそれらの本を下ろし、田中首相に贈った。それを受けとった田中首相は、毛沢東主席の手を力いっぱい握りしめながら「毛沢東主席は、博識深いお方だとは存じ上げておりましたが、しかし、陰でこのようなご努力があったとは存じ上げませんでした。これから、私も、忙しいからって、言い逃れはもうできませんね。誠にありがとうございました。どうぞ、いつまでも、お元気でいらしてください」と何度も頭を下げながら深くお礼を述べ、会見室を後にした。

その日は、大変珍しく、毛沢東主席は、慣例を破って自ら会見客を廊下の途中まで見送ったのであった。

会見終了後、二階堂は「会見が始まるや否や、毛沢東主席はユーモアたっぷりに〝あなた方の喧嘩はもう終わりましたか〟と田中首相に話しかけられ、そこで、田中首相は〝いやいや、私どもの会談は大変友好的で、喧嘩はしておりません〟と答えられますと、毛沢東主席は少し微笑みながら〝何に、雨が降って地が固まるということばがあるように、議論したほうが却って仲よくなるということもありますよ〟と言われるのでした」と、毛沢東主席と田中首相のやり取りをこと細かくマスコミに発表した。

更に、二階堂は、当時の様子について次のように詳しく説明した。

毛沢東主席は、同席していた廖承志氏を指しながら「彼は日本生まれですよ。田中先生、彼を日本に連れて帰ってください」

田中首相「廖承志先生は日本でも大変有名です。もし、彼が参議院選挙に立候補されるのでしたら、必ず当選されると思いますよ」

毛沢東主席「話しによれば、田中先生はあまり洋食がお好きでないようですね。ハワイでは、日本食を食べられたとか。ところで、北京の料理はお口に合いますでしょうか?」

田中首相「はい、ここのお料理は大変美味しいから、つい茅台酒も飲みすぎました」

毛沢東主席「飲みすぎはいけません」

田中首相「六十五度もあるのだそうですね」

毛沢東主席「それは、間違いです。茅台酒は五十五度ですよ」

……。

毛沢東主席「日本で選挙に立候補するのも大変のようですね」

田中首相「私は、この二十五年間で十一回選挙に出ました。毎回毎回、街頭で演説をしなければなりません」

毛沢東主席「それは、用心しなくてはなりませんね」

田中首相「しかし、有権者と握手をかわさなければ、選挙には勝てません」

毛沢東主席「国会はどうですか」

田中首相「大変神経を使いますよ。少しでも失敗をすると、解散に追い込まれ、総選挙のやり直しですね」

毛沢東主席　「日本の政治家も中々大変ですな」

二階堂は情況説明の最後に「毛沢東主席が日本国代表である田中首相と握手をかわした瞬間、歴史的な意味を持つ問題が解決される時期がやってきたことを意味していました」と言葉を付け加えた。

（『大河奔流』より）

毛沢東　皆さんがこうして北京にやってくると、全世界が戦々恐々としている。主としてソ連とアメリカという二つの大国だ。彼らは内心穏やかでなくなっており、陰でなにをこそこそたくらんでいるんだろうと考えている。

アメリカはややましだが、それでもいくらか面白くない。というのは、彼らは今年二月にやってきたが、国交は樹立しておらず(1)、皆さんは彼らより先に飛び出してしまったわけで、心中、どうしても面白くないというわけだ。

数十年、百年ぐらいかけても協議がまとまらない場合もあるし、数日で問題が解決できることもある。

現在はお互いに必要としあっている。これはニクソン大統領が私に言ったことだ。彼がお互いに必要としあっているか、と聞いてきたので、私はイエスと答えた。私は現在、右派と結託しているので、評判が良くない。皆さんの国には二つの政党があり、聞くところによると、民主党は比較的進歩的で、共和党は右よりだという。民主党はそんなことはなく、私は買わないし、関心もない、と私は言った。

私はニクソンに、あなたの選挙の時に、私はあなたに投票したのだが、知りませんでしたか、とも言った(2)。

今回は、我々はあなたに投票したのですよ。まさしくあなたが述べたように、自民党の主力がやらなければ、どうして中日復交問題を解決することができましょうか。

ですから、我々が右派と結託ばかりしていると罵る人がいるのですが、私は、日本では、野党は問題を解決することはできず、中日復交問題を解決するにはやはり自民党の政府に頼ることだ、と言うのですよ。

(『毛沢東外交文選』より)

注

(1) アメリカのニクソン大統領は一九七二年二月二一日―二八日、米中関係改善のため訪中した。しかし、米中国交樹立は七年後の一九七九年一月一日。

(2) 一九七二年二月二一日、毛沢東はニクソンと次のような会話を交わしている。

「**毛沢東主席**　私は選挙ではあなたに投票しました。フランク・コウというアメリカ人がいますが、前回の選挙運動中アメリカが大混乱におちいっていたまさにその時に論文を書き、あなたが大統領に選ばれるだろうと言っていました。私は彼の論文を買っていました。しかし今回彼は訪中に反対なようですね。

ニクソン大統領　彼が私に票を入れたのは、悪い中でもよりましな方を選んだのです。

毛沢東主席　私は右翼が好きです。みんなあなたは右翼で、共和党は右よりで、ヒース首相も右よりだと言っています。

ニクソン大統領　ドゴール大統領も。

毛沢東主席　ドゴールは別でしょう。西ドイツのキリスト教民主同盟も右よりだと言われます。私はどちらかと言うと、右よりの人たちが政権につくとうれしくなります。」(毛里和子・毛里興三郎訳『ニクソン訪中機密会談録』名古屋大学出版会、二〇〇一年、五頁)

●コラム

キッシンジャーの日本不信

考証編の拙稿が明らかにしているように、キッシンジャーは、軍事的に独立した日本を信用していなかった。それとは逆に、中国に対しては、安定した大国間の勢力均衡ゲームを演じられるパートナーとして信頼を寄せていた。

一九七一年七月に極秘訪中したキッシンジャーは、周恩来との第一回目の会談で次のように発言し、欧州の伝統的な勢力均衡外交を専門とする大学教授としての横顔を垣間見せた。

「私が大学で教えていた理論からすれば、我々にとって理にかなっているのは、日本から撤退し、日本の再軍備を許し、日本と中国を太平洋でバランスをとることだ。それは私たちの政策ではない。重武装した日本は、簡単に一九三〇年代の政策を繰り返すだろう。したがって、日本に関しては、我々とあなた方の利害は非常に似ていると本当に思う。」

今日においても、キッシンジャーの中国観は変わっていないようにみえる。一九九〇年代に中国脅威論が高まったとき、キッシンジャーは、自立した大国中国との安定した関係の重要性を説き続けた。

他方、日本については多くを語らない。筆者の個人的体験として、四年前に数人で氏と昼食を共にしたとき、日米安保に関して、「日本にとって日米安保を堅持することが重要だよね」と、諭すようなまなざしで語るだけで、他に何もいわなかったことが強く印象に残っている。やはり、「ビンの蓋」の機能以外、あまり関心がなさそうであった。

実はこうした日本への不信感は、潜在的にせよ、依然としてアジアその他の人々の対日観を根底で規定している。日本を信用して積極的役割を奨励する諸外国にとっても、その大前提は日米安保の維持である。そこには、いたずらに「主体性」を叫ぶ前に考えるべき、日本にとっての「戦略的」課題があるように思える。

（添谷芳秀）

【補】 日台断交関連

1　椎名悦三郎自民党副総裁・蔣経国行政院長会談

解題

日本政府は、日中関係の正常化を図ろうとする政府の方針を台湾側に説明するため、一九七二年九月一七―一九日、椎名悦三郎・自民党副総裁を首相特使として訪台させた。椎名特使には一六名の自民党の衆参両院の議員が同行した。椎名特使は九月一九日午前九時より約二時間、総統府で蔣経国行政院長と会談した。以下は、特使一行に随行した中江要介氏(当時、アジア局参事官)[1]のメモである。このメモの概要は二〇〇二年一二月二四日付け『産経新聞』等で紹介されているが(共同通信配信)、全文の公開は初めて。

蔣　貴国政界の内外(衆参両院)で支援していただいていることに感謝する。この問題については中国(中華民国、以下同じ)だけでなく日本全体の利益を考えてほしいと思っている。相互にさらに理解し合う機会が欲しい。蔣介石総統とは三年前にお会いされたと伺っているが……。椎名先生はお元気であられるか。

椎名　まず、私は三年前に蔣介石総統を別荘に伺った。蔣介石総統のお加減は如何か。

蔣　もうすっかり良くなった。

椎名　大事なお体なので、ゆっくり静養され、長生きして頂きたい。

蔣　元来健康な人なので、回復も早い。

椎名　蔣介石総統に三年前にお訪ねした際の御礼を是非伝えて欲しい。

蔣　必ずお伝えする。

椎名　マスコミを見ていると報道の仕方が不十分で、正確に伝わっていないために、余計なご心配をお掛けしていると思うが、この機会にお尋ねがあれば、私から足りない所や間違いを訂正したい。

先日自民党の総裁選挙があったが、自民党総裁の交代は日本では政権の交代に繋がる。この選挙は五〇〇人ほどの人間で投票するが、与党の党首になった者が首相になる。四人の立候補者(三木、田中、大平、福田)の間で争われたが、最終的には福田対他の三人の連携で争われ、田中が多数を占めて政権を握った。

この田中という人は大蔵大臣を歴任しており、内政には詳しいが、外交は三人の中で一番弱いので、経験者の意見の一致を待ち、それに任せたいと述べている。しかし、この経験者の意見が必ずしも一致しておらず、二人三脚のようなもので、器用には行かない。練習不足でちぐはぐな足取りであり、最初から外交の足取りには混乱があったように思う。国連の代表権問題などでも試行錯誤を繰り返して国内意見が中々定まらず、問題それ自身が複雑であり、田中政権はスタートから乱れている。その結果、内外に余計な混乱を招いてしまった。

それに加えて更に悪いことには、中共が「佐藤(政権)を相手にせず」と言っていたのに、田中政権になると手の平を返したように接近して来た。日本側でもそれを待ち受けていた人が少なくなく、意外に早いテンポで動き出した。これに野党とマスコミが一斉に同調し、アメリカの大統領選挙前の動きもあり、混然とした風潮を作った。そこで、十分準備のない田中外交はじっとしておれず、一日でも早く動かざるを得なくなったように感じられる。これを頭に入れて判断に役立てて欲しい。

いわゆる「大平発言」(中江注：大平外相が在京の彭孟緝中華民国大使に会った際、「日中国交正常化の際には台湾との関係は切れる」と発言したと伝えられていたことを指す。一九七二年七月二五日)はこういう背景の下で行なわれたが、外相としてもまだああしよう、こうしようと意見が流動的な時期であった。「外交は大平に任せる」と最初から田中は言っていたが、その意味は七—八分良ければその意見を尊重するという意味で、白紙委任状ではない。従って、問われれば「日中の国交回復は是非やらねばならぬ。そうなれば日台関係はどうなるか。影の薄いものになる」という気持ちで、論理的にはそうならざるを得ないのではないかと、従来の頭で、口の先に出してしまったのが真相ではないかと考える。田中はこれについては色々質問を受けても一切口を割らぬ、発言しない、ノーコメントでいまだに続けている。そこで、これを裏付ける事実としては小坂会長の「日中国交正常化協議会」というものがあり、その意見に従って処理して行きたいと何度も田中は言明している。協議会の総会は三―四回開かれたが、役員会や幹事会(数十人もの)は何回も開いた。絶えず同じ議論を繰り返し、結局一〇日程前に漸く結論が出たばかりだ。内部の火を吹くような激論は何度も繰り返された。(ここで秋田大助顧問団副団長(2)から「結論というのはその激論の末のものです」と付言)。

これから見ても、外交権は政府にありと言っても、民主主義の議会制度の下ではかかる重大な案件の施行にはこれ(中江注:結論のこと)を無視出来ない。その決議の中の前書きに、特に「中華民国」との関係は深いので、「従来の関係」をそのまま維持することを念頭において、日中正常化の審議に臨むべきであるという表現がある。最後の最後までもめた点で、「従来の関係」とは外交を含めた意味である(経済や文化その他の諸問題をも含め)。非常に含蓄の有る表現で、議事録にも明確にされている。これを基本にして田中・大平はやがて北京での折衝においてこれに準拠するが、もし不調に終わったならば、妥協しないで一度帰って、再び協議会の承認を得て、新しい案で出かけることも有り得る。私と一緒に台湾に来た顧問団十数人の諸君はいずれもこの協議会の結論を錦の御旗として、訪中する総理・外相を鞭撻して、この線でやって貰うことを決意して随行に賛同したのである。

今私が申し上げたことについて、蔣経国先生から腹蔵無い貴重なご意見をお伺いしたい。それを承った上で、それを田中総理に報告し、(対中)折衝の際の貴重な参考資料に致したい。

蔣　（固い表情で）田中総理は日中関係の処理に当たり、必ず今の結論に準拠されるのか。

椎名　この協議会結成当初、田中総理、大平外相二人とも総会に出席して「必ず協議会の意見に従ってやる」と挨拶している。

蔣　我が方では大平外相の駐日彭孟緝大使への発言を重視している。それは、「日中国交樹立の暁には「日華平和条約」はなくなってしまう」というもので、これはどういうことか。

椎名　彭孟緝大使への発言は詳らかにしていないが、他の会合の機会に大平外相が「論理的に両立しない」ということは言っているように記憶している。「論理的には成り立たない」ということを一つの見解として言ったのではないか。田中総理は何も言っていない。「大平に任せる」とは言っているものの、外交権は総理にあり、それを執行するのが外務大臣だ。総理のスタッフ数人の中の一人は必ず外務省の官僚もいて、内政よりも外交を重視している。総理は一言も発言せず、「協議会の意見を尊重してこれに従う」と言明しているところからみて、大平発言は一つの観測として彭孟緝大使に述べたのではないか。

蔣　（ここで、沈昌煥外相からブリーフィングを受けて）今の点については是非帰国の上は日本政府の方ではっきりして欲しい。当方では大平外相―彭大使の会談での発言は政府を代表する発言と取らざるを得ない。当時の記録をしっかり調べて、日本政府の真意が那辺にあるかについてはっきりして欲しい。我々は「日中正常化の暁には台湾とは断交する」という事前通告であると受け取っている。これは田中総理にも連絡してはっきりして欲しい。

椎名　（ここで宇山大使[3]の助言に基づいて）大平外相―彭大使の会談には会談録があるらしい。それによると「日中正常化の場合には日華条約はその機能を停止することになるのではないかと思う」とあるらしい。だから公式に外務大臣として、「そのようにならざるを得ないし、また、そうするつもりだ。それを本国に通告してもらいたい」という意味で言った場合ではなかった。心配しながら親しい彭孟緝大使との関係で感想を伝えたということだと思う。沈昌煥外相のお話しもあったが断交の宣告ではなく、予告でもなく、「ならざるを得ないと心配している」ということで、厳かに通告するというような場合ではなかった。

蔣　中日両国間(日台間)の基本的な考え方は宇山大使が一時帰朝の際にかなり長時間にわたり詳細に、明確にお話しした。そのことは日本政府に報告されたと思うので、大原則については改めて触れないが、元々二国間の外交問題というのは極めて現実的かつ実際的なものなのだが、日中(日台)間の関係は極めて特殊なものである。従って、私の意見として次のことを述べたい。

まず、日中正常化の問題は「中華民国」が当事者で、その受ける影響が大きい。日本自身も大きな影響を受けるし、アジアにも大きな変化が起きるだろう。さらに、今保たれている世界の均衡にも変化が生じる。そこで我々は一方的、あるいは局部的なものとしてではなく、大きな面から着眼したい。

特に、共産主義勢力の力量の拡張、伸長には大きな影響がある。蔣介石総統は日本の問題には大変関心がある。特に日中関係については従来から関心が深いため、軍閥(＝一部の軍国主義者)が戦争を起こす前に、中国を友と見るか敵と見るかについて注意を喚起したことがある。天皇制を擁護し、四カ国の分割占領に反対し、「日華平和条約」を結んだ。(4) この一連の事実は歴史的観点から一貫して処理されたものである。親「中華民国」反「共産主義」の日本政府があってこそ共同の立場で日本の発展、アジアの平和も確保しうるという認識である。問題を捉えるにはアジア全体の立場からで、日本だけの立場からでは駄目だと蔣介石は最近も述べている。

他方、日ソ平和条約(5)が出来るのだから、日中が国交を正常化して何がおかしいかという考え方もあるかも知れないが、根本的に異なる。地理的に中共は大陸に盤踞している。これを上手く処理しなければアジア全体の脅威になる。中共の勢力が台湾海峡、マラッカ海峡まで及んだ場合、日本の経済活動にも大きな脅威になる。

我々の基本的な見方を是非はっきり理解されて、事態が厳重なることもよく理解して欲しい。これまで表明した通りで、今後とも我々自身が変わるところはない。日本との友好関係を維持するということに尽きる。これはアジア全体のため必須であると見ている。「日華平和条約」も軍閥が失敗した後の日中友好再出発のためのものであり、あくまでもその基礎の上に友好関係を進めたいというのが我々の考えである。

中共に取られて我々が大陸を失ったのは何故か。日本の軍閥が起こした戦争のためである。従って、日本は既に侵略によって七億の同胞を塗炭の苦しみに陥れている。過去は過去だとしても、今後日本が中共と国交正常化するようなことになると、将来永久に七億の同胞を苦難に陥れる。再び、二度の大罪悪を犯すことになり、我々として看過できない。

現在我々は台湾にいるが、これはあくまで大陸を取り戻すまでの基地であり、必ずや大陸を取り戻せると固く信じている。七億の人民は決して共産主義の生活方式を受け入れ得ないと思う。その日のために、日本との友好を保って行きたい。従って、もし、日中正常化をするようなことになると、宇山大使にもお話しているように、二度目の降伏になる。そしてまた、我々が大陸を取り戻した時には三度目の降伏をすることになる。（中江注：「日華平和条約」で蔣介石に降伏し、今度は北京に降伏し、そして我々が大陸を取り戻した時再び降伏することになるという意味。）

国際的にも知られているように、「中華民国」は国際条約を守る信用の厚い国である。それに対して中共にとっては、条約などは政治的な手段であり、場合によっては反故にもしてしまう。日本も国際約束を忠実に履行するものと信じるし、それを望む。万が一にも一方的に日本が「日華平和条約」を破棄するようなことをすると、私は政府を代表し、厳然としてそれによって生ずる一切の責任は日本側が負うべきであり、いかなる困難があろうとも、我々は大陸の同胞を救うために、アジアの平和のために、敢然として我が道を行くし、この権利を守るために、一切の処置を取るだろうことをここに申し上げる。

あと数日間しかないが、この数日間に歴史的な大変化が起こるかも知れない。その結果は中日両国の問題であるだけではなく、日本の国運にも思いを馳せ、アジアの人民を災いから救うために申し上げている。区々たる小さな視野からではない。これを十分理解して共に考えてほしい。

また、同時に田中総理の日本での政治生命、歴史的地位にも思いを馳せている。

最後に申し上げるが、日中正常化の結果がどうなるかは事実が証明するだろう。「引狼入室」という結果は明らかである。一寸戸を開いただけでも問題は出ている。全部開けたら結果がどうなるかを考えてほしい。

終わりに、今回は非常に難しい時期に日本からわざわざお越しいただいた。椎名先生の高い人格には私も尊敬しているつもりだが、今日はそれを離れて公人として率直に申し上げた次第である。過去の歴史を見るのは嫌だけれども、鉄砲が支配した日本は内政不干渉の原則を守らなかったが、今の日本はペンが政治を掌握している。今回の結果が、鉄砲の支配よりもさらに悪化することがないように願いたい。

椎名　色々と難局を乗り越えてこられたご発言をしみじみと拝聴した。ますます我々が置かれている場面が重大関頭に立っていることを痛感する。当面の日華問題を通してアジア、世界の全局面を見て、何ら矛盾撞着なくすることは困難だと思うが、誤りなきを期したい。（中江注：この部分で、矛盾撞着なくすることはできないことを暗に示唆している。）

また、同時に、特使としての使命であるから、こういう話から当面どうすべきか深く考慮を払って十分田中総理に伝え、誤りなきように期したい。

（顧問団副団長：村上勇(6)、秋田大助）

村上　蔣経国先生のお話を伺ったが、椎名特使が答えたことに尽きている。「文春」(7)に掲載された文章の全文を読んだときと全く同じで、柔らかい言葉の中にも私共には肺腑を抉る気持ちである。国内でも国民政府への真心をこめた人達も多く、日中（中華民国）提携が壊れないように、という声も強い。日中の協議会でも頑張っている。黙っている人の中にもそういう人が多い。今日お話を伺って、顧問団も結束して総理や外相への働きかけに当たって特使を助けて行きたい。

秋田　村上副団長同様特使のお話で要点は全て尽きていると思う。私見としては、行政院長の心からなる叫び、見解に同感する。それにつけても、我々は大体、大衆は「中華民国」との関係を断つなという考えを持っている。国と国との間には誤解が生じやすい、親しい間柄でも。今後は大事な期間を通るので、即断即決が必要な場合もあろうが、熟慮の上に熟慮を重ね、話し合いを重ねて、誤解なきを期したい。今回の会談の内容を誤りなく田中総理に伝えて、日中両国、アジア、世界のためにマイナスにならぬよう、プラスになるよう努力したい。最善を尽くしたい。この際、軽挙妄動は慎みたい。蔣介石総統にくれぐれもお大事に。

蔣　宇山大使の眼は大丈夫か。(中江注：当時宇山大使は激務のためか眼を痛めていた。)ご苦労様です。一行のご健康と一路平安を祈ります。

〔中江補足〕

この会談について、椎名特使は「(台湾に)ゲンコツを一つ食らわして、その上で弁護、激励することだ。遠慮ばかりしていてはいかん」とつぶやいておられたことが小生の速記メモの欄外に走り書きで記録されている。この意味するところは深長である。

一九七七年三月三〇日付け『サンケイ新聞』の「進路をきく」欄で、記者のインタビューに答えて椎名氏は、「……結局大局は日中の国交回復をまずしておいて、その範囲で台湾の実際の扱い方に誠意を尽くすということでないといかんかもしれん、と僕自身に言い聞かせてね。それは僕も忍耐してね……」と述べておられることは参考となる。

したのは、八月一八日であった。

注

(1) **中江要介**(一九二三―) 外交官。一九七一年以降、外務省アジア局参事官、同局次長、同局長、駐中国大使歴任。一九八七年、退官。

(2) **秋田大助**(一九〇六―八八) 自民党代議士。一九七〇年、佐藤内閣自治相。法相を経て、一九七二年から衆院副議長。

(3) **宇山厚**(一九一二―二〇〇三) 外交官。一九七二年、駐台大使。一九七三年、駐ブラジル大使。

(4) 米・ソ・英・中の四カ国を指す。

(5) 一九五六年の日ソ共同宣言を指していると思われる。この宣言により日ソは国交を回復した。日ソ平和条約は一九七二年当時も、二〇〇三年現在も結ばれていない。

(6) **村上勇**(一九〇二―九一) 自民党代議士。大野(伴睦)派に属す。一九七四年、郵政相。日本遺族会会長として、靖国法案づくりを推進。

(7) 『文藝春秋』 一九七二年一〇月号に蒋経国「中華民国断腸の記」が載っている。この号は九月七日に発売。同誌が台北に特派した記者が蒋経国と会見

●コラム

ニクソンへの接待を超えた田中訪中

筆者は日中国交正常化に関する中国側の資料、文書を結構集めたが、その中に、田中一行が訪中する直前に、中国外交部が起草した「総的会談原則」(対日交渉のガイドライン)というタイプライターで打った文書がある。全部で四カ条からなり、「接待の原則、ランクと手続きはすべてニクソン大統領の訪中に準ずる」「まず日本側の状況とその具体的な要求を速やかに調査・把握し、その上でわが方の会談素案を参考にして具体的な対策をあらためてまとめ、最高指導部の許可を取って実行に移す」といった内容が含まれている。

中国は、わずかその一年前まで日本の「軍国主義復活」批判を盛んに行っていたし、急遽決まった田中一行の訪中とどのように交渉し、成果を見出していくか、自信がなかったようだ。とりあえずニクソン訪中のさいの接待を目安と決め、また日本側の要求、交渉案について「迅速に偵察せよ」と指令したのである。

しかし、北京での交渉は予想を超えて共同声明に早くこぎつけそうになった九月二八日、周恩来首相は政治局員と外交部宛に、「毛沢東主席の批准を得て、田中一行に対する送迎の人数を二千人増やせ」と文面で指示した。それによって、北京空港到着時の動員された出迎えの群衆は日米ともに千人だったが、日本代表団が北京空港を離れ、また上海空港に到着した際に動員された群衆はそれぞれ三千人に膨らんだ。

そして九月三〇日早朝、外交部の総務担当局長韓叙が上海市政府側に、田中一行が帰国する際の群衆の動員人数を更に倍増し、六千人とせよと緊急に指示した。首脳会談の結果に対する満足度とその後の日中関係への期待を込めて、接待ランクの指標だった空港での群衆動員数は当初より六倍にも増えたのである。

(朱 建 栄)

2　蔣介石総統宛て田中首相親書

解　題

椎名特使は蔣介石総統宛ての田中首相の親書を携行していた。この親書は橋本恕外務省中国課長と小倉和夫[1]中国課首席事務官が起草し、安岡正篤[2]が手を加えたものであった。椎名特使は蔣介石に会うことができず、九月一八日、午前一一時、総統府副総統室で行われた厳家淦副総統との会談の際、総統に渡していただきたいと要請して、手渡した。本親書は編者の一人、石井明が台北の国民党中央党部の党史館(旧国民党党史委員会)で見つけた。毛筆で書かれたため、各行の字数はそろっていない。また、「閣下」は必ず各行の冒頭に置かれ、「貴國」の前は一字空けてある。『中央公論』二〇〇三年四月号でも紹介されている。

なお、この親書に対する蔣介石の返書は、張群が自著『我與日本七十年』(中日関係研究会、台北、一九八〇年四月初版)の最後の部分で全文を紹介しており、邦訳は『記録　椎名悦三郎』下巻(椎名悦三郎追悼録刊行会、一九八二年)に載っている。

蔣介石總統閣下鈞鑒
　謹啓者
閣下鼎祺安燕履祉吉祥我が久しく仰望神馳する所であります　近来我が國と北京政府との交渉に関し議論紛紛
閣下の左右亦之を我が國政府の降志辱身自ら國格を損する行為として論難さるるを傳承致しまして茲に謹んで本問題に關する日本政府の所見を開陳し
閣下の諒察を仰ぎたいと存じます
顧みれば戦後二十餘年
閣下の日本國及國民に對する終始渝らぬ高誼優待は日本國政府及國

民の齊しく欽尚する所であり、一九五二年我が國が　貴國政府との間に平和條約を締結して以來政府民間擧ってあらゆる機會を通じ一貫して　貴國との友誼を勵行して參りました　特に昨年の國聯に於る中國代表權問題の審議に當っては我が國政府が率先挺身して難を排し紛を解き國聯に於る　貴國の議席確保に奔走盡瘁致しましたことは長く青史に傳えて両國の爲に友邦齊しく感銘する所であります

然るに近年國際情勢は激變し國聯総會に於る中國代表權問題の議決北京政府承認國の續出　ニクソン大統領の北京訪問等北京政府との關係改善を謀るに世を擧げて滔滔たる者が有ります　我が國は此等と亦自ら撰

を異にし(3)古来中國と斯文の交深く且久しく國民大衆が中國大陸との社稷蒼生を敬愛するの情尋常ならぬものが有り　従って即今の時勢に鑑み日中國交正常化の時機已に熟すとして政府の決断を仰望すること誠に止むを得ぬ情勢となっております　我が國は言うまでもなく議會制民主主義を國政の基本原則とし　政府は國民多數の意思と願望を政治の上に具現すべき責任を有します　是れ我々が慎思熟慮して北京政府と新に建交する所以で徒に勢の爲に迫られ　利の爲に誘われて所謂親媚北京短視政策を採るものではありません

但本政策を實行に移すに當っては固より　貴國との間に痛切なる矛盾抵觸を免れず　時に又粗略有るを免れぬ

ことと存じますが　自靖自献(4)の至誠を
盡して善處し
閣下至仁至公の高誼を敬請する次第
であります
閣下萬壽無疆を謹祝申上げます
　一九七二年九月十三日(5)
　　日本國内閣總理大臣　田中角榮（署名）謹白

注

（1）**小倉和夫**（一九三八―　）　外交官。駐ベトナム大使、駐仏大使歴任。二〇〇三年より青山学院大学教授。

（2）**安岡正篤**（一八九八―一九八三）　陽明学者。全国師友協会会長。戦後、歴代首相の指南役を務めた。

（3）内容・方法を異にするという意味。

（4）「自靖自献」は安岡が好きな言葉であったと思われる。『論語』について解説を加えたラジオ講座の放送をまとめた『朝の論語』（明徳出版社、一九六二年）の中で紹介している、幕末の哲人、山田方谷の手紙に出てくる。それによると、『書経』（尚書）に出典を持つ言葉で、含蓄が深く、容易に会得できないが、「要するに、おのが心に問ふという意味よりほかありません。靖んずといひ、献ずといふのも、検心の工夫がなければできないことであります。……」（同書、六一頁）。私心を捨てさり、真心を込めて、という趣旨と理解すればよいのではないか。なお、山田方谷は「大政奉還」の上奏文の代筆を頼まれた人物である。

(5) 九月一三日は、台湾側から、政府特使として、椎名が訪台するのを受け入れるとの回答が届いた日付けである。同日午後三時から首相官邸で、田中・大平・椎名の三者が協議した結果、椎名訪台を一七日から一九日の三日間とし、蔣介石総統に宛てた首相親書を椎名が携行することを決めた。『朝日新聞』一九七二年九月一四日。

第二部　日中平和友好条約締結交渉

1　園田直外相・黄華外交部長会談

解題

日中平和友好条約締結交渉の再開を決断した福田赳夫首相は佐藤正二・駐中国大使[1]を日本側代表団長に任命した。中国側は韓念龍・外交部副部長を代表団長に任命し、一九七八年七月から北京で交渉が始まった。代表団の間の交渉は計一五回行われ、すでに交渉記録は公開されているが、大部なので本書では割愛した。

同交渉は反覇権条項の扱いをめぐり、難航し、八月二日の第九回交渉の後、日本代表団の一員である中江アジア局長が一時帰国し、福田首相に交渉経過を報告した。福田首相は代表団レベルの交渉は最終段階に入ったと判断し、園田直外相を訪中させ、政治交渉を行わせることを決めた。

八月八日、園田は北京に到着した。翌九日、午前九時半より一二時二〇分まで（途中一〇時三七分より三〇分休憩）と、午後四時二〇分より五時二〇分まで（休憩一五分）の二回、外相会談が人民大会堂で行われた。午後の会談で、黄華外交部長が反覇権条項につき、日本側の案文に同意する旨の発言があり、交渉は実質的にまとまり、条文・字句の確定については佐藤・韓念龍間の第一五回の交渉で詰めることになった。

出席者は午前中の第一回会談については、日本側は園田外相、佐藤大使、高島益郎外務審議官、中江要介アジア局長、大森誠一条約局長、堂之脇光朗公使、田島高志中国課長、佐藤行雄秘書官らであり、休憩後、東郷和彦首席事務官が加わった。中国側は黄華外交部長、韓念龍副部長、符浩駐日大使、沈平亜洲司長、王暁雲亜洲司副司長、高建中礼賓司副司長、沈韋良国際条法司副司長、丁民日本処長、王效賢日本処副処長(通訳)、徐敦信日本処副処長であった。午後の第二回会談については、第一回会談の休憩後に同じ。

その後、一二日午前一一時より迎賓館第一八号賓館で第三回会談が行われた。同席者は、日本側が大使、高島、中江、大森、堂之脇、田島、佐藤、斎藤正樹、東郷、中国側は韓念龍、符浩、王暁雲、沈韋良、高建中、丁民、王效賢、徐敦信、陸琪(日本処処員)らであった。

日中平和友好条約交渉（第一回大臣会談）

1．冒頭黄部長より、昨夜はよく休まれましたかとの質問があり、園田大臣より、よく休み身体の調子は良いと述べたところ、同部長は、長期の準備をされ遠路を来られたのでお疲れであろうと述べた後会談に入り、先ず同部長より次の発言があった。

私は中国政府を代表して、園田外務大臣閣下及び御一行の御来訪を心から歓迎する。一九七二年九月二九日中日両国政府が共同声明を発表して以来間もなく六年になる。この間両国の関係は各方面において良好な発展を見た。両国人民の理解と友情は、大きく増進した。これは両国の今後の発展によい基礎となった。共同声明に記されている重要な任務の一つは平和友好条約の締結であり、これからわれわれはその任務を全うせねばならない。双方が最初に交渉を始めてから既に三年以上過ぎた。最近佐藤大使と韓念龍副部長をそれぞれ団長とする両国交渉団の間の会談により条約の関係条項について一定の進展があった。外相閣下がこの度訪中され条約締結のため一層の努力を行いたいとの熱情を持たれ成果を得たいとの信念をもっておられることを評価するものである。

これまでの段階の会談により、双方は相互理解を深め多くの問題について意見の一致を見た。双方は共同声明の原則を維持し、条約の早期締結をいのると述べている。重要な反覇権問題については中日双方は覇権を求めず、如何なる国または国の集団による覇権を求める試みにも反対するとの点で意見は一致している。反覇権条項の表現については、双方とも提案を出しており、突込んで検討を行った。交渉の焦点は今でも反覇権条項にある。これは表現の問題ではなく、共同声明の原則を守り、日中平和友好条約の締結にふみ切り、両国間の関係を良くするか否かの実質問題であるとわが方はくり返し指摘して来た。

中日両国間には二〇〇〇年にわたる交流の歴史があり、われわれの遺憾とする時期もあったが、大部分は友好を主とする交流であり、日中両国が世々代々友好的につきあうのは両国共通の願いである。日中両国はともにアジア・太平洋地域にあり、当面の国際情勢において重要な問題に直面している。われわれは世界の全局から問題を見つめるべきであり、政治的に高い見地からものを考えれば、反覇権条項を含め交渉の諸問題は解決し難い問題ではない。

園田外相は中国の古い友人であり人望の高い政治家であり、条約の早期締結に熱心な方であり、外相自らの訪中により交渉は今や新しい段階に入ったと言える。われわれは、園田外相訪中が交渉を推進し、早期締結に寄与するものとなることを期待している。中日共同声明の原則を守り、大同を求め小異を残すという精神で交渉しさえすれば、乗り越えられない障害はないと信ずる。われわれは、園田外相閣下及び日本の友人の皆様と一緒に両国人民から与えられた重任をまっとうするため努力したい。

私の発言はこれで終りだが、今後の会談をどのように進めるかについての御意見をうかがいたい。

2. そこで園田大臣より次のとおり発言された。

ただ今は黄華外相閣下より鄭重な御挨拶をいただき、また私の訪中を突然申入れたにもかかわらず短期間に迅速に諸準備を整えて下さり暖かい歓迎をいただいたことを衷心より感謝する。韓念龍副部長と佐藤大使は既に一四回にわたる会談を行い、特に韓副部長は病いを押して重大な任務のため真剣な努力をされて来たことに敬意を表する。両国交渉団の過去一四回の会談を私も真面目に見つめて来たが、相互の理解を深めることに意義があったと思う。この条約の早期締結は日中両国のみならずアジアの繁栄のために意義があると思う。私はこれまでの交渉の成果を高く評価し、満足している。日本国民も、また、佐藤・韓念龍会談の進展について極めて喜んでいると申し上げたい。

そこで、この会談について率直に申し上げれば、双方の間には相互理解と信頼がまだ充分ではないと思う。すなわち、日本側の提案に対して中国側はソ連に屈服しているとか圧力を受けていると言い、中国側の提案に対しては日本側は何か拘束を受けるのではないかという感じをもつような情況である。私の今次訪中は交渉が行きづまったからではなく、交渉は円滑に進んでいるが、早く妥結した方がよいと考え、私が来訪し直接話合いを行うならば、それは佐藤・韓念龍会談も順調に進ませ得るのに役立つと考えて訪中したものであるということを理解いただきたい。

更に会談を進めるに当り、私は率直に掛け値なく有りのままに話し合いたいということを申し上げたい。私はいやな思いをしても構わないので貴方もどうぞ何でも言っていただきたいし、私の方もお腹立ちのことを申し上げるかも知れない。お互いに率直に話合えば、佐藤・韓念龍会談もスムースに行くと思うので、率直に発言することをお許しいただきたい。

先ず、本日の会談においては、国際情勢、アジア情勢、日本の外交方針、日中関係について詳細にお話するのが本筋であるが、正直に申上げてお互いに交渉の早期妥結を念願している以上、これらについてダラダラと話すわけには行かない。従って、交渉を円滑に進めるということを念頭において、関係のある問題について話を進めて行きたい。

3．これに対し黄華部長より、次の通り発言があった。

ただ今、園田大臣より中国側に感謝する旨の御発言があったことに対し御礼申し上げる。中国側は当然なすべきことをなしているに過ぎない。さて、日中平和友好条約締結問題は、当面両国人民と世界の人民が注目している問題であり、園田外相訪中の主要な問題である。そこでわれわれは精力を集中して先ず反覇権条項について話を進めたい。その後に国際情勢や日中両国間の問題について喜んで詳細に話合いたいと思う。当面の国際情勢の下における双方の外交政策や双方の立場等については既に佐藤・韓念龍会談において双方がそれぞれ繰り返し表明して来た。双方の間には共通点もあり、異る点もあるが、これは極めて自然なことである。また、これは条約の早期締結を見るために障害となるものではない。

4．よって、園田大臣より、ただ今の貴部長のお話をきいて私の考えを修正したい、先ず、覇権の問題を話すことで差支えない、しかし、自分はそれに付随する問題についても話をしたい。では何れから先に発言するかと述べたところ、黄部長は、先に日本側の発言をうかがいたいと述べたので、園田大臣より次のとおり発言された。

(1)　それではお許しを得て発言をしたい。日米関係は佐藤大使が既に中国側に述べてあるとおりであるが、米国は日中条約について成功をいのると述べた旨、外部には発表してある。しかし、実際の内容をそのまま言うと、カーター大統領(2)、ヴァンス長官(3)ともに日中条約を積極的にやってほしいということであった。その理由は貴外相の方がよく御存知だと思う。その一つは、米国は貴国と国交正常化を早くやりたいと思っているが、国内に慎重論があり、日中が出来れば米国の国内与論を説得する上にも有利な条件が出来ると考えている。その二つ目は、ソ連に対する考慮があることははっきり言える。これは、日中が条約を締結するのは米中の正常化と目的は異るが、考え方は同じということである。

(2)　次にソ連に対しわれわれが如何に対処しているかを申し上げておきたい。ソ連の政府及び新聞は日中条約についてしばしば抗議や非難の強いことを言っているのは御存知のとおり。これを貴国はソ連の脅迫と言っている。このような脅迫の如き言動がある度に私が如何なる態度を発表してきたかは貴国も知っていると思う。ソ連はそのうち私の名前も出して来た。しかし私はその後ますます日中条約の早期締結のために努力して来た。

(3)　先般ヴィエトナムから外務次官が訪日した。(4) 私は冒頭に越が自主独立の線からはずれないという前提に立って援助を与える旨明らかにした。自主独立でなくなった時には援助を止めるつもりである。なおカンボディアにはなるべく経済援助を行いたい旨伝えてある。まだ具体的な相談はしていないが、佐藤大使がカンボディアを訪問する時に具体的な相談をしたいと述べてある。

(4)　なお先般の先進国首脳会議(5)の際、英国の外相から中国に武器を供給しても日本は困らないかという話もあった。自分がこのように種々と話をするのは貴国に対する好意からであると受け取ってもらっては困る。これは私個人の覇権への闘争の問題である。私が申し上げたいのは反覇権闘争を行うのは勿論であるが、これは地域を限らないということである。ソ連と覇権の問題について言えば、貴国とソ連の間の問題、日本とソ連の間の問題は異なるということである。私が説明したいのは、われわれも反覇権闘争を現実には行っているが、貴国のやり方と日本のやり方とは異なるということである。

（5） もう一つは、外交の基本方針は、貴国と日本との間には若干の差がある。日本の憲法九条は、同九条があるから日本外交が拘束されているというのではなく、同九条こそ反覇権の最高の表現である。それこそ人類最初の平和外交に徹した表われである。つまり、覇権と覇権をもって争えば、争ったもの双方が亡びるという考え方に立っている。

（6） 一九七二年、共同声明が発出された時に覇権という言葉が出て来た(6)が、なじみの少ない言葉であった。日本に昔からある言葉は「王道」「覇道」というものであり、かつて孫文(7)は最後に日本を離れる前に「力をもって国を動かすを覇道といい、人心をもって国を動かすを王道という」との言葉があるが、日本の友人よ王道を捨てて覇道に走ることなかれと述べたが(8)、貴国は共産主義国であるから王道も覇道も排すると決定された。これは理解できる。しかし日本の中には王道、覇道という言葉がまだ残っている。それで当時共同声明が発表された時に新聞は、覇権という字を見て騒いだ。しかしその後六年間、反覇権の概念は日本国民の間に定着しつつある。日本人は力に頼りおどしをかけることには絶対に反対である。ただ一国を覇権国と決めつけ、こちらから敵対関係をとることは日本国民が受け入れない政策である。その点が佐藤大使と韓副部長との会談の話に関連することとなる。ソ連に気兼ねしているわけではなく、日本国民が祝福し、納得する雰囲気の下で締結したい。更に付言すれば、ソ連が何か言った場合、ソ連が理不尽であると言えるような条約を作りたいと考えている。

（ここで黄華部長は、会談も一時間以上経ったので休憩にしたいと述べたので、園田大臣よりこれに同意され休憩に入った。）

5．休憩後冒頭黄華部長より、次の発言があった。

（1）大臣の発言の中で率直に何の留保もなく会談を行うという点に心から称賛の意を表する。中国外交の基本も、おざなりでなく、率直、単刀直入に見解を表明することであり、このことは国際的に広く知れわたっており、中日平和条約交渉において一貫してこうした方針で臨んできた。このような精神に基づき反覇権条項についての考えを述べたい。

（2）中日共同声明は、中日関係史上非常に重要な文書であり、国交正常化以降の実践は、中日両国の共通の願望に合致し、かつ、アジア各国の共通の利益にも合致していることを示している。同声明の原則は、両国関係を発展させる準則であり、根拠であり、基礎である。中日平和友好条約は、共同声明を前進させるものであり、後退させてはならず、共同声明の原則を弱めるものであってはならない。両政府の指導者により規定された反覇権条項は、現実の世界情勢を反映したものである。現在の世界における覇権主義の脅威に対してどういう態度で臨むべきかは、両国人民の支持によって示されている。両国人民、世界の人民が現実に存在している覇権主義に対して闘争しなければならないということは、広く知れわたり、深く人の心に根を下した思想である。共同声明の中に反覇権を書いたのは、仮定から出発したのではなく現実の脅威から出発している。共同声明後の国際情勢は、中日友好条約の中に反覇権条項をそのまま入れねばならないことを生々と立証している。覇権主義は中国を脅かし、日本を脅かし、世界各国を脅かしている。

（3） とりわけソ連社会帝国主義は、数年来覇権主義の段どりに拍車をかけ、増々侵略のための戦略的配置をおしすすめ、自己に有利な体制を作りつつある。当面の国際情勢は共同声明当時と比し一層緊張している。その根源は、超大国の争奪にあり、とりわけソ連帝国主義が一層狂気じみた覇権主義を推進していることにある。われわれは国際情勢の現実を真剣率直に直視すべきである。覇権条項を含めた中日友好条約の早期締結は、両国人民及び世界各国人民の願望を反映している。ソ連がこの条約の締結を喜ばない原因は、ソ連が覇権主義を実行しているからである。ソ連は、日本に対して圧力をかけ、種々露骨な干渉を行っている。われわれはソ連の脅威を恐れず、影響を受けず、共同声明の精神を守り、両国人民の利益を守り、早期に条約を締結する必要がある。

（4） 私はこのような精神に基づいて共同声明の重要な部分を占める覇権条項についての貴大臣の考えを聞きたい。

6．これに対し、大臣より、次のように述べた。

（1） 貴大臣の話しはよくうけたまわった。日中共同声明の原則を弱めず、後退させてはならないこと、平和友好条約を早期に締結する必要があることについて異存はない。

（2） 私が正月にソ連を訪問[9]し何を話したかはほぼ御理解を得ていると思う。私はソ連の言い分に一つも屈していない。中ソの問題については、自ら求めて次のように発言した。「中ソはある時期兄弟の国であり、中国はソ連に学ぶと言っていたこともあったが、現在は激しく対立している。日本は隣国の中ソが対立していることは遺憾だと考えている。しかも中ソは、お互に争うばかりではなく、その争いのとばっちりを日本が受けている。日本は中ソの緊張の緩和を願うものであり、ある時期がくれば両国の間に立ってその緊張を緩和したいと思っている。日本はソ連と提携し、中国に脅威を与えることは断じてしない。同時に中国と協力してソ連に敵対行為をしようとも考えていない。あなたの方では好まないようであるが、日中友好条約は必ず近いうちに締結する。その際ソ連が中ソ同盟条約をどうするかは私の干渉せざるところである。干渉はしないが同条約の中で日本を両国の敵国と書いてあることは断じて見のがすわけにはいかない。」この点についてはソ連は回答せず、中国の方からは何も言ってきていないと責任を回避した。

（3）アジアの問題について申し上げたい。この前の戦争で日本は迷惑をかけ遺憾だと考えている。日本はいろいろ間違いを犯したが、その一つは「アジアを一つ」と考えたことである。アジアは、顔色、目の色、物の考え方等東洋人として共通のものをもっている。しかし、アジアは一つではなく、国の大小、強弱、歴史、伝統、習慣、宗教、政治形態それぞれ違っている。その違いをお互に理解し、尊重し、相手の立場に立って行動する、これが道理と考える。

（4）覇権の問題も、先程申し上げたとおり、お互いに中国の考えはこう、日本の考えはこうという議論をやっても解決はしない。覇権問題に対する理解、これに対する闘争が同じ方向であり、お互にその真意を理解するならば、中国側は日本の立場でものを考え、どういう条約を締結すれば日本国民は納得し、祝福するか、日本側は中国の立場に立ち、中国が今後第三、第二世界[10]に対処する方針の中でどういう条約を締結すれば支障を与えないか、そのように考えれば私は双方が好むようにこの問題は妥結すると思う。

（5）早期妥結は、日本にとっても中国にとっても極めて重要であり、しかも大事なチャンスである。中国が、おれの方はいつでもよい、二カ月、三カ月、一年待ってもよい、と言い、日本も同じことを言うなら、私も貴大臣も世界の人々の笑い物となろう。日本の実状についてもお解りとは思うがまだ足りない。私が短い期間に決定をして訪中したのには、それなりの苦労がある。この機を逸すれば相当先まで延びる。そこで双方とも早期妥結の決意の下に佐藤・韓念龍会談を続行せしめ、問題点をつめさせてゆきたい。

7．これに対し黄部長は次のように述べた。

（1）貴大臣が、日本側は共同声明の反覇権を弱めたり後退せしめる意思がなく、条約を早期に締結したいとの希望を表明されたことを評価する。貴大臣は、中国側が条約締結を二カ月、三カ月とのばしてもよいと考え、日本側もそのように考えるなら条約の締結は遅れるといわれたが、中国側は一貫して条約の早期締結を望んでおり、いずれも条約の締結を遅らせることを考えていない。

（2）中ソ同盟条約についての中国側の態度は、佐藤・韓念龍会談で申し上げたとおりであり[11]、私から繰り返して申し上げなくてもよいと思う。貴大臣が中国政府の指導者と会談される際に、前々から有名無実になっているこの条約についての見解を明確に示すこととなろう[12]。

（3）次に会談の焦点となっている反覇権条項に焦点を移したい。貴大臣は条約について交渉を行うという重大な責任をもって中国に来られた。そこで平和友好条約についての最も肝心な問題についての日本政府の考えを説明されるよう求める。

8．これに対し大臣より次のように述べた。

（1）私は佐藤・韓念龍会談が速やかに進捗するようにすること、及びその上で条約に調印すること、この二つの目的のために訪中した。

（2）　覇権についてはこれまでも述べたとおり、覇権行為があればこれに反対するのは当然であり、今までもそのようにやってきた。日本国民の正直な気持を言えば、覇権行為があれば堂々とこれに反対する、しかし、中ソの対立には絶対に巻込まれない、これには介入しない、これが日本国民の大多数の気持である。私は貴大臣、韓閣下の言われることは十分解っている。口にださなくても、心の中で何を考えているかも十分に理解しているつもりである。しかし、覇権に反対する仕方の違い、日本の基本的外交方針の違いを十分に理解しあい、お互の立場に立って反覇権闘争を行っていくことがアジア及び世界の平和に貢献する所以と考える。今後とも日本は覇権を恐れず、日本の立場からこれに反対していくのは当然である。私は、この会談を通じて閣下各位を説得しようというつもりはない。私がここで発言するのは、この会談において交わされた話しを両国国民、アジアの人民に聞かせ、更にはこの交渉を中傷している人々に、双方の真意を正確に理解させることを望むからである。

（3）　反覇権について最も重要なことは、日中両国がそれぞれ侵かさないという反覇権の出発点である。先般のＡＳＥＡＮ外相会議(13)でＡＳＥＡＮの外相は、アジアの覇権はソ連一つということに全員が同意した。ソ連の脅威は皆が認めている。しかし、中国の未来に対しても不安を持っていることも事実である。アジアの国々にとって貴国は大国であり、しかも貴国の努力によって繁栄している。ＡＳＥＡＮの国境紛争問題、各国における反体制運動、ゲリラ運動等の中で、中国は未来永劫に覇権行為を行わず各国と仲良くやっていけるかどうかについて各国は不安をもっている。従ってビルマを含むＡＳＥＡＮの国々は日中条約の締結を歓迎している。しかし、どのような形で条約が締結されるか、特に覇権条項がどういう形で結ばれるかについては非常な関心を有している。それは、中国が相手の立場をどのように尊重し、この条約を締結することになるかという意味である。

（4）次に日本国民について申し上げる。日本で同じ時期に中ソ各々の展示会が開かれ、中国展の方は三十何万の入場人員があり、ソ連の方はその一〇分の一であった。日本人の中ソに対する感情は異っている。しかし貴国を訪問した政治家や、財界人が言うようには、日本人全部が貴国を安心して信頼しているわけではない。中国はわが国にとり大事な国であり、日中両国が仲良くすることはアジアの将来のためである。これまで日中友好協会[14]が好成績を上げ、日本の対中感情は良くなってもいる。しかし率直にいってこれまで問題がなかったわけではない。仮に日本で華国鋒[15]、鄧小平はけしからんということを言えば中国人民は日本を信頼するだろうか。中国の方からは、折々日本の総理はけしからんという批判が出ている。その度に日本国民は、中国は本当に内政不干渉なのか不安を持っている。成田空港反対闘争は、反体制闘争に変わり、自民党から共産党に至るまで支持していない。この闘争の委員長[16]を招待し、歓迎し、激励する。このようなことでは、公正な日本国民は本当に中国は内政に干渉しないのか、また、中国が強くなったら脅威を受けないのか不安を感じているのは事実である。

（5）そこで私は貴大臣、韓閣下にお願いしたい。覇権条項に対するASEAN、日本国民の不安を一掃し、なる程中国は未来永劫の日本の友人として仲良くできるようなものをまとめることとしたい。両国をめぐる情勢は極めて厳しい。しかし非同盟外相会議で覇権という言葉がでてきたこと、ASEANの国が一部に不安はあってもこの条約を結ぶことを歓迎していること、更にはこの条約の締結を注視している米国の考え方を合わせると、是非、日本は日本の国民を納得させ、喜ばせる条約を結びたいし、中国も、日本、ASEAN、米国、世界各国が喜び納得する条約を結ぶようにしてほしい。

9．これに対し黄部長より休憩を提案、大臣は、佐藤・韓会談の継続を再提案されるも、黄部長は、午後その点を討議したい旨発言、三時三〇分再開として、会談を了した。

日中平和友好条約交渉（第二回大臣会談）

1．冒頭黄華部長より、貴大臣の午前中の発言に続き中国側の態度を表明したいとして次のように述べた。

（1） 平和友好条約の覇権条項は、先ず中日双方を拘束する。中日双方は既に覇権を求めないことを宣言している。現在のみならず将来経済が発展しても然り。中国のこのような態度はアジア及び世界の人民に知れわたっている。条約にこのことを書き入れるのも、覇権を求めぬ中国の決意の表われである。

（2） 午前中の外相閣下の発言中、東南アジア諸国の態度に言及があったが、確かに東南アジア諸国はこの条約交渉に関心を寄せ、条約の締結を願っている。条約締結を歓迎するのはソ連社会帝国主義の現実の脅威があるからであり、次に歴史的経験より日本に疑念を抱いているからである。東南アジア諸国は中国と同じく帝国主義の侵略を受け損害を蒙っている。そのためソ連に対し警戒心を持ち、中国の反覇権に理解を持っている。日本については率直に言えば日本軍国主義の再現に対してはやはり不安を持っている。そのため中国は、一再ならず日本の友人の皆様に反覇権条項を含む条約の締結は、日本に対する印象を改めるために有利であると言ってきた。これは実際に則した言い方であるとともに、日本に対する友好的立場から申し上げている。

(3) 貴大臣は日本国民の見方についても触れられた。閣下は共同声明発出以来反覇権は国民の中に定着していると言われた。われわれは閣下のこの言い方は、反覇権の原則が広く日本国民により擁護されていることを表わすと考える。われわれは共同声明の基礎の上に条約を早期締結することは両国民の願望と利益に合致すると考えている。しかし日本の一部がこれに反対していることも知っている。世界中どこでも良いこと、正しいことが一部の人に反対されるのは不思議ではない。しかしこれに反対するのは一握りの人でしかない。正直にいって彼らは、条約の締結にではなく中日友好、国交正常化そのものに反対している。彼らは両国民の意思を代表していない。もし日本の為政者がこれらの人を代表するなら国民多数の意思に反することとなる。一握りの人に屈することは多くの人を裏切ることとなる。

(4) 外相閣下が就任以来一貫して条約の締結に積極的態度をとってきたことはよく知っている。閣下は午前中再び条約締結への情熱を表明された。中国側は閣下のこの努力を称賛する。佐藤・韓念龍間では既に一四回の会談を行い、一定の進展を見せ、反覇権については新しい案を出し、双方の意見は段々と接近している。ここに私は外相閣下及び友人の皆様に、双方の会談を一挙に妥結にもっていくため八月七日の日本側案文[17]に原則的に同意する。すなわち反覇権条項第一文を「この条約は、第三国との関係に関する各締約国の立場に影響を及ぼすものではない」との案文である。これは中国の条約締結のための今一度の努力の表われである。条文の具体的表現については、細かい問題点が残っているかも知れないが、これらは解決しにくい問題ではない。これらの仕事は、佐藤・韓念龍の間でやらせることとしたい。外相閣下の同意があれば外相閣下と一緒に佐藤・韓念龍会談の成功を祈りたい。

2．黄部長が所用によるとして一〇分間の休憩を提案し、約一五分の休憩の後、大臣より次のように述べた。

（1）私は過去二十数年間日中問題で一貫して行動をとってきた、日中議員連盟が成立する前、日本の雑誌「中央公論」に日中提携すべしとの記事を載せた[18]。米国に無条件に追随するのはアジアにおける日本の孤立化を招くと述べた。これについては党規委に付せられ強い反対を受けた。はしなくも外務大臣就任の時、日中友好条約の締結は、私でなければ永久にできないと感じた。国内における外務大臣としての一貫した行動はよく御存知のとおりである。就任以来各国に行き行動をしてきた。その間いかなる所でも中国の助けとなり、反覇権闘争によいように行動してきた。今回非常な無理を押して訪中を行った。もしこの時期に条約交渉が成功しなければ日中関係は今後相当期間停滞し、ASEANの国々は日本及び中国と提携し、平和と繁栄に貢献することはできなくなる。そういう理由から、今次訪中に当っては私の生涯と運命をかけて訪中した。日本の政治家として生命をかけて参った。これは日本の政治家として貴国を愛し、より以上に日本を愛し、アジアを愛し、かつ戦争の反省より出た私の願いである。私は先程貴大臣の発言が妥結の方向に大きく動いたことに深くお礼する。大臣閣下、韓念龍閣下が真に日本、中国、アジアの未来のために決断されたことを高く評価する。私は、もしこの条約が妥結するなら日本国民に対し、私の口から私の責任において、この妥結に至ったのは、中国の友人、中国の人民が日本に対する友情を示し、真にアジアの平和のために決断したからであることを日本の友人に対して率直に伝えるつもりである。ここに先程の大臣閣下の提案に賛意を表し、韓・佐藤間で案文のツメを行うことを希望する。

（2）なお貴大臣の見解につき簡単に付言したい。まず極めて率直にわが日本に対して率直な注意を友人としていただいたことを心からうれしく思う。ソ連の脅威については、全く同意する。日本に対する東南アジアの疑念、不安、残念ながら、これもよく私の反省するところである。先般のＡＳＥＡＮ外相会議でも特にこの点に留意してきた。今後も中国に対しても東南アジアに対しても、中国及び東南アジアの繁栄の中に日本の進路を求めていくことを誠意と実行により示していただきたい[19]。日本軍国主義が再現しないことを今後の実行によって示していきたい。

（3）日本の中に一部の反対者がいることは事実である。しかし日本の世論調査で、無条件で条約を妥結させるというのは三〇％近くしかいない。残りの、いわば慎重派の人々は、日中友好がアジアの基礎であることはよく知っているが、これらの人々は日中条約の帰結が真に両国の発展とアジアの平和のためなのか、それともソ連に対する中国の戦略の一環に日本が引きずり込まれるかという点に不安を抱いている。この友好条約の締結により、この不安は一掃されるであろう。両国が純粋に手を握り、これを見た東南アジア諸国も純粋に足並みをそろえる時、本当に反覇権に対する闘いも有効なものとなると信ずる。反覇権の闘いは現在の状況だけではなく、未来永劫にわたって、それぞれの立場から反覇権闘争は続けられるべきことを確信する。目の前のことにとらわれ、一国のみを相手にしていない[20]。日中のこの条約はその中に名存実亡のものとなり、未来永劫のものとはならない。締結のあかつきには、日本にも色々の問題がたくさんある、そのためには貴中国の援助も必要である。しかし貴中国も色々の問題を抱えている、その場合私はいつでも中国を訪れ、また貴国よりも日本へお越し願い、寸分の侮りを他国より許さぬよう協力し対処する所存である。

3．ついで大臣より、佐藤・韓念龍会談において双方が努力されることを願う旨発言があり、大使より時間については明日何時でも都合のよい時にしたいと述べ、黄部長はこれを了承した。

4．更に大使より、本件は極めて重大なことであるので、佐藤・韓会談で案文を合意するまで外部には出さないこととしたい旨述べ、黄部長は、佐藤・韓交渉で一致が得られるまで外部に発表しないことに同意した。

5．最後に黄部長より、ただ今の貴大臣の発言をうかがい、貴大臣が中国と同じようにこの会談を完成させる熱情を抱いていることを感じた。これは日本政府と日本人民の願望を反映していると考える、両国人民の願いを正しく反映してこそ三年半の交渉を終結させ、両国人民の願いに沿えるものと信ずる旨発言があり会談を了した。

日中平和友好条約交渉（第三回外相会談）

1．（1）冒頭、園田大臣より次のとおり述べた。

私たちは、任務を完全に完了し、本日最後の会談が出来てうれしい。黄華外交部長、韓念龍副部長及びその他の各位の努力と熱意に感謝する。

（2）これに対し、黄華部長より、次のとおり述べた。

先ず私から一言申し上げたい。佐藤大使を初めとする日本側代表団及び韓念龍副部長以下の中国側代表団に感謝すべきであると考える。この数日間非常に大きな仕事をしてきて御苦労様でした。現在まで、中国語テキスト、日本語テキスト、その他訳文のテキストもすべて完成した。この度園田大臣が福田総理の決断によって自ら訪中され、会談を通じてこの条約交渉を最後の段階にまで押上げ成功させた。閣下の訪中は、短期間ではあったが、実り豊かな訪中であった。私たちが会談している間、その外で中国人民及び日本人民がこの会談を注目している。長期にわたって中日友好のために尽した友人の皆様は、中日友好促進のために奮闘され、条約締結の基礎を固めた。この条約が締結され、そのニュースが発表されると中日両国人民の熱情あふれる歓迎を受けるであろう。このことは、両国人民が長い間待望してきたことであるし、両国人民の長期的、根本的利益に合致するものである。この条約の締結は、中日友好関係史上において、両国の友好及び両国人民の友情のため、より広い展望を開くものであろう。

鄧小平副総理が皆様に会った時に述べたように、この条約の締結は遅れたので、この遅れた時間を取りもどすよう努力しよう。閣下の言われるように条約締結後は、行うべきことが沢山ある。中国側としては大きな熱情と真心をこめて大きな努力を行ってゆきたい。

（3）次いで、大臣より次のように述べた。

この時期に条約を締結したいという熱意は、私も黄華部長も同じである。交渉が妥結したこの心境も、私と黄華部長とも全く同じであろう。先ず、韓念龍副部長及び佐藤大使をそれぞれ団長とする両国交渉団の努力に感謝し、その功績をたたえたい。誠実、率直、情熱をもって両国の友好を進め、この条約締結が出発点となってアジアの平和と繁栄につながっていくことは、閣下の述べたところと同じである。日中両国が初めて心から提携して世界の平和に貢献できるようになった。ここに私は、過去の問題であり、水に流された問題であるが、日中双方の第二次大戦で亡くなられた方々に対し、慎んで哀悼の意を表するとともに、条約の締結と日中友好が新しい段階に入ったことを報告したいと考える。私の方も閣下と同じように条約案文の最終的な確認をここで致します。

次に国際情勢については、案文論議の段階で既に尽されたので、心と心が通うようになったので、ここでは国際情勢の分析については、行わないこととしたいが、如何であるか。

2.（1）これに対し、黄華部長は、「賛成である」と述べたので、続けて大臣より次のとおり述べた。

条約交渉妥結の機会に若干の問題について述べたい。これらの問題は、この場で決まるものもあるかも知れないし、また、後程検討してから決まるものもあるだろう。この場で決まらなかった問題についてては黄華部長が条約の批准のため東京に来られる時にお答えいただいてもよいと思う。

先ず、第一に、日中間の協議の緊密化の問題である。そのために外相レベルで少くとも年に一回会談を行うことを両国で考えてみたい。次に、また単に日中二国間の問題だけでなく、アジア情勢、国際情勢についての意見交換も今後は行いたい。

以上が私からの意見であるが、具体的にいかにやるかについては、後程検討することにして、ここでは私が今述べた趣旨に御賛同願いたい。

(2) これに対し、黄華部長は、「われわれは原則的に両国間の協議を緊密化することに賛成する。両国外相ならびに両国の外交部の関係者同士も行き来を頻繁にした方がよい。そこで、一年に何度にするか、また、どのクラスで協議を行うかは、今後の情勢の発展をみてその都度決めたら如何」と述べた。

(3) これに対し大臣より、「わかった」と答え、黄華部長は、「意見交換の範囲については、中日双方の関係に関するもの、中日双方が関心ある国際情勢としたらよい」と述べた。

3. (1) 次に大臣より、国連憲章問題に触れたいとして、「国連憲章第五三条及び第一〇七条にはいわゆる旧敵国条項[21]が含まれている。わが国としては、わが国が国連に加盟し、サンフランシスコ平和条約、日中共同声明、日ソ共同宣言などの当事国となったことにより、この条項のわが国への適用はなくなったと解釈しているが、貴国の考え如何」と述べた。

(2) これに対し黄華部長は、次のように述べた。

「国連憲章は、第二次世界大戦終結当時にできたものであり、その後の国際情勢の変化により、それ自体完全には適合しなくなったものもある。国連の加盟国は、現在一四九までに増え、国連発足時に比し三倍になっている。従って国連憲章自体、または国連の機構自体が現在の国際情勢を十分には反映しておらず、いわゆる敵国条項もそのようなものの中に含まれる。中国は早くからこの国連憲章を改正しなければならないと考えている。私達の見方よりすれば、憲章改正への障害は主としてソ連からきている。ソ連の国連代表マリク[22]は、国連憲章は世界平和の柱であり、これを改正すれば国連のビルはくずれ去ることとなるので一字一句これを改正してはならないと述べている。従って中国は、憲章の改正を求めているすべての国と一緒に努力してゆきたいと考えている。」

(3)　これに対し大臣より、

「わかった、結構である」と述べた。

4．(1)　続いて大臣より、次のとおり述べた。

以上の他に、私の方から幾つかのお願いがある。

(イ)　先ず、第一に国籍の問題についてである。日本側からみると、中国には、日本国籍を持ちながら、中国側では中国の単一国籍しか持たないと認定されている日本人が四千名いる。その中には、現在、両国政府で見解が対立しているケースやあるいは、これから対立しそうなケースがある。この問題については、今後大使を通じこれらの人々の国籍関係を明確にするため、協議を行って行くので協力願いたい。

(ロ)　第二に、大使館の敷地問題についてである。私は、日中関係に相応しい日本大使館の造営をしたいと考えている。日本側の基準で見積れば、およそ三万二千平米程度の敷地が借用できるようお願いする。

(ハ)　第三に、総領事館の問題についてである。われわれは、広州に新しい総領事館を設置することを希望している。この点中国側の検討をお願いしたい。また、上海総領事の公邸確保の問題についても中国側の好意的配慮をお願いしたい。

(ニ)　最後に、もう一つ大事なことであるが、国連安全保障理事会の選挙についても、日本の立候補に中国側の支持をお願いしたい。日中平和友好条約が締結され握手も固くなっているにもかかわらず、中国側から支持がもらえなければ、私の国内での面目がなくなるのでこの点は是非よろしくお願いする。

(2) これに対し黄華部長は次のように述べた。

(イ) 国籍問題については、貴大臣の意見に賛成する、それぞれの国の大使館と外務省、外交部を通じて協議し、問題を解決した方がいい。中国側の国籍問題に関する原則はそれを明確化させることにある。あいまいにすることにより、ゴタゴタが起ることのないようにしたい。歴史的に残っている二重国籍問題については、中国側は一連の措置をとり、それによって問題を解決するように努力してきた。[23] われわれは、各人が自分の願望に従うとの原則の下に、国外華僑は当該在住国の国籍を選択するように奨励している。この場合、中国籍は、自動的に無くなることとなる。このようにして在住国の国籍を取得した人は、その国の公民として、その国の人民の利益のために努力すべきであると思っている。もし中国籍を引き続き保持したいと考えるなら、そういう人はその国の法律を守り、風俗習慣に従い、その国と中国との友好の架橋となるよう奨励している。貴大臣は四〇〇〇人について双方の認識が不一致であると言われたが、このような原則に従えばこの問題の解決は難しくないと考える。

(ロ) 大使館の敷地の問題については、双方で具体的に相談してゆくこととしたい。

(ハ) 総領事館の広州設置の問題については、対等、平等の原則で検討したい。上海の総領事公邸確保の問題についても上海の関係部門と協議して、条件が許せば解決してゆきたい。

(ニ) 安保理の選挙については、この問題はアジア地域の多くの国々の権利と利益に係る問題である従ってこの問題については、アジア地域諸国とよく協議して具体的状況に応じて検討してゆくこととしたいと述べた。

5．（1）　引き続き大臣より次のとおり述べた。

私の方からこれ以上述べることはないが、ここに一つのニュースがある。西独の新聞は次のように報道している。つまり「日中平和友好条約が締結されることとなった。われわれはこれを歓迎する。ソ連は日本に対し、拒絶、抗議、恫喝、非友好的な態度を繰り返したので、かえって条約の締結を促進した。」これは私の意見ではなく西独の新聞の意見である。

（2）　これに対し黄華部長より、「その見方は正しい」と述べ、大臣より「（皮肉まじりに）私はソ連に感謝している」と述べたところ、黄部長は「彼らは横暴極まる露骨な干渉をしたので、中日両国人民だけでなくアジア全体、世界全体の人民から反対を受けている。われわれの条約は彼らを名指していない。にもかかわらず彼らはこれに反対している。これによって彼らは彼らの本質を自己暴露している」と述べた。

（3）　これに対し大臣より、「泥棒は〝泥棒〟というと〝おれではない〟という。これをもって自覚症状という」と述べた。

6．最後に大臣より、「次はなるべく早く東京でお会いできることを願う」と述べられ、本日の外相会談を終了した。

注

（1）**佐藤正二**（一九一三―二〇〇一）　外交官。一九七五年、外務次官。一九七七年、駐中国大使。一九七九年、退官。

（2）**カーター**（一九二四―　）　アメリカの第三九代大統領（一九七七―八一）。

（3）**ヴァンス**（一九一七―　）　弁護士、政治家。一九六二年、陸軍長官。一九七七年、カーター大統領に国務長官に指名された。

（4）ベトナムのファン・ヒエン外務次官は一九七八年七月四日、来日。園田外相は翌五日、同次官と会談した。七日、同次官と有田外務次官との間で、日本からベトナムに対する百億円の円借款供与に関する書簡の交換が行われた。

（5）園田外相は一九七八年七月一三―二〇日、ボン（西ドイツ）での主要先進国首脳会議（サミット）出席、引き続きEC本部訪問のためヨーロッパを訪れた。

（6）日中共同声明の第七項は、日中両国間の国交正常化は第三国に対するものではない、と記した後、「両国のいずれも、アジア・太平洋地域において覇権を求めるべきではなく、このような覇権を確立しようとする他のいかなる国あるいは国の集団による試みにも反対する」と規定している。

（7）**孫文**（一八六六―一九二五）　国父と称される。辛亥革命の直後、一九一二年一月、中華民国臨時大総統に選ばれた。民族・民権・民生主義からなる三民主義を提唱した。

（8）孫文は北京で亡くなる前年の一九二四年一一月、訪日した。一一月二八日、神戸で「大アジア主義」と題する講演を行い、その中で次のように述べた。「あなたがた日本民族は、欧米の覇道の文化を取り入れていると同時に、アジアの王道文化の本質ももっています。日本がこれからのち、世界の文化の前途に対して、いったい西洋の覇道の番犬となるのか、東洋の王道の干城《かんじょう》となるのか、あなたがた日本国民がよく考え、慎重に選ぶことにかかっているのです」。「干城」とは、干《たて》と城という意味であり、孫文は、日本が王道の守り手となるよう求めたわけである。

（9）園田外相は一九七八年一月八―一二日、日ソ定期外相会議出席のため、訪ソした。

(10)　アメリカとソ連が第一世界に属し、アジア・アフリカ・ラテンアメリカの発展途上国が第三世界に属し、この両者の間にある発達国が第二世界に属する。当時の中国は、第一世界を主力軍とし、第二世界と連合して、ソ米両覇権主義、とりわけソ連社会帝国主義に反対する国際統一戦線の結成・強化・拡大を対外政策として掲げていた。

(11)　一九七八年七月二一日付け佐藤大使発、外務大臣あて公電第一三七一号「日中平和友好条約交渉(第一回会議)」によれば、佐藤大使が同日の会議で、中ソ同盟条約に言及したことに対し、韓念龍副部長は次のように述べている。「中ソ同盟条約問題については、われわれは日本の指導者の方(注：中国語は「日本的領導」方面)にわれわれのこの問題についての態度を明らかにするであろうから安心していただきたい」。

(12)　一九七八年八月一〇日の園田外相と鄧小平副首相との会談の際、鄧小平は中ソ条約が効力を失っていることを明言した。本書所収の「園田・鄧小平会談」参照。

(13)　一九七八年六月、タイのパタヤで開かれたASEAN外相会議。園田外相は六月一六―二〇日、第一回日本・ASEAN外相会議出席およびタイ公式訪問のためタイを訪れた。

(14)　一九五〇年一〇月一日創立。民間レベルで日中友好運動を進めたが、一九六〇年代、文化大革命の評価等を巡り内部の対立が激化し、当時の中国支持派は日中友好協会正統本部と称した。園田の経歴を調べると、一九五四年七月九日、日中友好協会常任理事に選ばれている。園田と初期の日中友好協会との関わりについては(社)日中友好協会編『日中友好運動五十年』(東方書店、二〇〇〇年)でも触れられている。

(15)　**華国鋒**(一九二一―　)　一九七六年、毛沢東死去の直後、毛沢東夫人の江青ら、いわゆる四人組の排除に動き、党主席となり、毛沢東の後継者となった。しかし、鄧小平との党内闘争に敗北。

(16)　**戸村一作**(一九〇九―七九)　農民運動家。一九六六年、三里塚・芝山連合空港反対同盟委員長となり、新東京国際空港建設反対闘争を指揮。

(17) 八月七日の第一三回佐藤・韓念龍会談の際、佐藤大使は訓令に基づき、修正を加えた二つの案文とその訳文を中国側に手渡して、検討を依頼した。第一案は、反覇権条項を条約の中に入れ、同時に「この条約は、第三国との関係に関する各締約国の立場に影響を及ぼすものではない」という別の条項も入れるというものであり、第二案は反覇権条項を書き入れると同時に「両締約国は第三国の利益を損ねる意図はない」と明確にするというものであった。日本側第一案に同意するという中国側の検討結果が一〇日の外相会談で黄華外相から示されたわけである。本書「証言編」所収の張香山氏の文章参照。

(18) 『中央公論』一九五八年九月号に園田は「日中交流に関する意見書——一保守党員の理解と対策」を発表した。

(19) 「示していただきたい」ではなく、「示していきたい」という趣旨であろう。

(20) この一節は意味が通らない。「目の前のことにとらわれ、一国のみを相手にしていると(ソ連と対決することだけにとらわれていると)、日中のこの条約はその中に名存実亡のものとなり……」という趣旨であろうか。

(21) 敵国とは、第二次世界大戦中、国連憲章のいずれかの署名国の敵国であった国をさす。国連憲章は地域的取り決め・機関による強制行動について規定した第五三条、敵国に対して取った行動の効力について規定した第一〇七条において、敵国に対し一定の差別的取扱いを認めている。

(22) **マリク**(一九〇六—八〇) 旧ソ連の外交官。一九五五—五六年の日ソ国交回復交渉でソ連側全権を務めた。

(23) 東南アジアにおける華人と現地住民の抗争に悩んだ中国政府は、華人の現地化を促進し、二重国籍を否定する政策をとった。一九五五年には、中国・インドネシア両国間で、二重国籍防止条約が結ばれ、インドネシア在住華人は条約発効から二年以内にインドネシア国籍、中国国籍のいずれか一方を選択し、自動的に他方を失うことになった。

2　園田直外相・鄧小平副総理会談

解　題

一九七八年八月一〇日に行われた園田外相と鄧小平副首相の会談の模様は翌日の『人民日報』の第四面で報じられている。当時の中国の政界のトップは華国鋒主席であり、八月一二日の園田・華国鋒会談については翌日の『人民日報』の第一面で大きく報じられており、園田・華国鋒会談記録も公開されている。

しかし、園田の中国の要人との一連の会談の中で、鄧小平との会談こそが訪中のハイライトであった。後に園田は鄧小平との会談について次のように回想している。「私が、外務大臣在職中に経験した数ある会談の中で最も気の抜けない、はりつめたものだった。鄧小平副総理の小さな身体から出る静かな気迫に押されそうになるのを感じつつ、こちらも気迫をみなぎらせて対応した」(園田直『世界日本　愛』第三政経研究会、一九八一年、一八五頁)。

残念ながら、両者の応酬の中で、尖閣諸島(釣魚島)の帰属をめぐる部分は公開されていない。日本外務省は領土がらみの文書の公開には極めて慎重である。一九七八年の尖閣諸島問題というのは、同年四月、中国魚船群が尖閣諸島周辺の日本が領海と主張する範囲内に入り込んで紛糾したことを指す。中国側文献によれば、釣魚島問題、大陸棚問題について鄧小平は次のように発言している。「このような問題については、今は突き詰めるべきではない。わきに放っておいて、後でおちついて討論し、双方とも受け入れられる方法をゆっくりと相談すればよい。今の世代が方法を探し出せなければ、次の世代、さらにその次の世代が方法を探し出すだろう」(中共中央文献研究室編『鄧小平思想年譜(一九七五―一九九七)』中央文献出版社、一九九八年、七四頁)。要するに尖閣諸島の帰属問題の棚上げ論である。

一方、園田自身は次のように回想している。「私は意を決して、尖閣諸島についての日本政府の立場を説明し、この間のような事件がないようにしてもらいたいと申し入れた。それに対し、鄧小平副総理は、あの事件は偶発的なものであり、中国政府がこの問題で問題を起すようなことはないと信じて欲しいと述べた。これで、私は最後の関門をくぐり抜けた」(園田直前掲書、一八四頁)。

八月一二日午後、日本政府は臨時閣議を開き、領土などの国益も満たされているとの判断で一致し、条約調印を閣議決定した。しかし、尖閣諸島の帰属問題につき、棚上げすることで日中間の合意ができたとする中国側の見解と、日本側の主張が貫かれたとする日本側の見解は食いちがったままである。

ここに収めた公電は第一六三二号が八月一一日午前〇時五二分に、第一六三五号が同四時一〇分に、第一六三六号が同三時五〇分に、一六三一号が同一時に、第一六三七号が同三時に中国から本省あてに打電されている。

鄧小平副総理の福田総理への謝意表明（鄧小平との会談）

第１６３２号　極秘　大至急（限定配布）
福田総理へ　園田大臣より

一〇日の本大臣と鄧小平副主席兼副総理との会談において、以下の通り同副総理より本件謝意表明の伝達方依頼を受けたので御報告する。

1．会談の冒頭、本大臣より、「今回は、非常に無理な情況にあったにもかかわらず、福田総理の適確な御決意と御決断により自分の訪中が決定され、自分としても福田総理の御期待に応えるべく、そして自分の愛する中国のために、更に中国よりももっと愛する日本のために何とか今回の条約交渉を円満にまとめるために努力すべく最大の決意をもって来訪した次第である。短時間の間に迅速かつ周到に諸準備を行われ、自分を暖かく迎えて下さったことに感謝する」旨発言したところ、鄧副総理は、会談の最後において「貴大臣閣下より、本日でも明日でもよいが、私が福田総理の今回の御決断に感謝する旨お伝えいただきたい」と述べた。

2．更に、鄧副総理は、右会談終了後引続いて行われた同副総理主催の晩餐会において簡単な挨拶を行ったところ、同挨拶の最後に「福田総理の御決断に感謝し、また福田総理の御健康のために乾杯」と述べた。

園田大臣と鄧小平副総理との会談（条約関係）

第１６３５号　極秘　大至急（限定配布）

往電第１６３０号[1]に関し、

会談の条約関係部分、次の通り。

１．鄧副総理の述べたところ、次の通り。

（１）中日国交正常化は、遅れたが正常化以来の発展は遅くなく具体的なことは、各協定により確認されている。残された問題は、両国関係を政治的に如何に表現するかの問題である。

絶対多数の政治家と人民は、両国間の政治的文書を設け、これによって中日友好関係を更に強固にしたいと願っている。この仕事は、田中総理、大平外相時代から始められたものである。両国の国交正常化が実現し、国交を樹立し、中日共同声明を発表した。その後の歩調はもっと早くなければならなかったが遅かった。現在は、それを完成すべき時である。先般来、韓念龍副部長と佐藤大使は、政府間の会談を友好的に行ってきた。これは、討論であるから表現の問題その他で意見の違いがあるのは当然のことである。双方とも妥結したいとの願望を持っていることをお互に理解している。

共通の言葉をみつけて表現することが我々の仕事である。

（２）私は、園田先生が積極的かつ断固たる態度をとっていることを知っている。これに感謝する。園田先生は、自ら北京に来て会談に参加し、共同の合意に達するよう努力してきた。この時点で言えることは、主要な事項において双方が大体の意見の一致をみたことである。東京の方で総理が最終的に確認したか否かは知らない。もし東京も同意したとするならば、残された問題は、具体的仕事である。閣下が来られたのであるから、条約会談以外に国際問題について意見を交換したい。閣下の訪中を感謝し、歓迎する。

2．これに対し、園田大臣は、鄧小平副総理と会談できたことに謝意を表明し、日中平和友好条約に関し、次のとおり述べた。

（イ）日中平和友好条約の締結は、双方の熱意と、黄華外交部長、韓念龍副部長、佐藤大使の尽力によって閣下が言われたように数時間後には妥結するものと確信する。この条約の締結は、目的ではなくて出発点であると心得ている。我々は、過去の苦労を振り返らず、未来に向かって進むべきであると考える。人類が新しい時代に生きるという新秩序を作るべき時であると考える。この新秩序を作る出発点が条約であり、場所はアジアであると心得ている。日中が率直に話し合い、それぞれの立場から日中両国のそれぞれの役目を話し、尽すべき任務を考えるべきであるが、その出発点が条約であると考えている。

（ロ）中国に対してお願いがある。中国は、日本やアジアに対し非常な勢いで繁栄し、非常な勢いで強くなることは事実である。その場合でもどこかの国のように覇権を求めることのないようにしてもらいたい。アジアと一体となれば、アジアの平和と安定が訪れよう。これを前提に日中が明日から行うべきことが沢山ある。その一つは、アジアの平和と安定を脅かそうとする者に対し、立場と手段は違うが、これにどう対抗するかということであり、すなわち反覇権である。

3．園田大臣が更に日中間の各種交流の促進について述べた後、鄧副総理は、条約問題に関し、次のとおり述べた。

（1） 閣下は、反覇権について述べたが、中日平和友好条約の重要性は、反覇権にある。反覇権の条項は、第三国に対するものではないということはもっともであるが、覇権を求めるものにはそれに対するものである。中日両国自身、例えば日本が覇権を求めるなら日本自身が日本に反対しなければならず、中国が覇権を求めるならば中国自身が中国に反対しなければならない。私は、かつて多くの日本の友人にこの点を強調した。中日共同声明にある覇権反対を堅持すべきであり、この理由として次の四つがある。

第一に中国は、日米関係の重要性を終始認めている。米国は、この条項に反対するはずがない。

第二に、中国が条約にこれを書き入れることは中国自身の拘束である。現在中国は覇権を求める資格はない。将来、四つの近代化実現後も、[2]中国は永遠に第三世界に属し、覇権を求めることはない。もし中国が覇権を求めると、世界人民は中国人民と共に中国に反対しなければならない。[3]従って、反覇権条項は中国自身の拘束である。

第三に、反覇権は、日本に対しても拘束である。少なくともアジアにおける日本の印象を改める条項でもある。しかしこれによって、日本は自己の武装力を持つべきではないということでは決してない。中国は、日本には、自分を守る自衛の武装があるべきであると一貫して主張した。[4]

第四に、これを条約に書くことにより、日本の北方領土復帰に役立つ。ソ連がこの条項に反対することは、ソ連が本体をさらけ出すことになる。なぜ、それをソ連が恐れるか自明の理である。私は以上四つの理由で反覇権を主張してきた。

(2) 一部には、ソ連への気がねがある。日本には、青嵐会(5)のような組織があるが、これは構わない。反覇権条項は、中国と日本人民、アジア人民、世界人民の利益にかなうものである。今回の条約の中のこの条項は、文字上の修正は加えたが、実質の精神は残っている。私たちがこの点必要であると考え、合意に達したことは、大切なことである。条約が、第三国に対するものではないことは当然のことである。覇権を求め、また戦争を求める者があれば、これに反対しなければならない。この文書が出来れば、これは閣下の言われるように過去の政治的総括だけではなく新しい出発点でもあり、この点全く同感である。

(3) 中日両国は、環境も言葉も異にする。しかし、大同を求め、小異を残すことはできる。私たちは、より多くの共通点を求めることに意を用いるべきである。両国は、相互に協力し、援助し、相互に力を貸す道を見出すべきである。条約は、この方向を肯定する性質を有する。この条約は、貿易、海運、航空、漁業の諸協定とは性質が異る。この条約は、新しい出発点である。残念なことは、これが遅れたことである。閣下は、今の時機を逃してはいけないと言われたが、これは私たちが言いたいことである。

4. これに対し、園田大臣より、次のとおり述べた。

(1) 覇権の問題については、中国の覇権であろうと、日本の覇権であろうと、だれの覇権であろうと我々は、闘わなければならない。これは、既に黄華外相に述べた。申上げたいことは、モスコーを訪問しても、いささかもソ連に屈服しなかったことである。ソ連は、条約の締結に抗議し報復手段を講じるという声明を出していることは承知のとおりである。その場合、わが国は、日中間のことに他国が容喙《ようかい》すべきではないと言い、いささかも動揺しないし、屈服もしなかった。

（2）ソ連であれ、米国であれ如何なる国の覇権行為に反対することは、国民も納得している。真に日中友好であり、反覇権であるならば国民も納得するが、中国がソ連と対立関係にあるので、ソ連の戦略の中に引きずり込まれると国民に不安があるので、この点についての中国の考慮を願いたいということであった。（ここで、鄧副総理は、「現在の案文は、最大限にこの点を考慮したものである」旨述べた。）その通りである。日本側は、反覇権については、全く変りがないから安心していただきたい。

5．なお、鄧副総理は、「ここで相談すべき条文があるか」と聞いたので、園田大臣より「まとまっている」と答えると、鄧副総理は、「これは、韓副部長と佐藤大使の間で行えばよい、主要な問題は存在しなくなった、残るは技術的問題である」と述べた。

園田大臣と鄧副総理との会談（国際情勢）

第1636号　極秘　大至急（限定配布）

往電第1630号に関し

本件に関する鄧副総理の発言及び園田大臣とのやりとり次の通り。

1．中越関係

中国とヴィエトナム(以後越)との紛争は非常に長いものである。少なくとも六〇年代の始めから、越は教科書の中で、大昔の話をとり上げ中国を中傷してきた。例えば漢時代のことをとり上げ、バ元[6]という将軍がヴィエトナムを侵略したと言っている。また彼らは自分達の脅威が北方からやって来ると公言している。こういう事情があったにもかかわらず中国は、越が民族独立の道を歩んでいたので援助を行った。援助の額は当時の米ドルで一〇〇億ドル以上になる。現在の米ドルに換算すれば二〇〇億ドル以上になる。我々はこれらの援助をしたことについて後悔はしていない。これらの援助の大部分は無償であり、一部のものは利息なしのもので、極く一部は利息付きであった。現在の情況では、越はこの利息を返却するかどうか分らない。中国がソ連から借款を受けた時、ソ連はこの債務取り立てを中国に迫った。しかし中国は越に対しこれらの債務の取り立てはしない。このことを余り気にしていない。現実には中国は技術援助を停止しただけである。

問題は、越が何ゆえに中国に対抗するかである。これも一種の覇権主義の問題だと言える。われわれは世界覇権に反対すると同時に地域的覇権にも反対する。越が中国に対抗する主要な原因は、越が地域的覇権を求めることに求められる。越は地域的覇権を求めるに際して中国が障害になると考えている。これが中越対立の主要な問題点である。

中国は越に対する援助を打ち切ったことにより越がソ連に寝返ることを心配してはいない。元々その心配はないからである。越は既にソ連に寝返ってしまっている。越がソ連の軍事基地になってしまうという不安を持つ国があるかも知れない。しかしこれも不要な心配である。越は既にソ連の軍事基[7]地となってしまっているからだ。一カ月前、米国の代表団が訪中し、私はその代表団と会見したが、私はその代表団の、越にソ連の軍事基地が建設されるかも知れないという心配に対し、こう説明した。つまり越には新たに軍事基地を建設する必要がない。米国が既に建設してしまったからである。残った問題は、それをソ連が使うか否かということであるが、ソ連は今や、米国が建設した軍事基地を使用している。

園田大臣閣下は、昨日、黄華外交部長に対し、越に経済援助を与えると言われたが、これはよいことである。しかし一、二億ドルの経済援助で越を引き付けておくことは無理なことだ。中国は何らの代価なしに二〇〇億ドル以上の援助を与えたが、越を中国側に引きとめておくことはできなかった。一、二億ドルの金では到底できないことだ。

越は今、いたる所に手を出して援助を求めている。これはソ連の差し金でそうやっている。日本に手をさし出しているのみならず米国にもさし出している。以前は、米国との国交樹立に様々な条件をつけていたが、今や無条件で米国と国交樹立を図ろうとしている。またASEAN諸国にも積極的に働きかけ、ASEANに加盟したい等と言っている。ASEAN加盟の政治目的は、キューバが非同盟諸国の中で果しているのと同じ役割をASEANの中で果たそうとするものである。それはASEANの組織を破壊し、アジア集団安保体制(8)を作ろうとねらうソ連のために働こうとするものである。

ソ連が越に対し、外に手をさし出すようそそのかすのは、ソ連が越を助けるという荷物を背負い切れないからだ。越は現在人民一人当り月一〇キロの食糧しか供給できない。ソ連が越に与えられるのは使い古しの武器だけである。越のために、衣・食・住のすべてにわたり援助する能力はソ連にない。ソ連は、第一の措置として、この荷物をコメコン諸国(9)に負わせようとしている。越がコメコンに加盟すればコメコン諸国が越の援助という荷物を分担することになり、ソ連の負担が軽くなるからだ。私の考えでは、越という荷物はソ連自身が担うべきだと考える。過去において中国は越に大量の援助を与えた。越は一方で中国の援助を享受しながら、他方で中国の悪口を言っていた。今ソ連は中国がかつて担っていた役割を果たす時だ。世界各国の経験に照らすと、ソ連とは関係の古い国の方が多くの問題が生じる。例えばエジプトにしろ、ソマリアにしろ、インドにしろ、付合いが長くなればなるほどソ連に対する認識が深まり、ソ連から離反していくことになる。われわれはソ連に越という荷物を負わせよう。越の対ソ姿勢は早晩変るに違いないだろうが、ソ連にこの荷物を負わせれば、越の対ソ姿勢の変化はもっと早くなる。

我々のこのような考え方は妥当でないかも知れない。しかし今の話は日本の皆さんだけではなく、米国、ヨーロッパ、東南アジア諸国の人々にも話している。私は一一月にマレイシアとタイを訪問する予定だが(10)、これらの国の指導者とも上述のような話をするつもりである。

2．カンボディア問題

大臣　タイのクリアンサック首相(11)は、私の親友である。彼が一番困っているのはタイとカンボディアの国境紛争である。

副総理　先般イエンサリ副首相(12)がタイを訪問した時、この問題につきうまく話がついたようだ。イエンサリはタイの指導者に、タイにとって越に支配されたカンボディアと、独立自主のカンボディアとどちらが望ましいのかと言ったそうだ。カンボディアの物事の処理はうまく行っている。

中国は全般的に言って日本の対カンボディア政策に賛成する。中国はタイとカンボディアの仲がうまく行くよう望んでおり、また双方にそれを勧めている。

大臣　私も同感であり両国に同じことを言っている。カンボディアは対内的にも対外的にも遅れている。これからは、いろいろな面での歩みを速める必要があろう。越は対外的に宣伝が上手だが、これに比べカンボディアは宣伝が下手だ。

副総理　そのとおりだ。カンボディアは外国に代理を出すことすらできない。国際交流の経験が極めて少ない。しかし(ヴェトナムに比べて)カンボディア人民は腹一杯食べている。

園田大臣と鄧小平副総理との会談（中ソ同盟条約）

第1631号　極秘　大至急（限定配布）

往電第1630号の本件会談の際の中ソ友好同盟条約[13]に関する鄧副主席の発言詳細次のとおり。

〔二行分伏字〕

外交部長との会談の中で中ソ友好同盟条約の話が出たようである。この条約は、私が日本の友人に数回にわたって話したように、実際上とっくに効力を失っている。今また正式に政府レベルにおいて、この条約は既に効力を失っているとここに明言する。我々が何らかの方式によりこのことを言明していないのは、我々がこの条約を重要視していないことの証拠である。この条約の規定としては期限満了の一年前までに一方が廃棄することを通告しないと引き続き有効となる。期限満了となるのは再来年であり、来年四月には何らかの形でこの条約の廃棄を宣言(中国語では宣布)するつもりである[14]。本来ならば現在でもこのような宣言をできるのだが、一年前との規定があるので一年前に宣言する。（ここで園田大臣より、そのことを外部に出しても構わないかと質問したのに対し）構わない。個人の考えだが政府の正式な声明のような形ではなく、例えば新華社が命を受けて発表することが適当だと思う。個人の考えでは、政府声明の形だと、この条約をあまりにも重要視していることになる。これまでも度々述べてきたことであるが、この条約は既に失効していることをこの席で正式に日本政府に対し申し上げる。

園田大臣と鄧小平副総理との会談（訪日招請等）

第１６３７号　極秘　大至急（**限定配布**）
往電第１６３０号に関し

1．一〇日の本件会談の終り近くで園田大臣より、「貴副総理がなるべく早い時期に夫人とともに日本を訪問されるように日本政府と国民を代表して正式に御招待申上げる」と述べられたところ、鄧副総理は、「御招待を感謝する。私もそういう機会があることをうれしく思う。何も話す問題がなくても日本は景色もいいので訪ねたい。サクラの季節は何時か（疑問符）」とたずね、大臣より、「四月だがそれでは遅過ぎる、菊か紅葉の時期が良い。いやもっと早い方が良い」と述べたのに対し鄧副総理は、「検討します」と答えた。鄧副総理は更に、本来はこの条約を日本で調印する際には自分が訪日して調印しようと思ったが、そのような名目がなくても友人も多いので訪日できる旨述べ、大臣より条約の批准書交換は日本で行いたいのでその際来られることを歓迎する旨述べられたところ、鄧副総理は、更に、そのような大きな仕事がなくても訪問したい旨述べた。[15]

2．上記に引続き行われた鄧副総理主催非公式晩餐会の終了時、席を立つ際、園田大臣より鄧副総理に「この次は東京でお目にかかりましょう、お待ちしています」と述べたのに対し鄧副総理は「また会えます、私は条約の調印式に出るつもりです」と答えた。

注

(1) 一九七八年八月一一日〇時四五分中国発、一時四七分本省着の公電。日中間には時差が一時間あるので、二分後に着いている。一〇日午後四時三五分から六時二五分まで園田・鄧小平会談が行われ、「友好裡に率直な意見交換を行った」ので、会談内容を追電する旨、報じている。同会談の同席者について、日本側は佐藤大使、高島外務審議官、中江アジア局長、大森条約局長、堂之脇公使、田島中国課長、佐藤行雄秘書官の名前を挙げ、中国側については黄華外交部長、韓念龍副部長、廖承志・中日友好協会会長、王暁雲亜洲司副司長、沈韋良国際条法司副司長、丁民・日本処処長らの名前を挙げている。

(2) 農業・工業・国防・科学技術の近代化を指す。一九六〇年代から叫ばれたスローガンで、一九六四年一二月の第三期全国人民代表大会第一回会議の政府活動報告の中で、周恩来はあまり長くない歴史的時期に四つの近代化を実現しなければならない、と述べ、なぜ西側のブルジョアジーができることを東方のプロレタリアートができないのか、と中国人民を励ました。その後、文化大革命の混乱により、このスローガンは一〇年間忘れられていたが、一九七六年一〇月二五日の『人民日報』『紅旗』『解放軍報』三紙誌共同社説で復活。一九七七年八月の第一一回中国共産党大会で党規約に盛り込まれた。

(3)　この一節は、一九七四年四月一〇日、国連資源特別総会での鄧小平演説の一節を彷彿とさせる。鄧小平は中国が第三世界に属すると指摘したうえで、次のように述べていた。「もし中国が変色し、超大国となり、世界で覇を唱え、至るところで他国をあなどり、侵略し、搾取するようなことになれば、世界人民は中国に社会帝国主義のレッテルをはるべきであり、それを暴露し、それに反対すべきであり、また中国人民とともにこれを打倒すべきである。」

(4)　サンフランシスコ講和会議開催前の、一九五一年五月二二日付けの「対日平和条約準備作業に関するソ連政府提案を支持する旨の周恩来外交部長の書簡」は、次のようなソ連の主張に賛同していた。「日本軍国主義の復活を阻止するため、日本軍隊の大きさについて、条約の中で制限されるべきであり、イタリア平和条約で規定されているように自衛のための必要を越えない程度とする」。日本国の保有できる軍事力は自衛の範囲内に制限すべきだとの主張である。中国を除外したサンフランシスコ平和条約が結ばれた後は、中国は、日本人民は自衛の軍備を持つべきだが、アメリカ支配下の侵略武装には反対する、という主張をするようになる。一九五三年九月二八日、周恩来は大山郁夫教授に対し、「我々は独立、民主、平和、自由の日本は、その自衛の武力をもつべきであると考えています」と述べた。同年一〇月二八日には郭沫若副首相が日本の訪中議員団に対し「日本人民の独立、自由、民主をかちとるために、日本人自らの武力をもつのは当然です」と述べている。

(5)　一九七三年七月、自民党国会議員が結成。座長中尾栄一代議士。自主憲法制定等、タカ派の政策を打ち出す。親台湾の立場から日中航空協定の締結に反対した。しかし、一九七六年の福田内閣の成立後、活動が鈍り、自然消滅。

(6)　「バ元」(元の中国語の音はYuan)は、後漢の初、徴側・徴弐姉妹の反乱を平定するため、光武帝によって派遣された馬援(中国語の音はMay uan)を指す。馬援の遠征により、中国のベトナム支配は一段と強化された。

(7) 鄧小平は一九七八年七月九日に米国会議員団と、七月一〇日に大統領科学技術顧問プレス博士を団長とする米高級科学代表団と会見しているが、外交部副部長王海容、駐中国連絡事務所長ウッドコックらが同席していた米国会議員団と会見した際の発言である可能性が高い。

(8) 一九六九年、ブレジネフ・ソ連共産党書記長が世界共産党会議で提唱した。ソ連とアジア諸国間で、二国間あるいは多国間条約を結んで、集団安全保障体制を構築することを目指した。しかし、中国は中国封じ込めを狙っているとして反対した。

(9) 経済相互援助会議。コメコンは西側での通称。一九四九年、ソ連・東欧諸国を中心とする社会主義諸国間の経済協力機構として設立された。原加盟国はソ連、チェコスロバキア、ハンガリー、ブルガリア、ポーランド、ルーマニア。一九七八年六月、ベトナムはコメコンに正式加盟した。

(10) 鄧小平は一一月五日からタイ、マレーシア、シンガポール、ビルマを訪れ、一四日、帰国した。

(11) **クリアンサック**(一九一八―) タイの軍人、政治家。一九七七年一〇月、国軍最高司令官。同年一一月、首相(八〇年三月辞任)。

(12) **イエン・サリ**(一九三〇―) 元ポルポト派最高幹部。元民主カンボジア副首相。

(13) 正確には中ソ友好同盟相互援助条約。

(14) 実際には、一九七九年四月三日、黄華外相がシチェルバコフ中国駐在ソ連大使を招いて、中ソ友好同盟相互援助条約を翌八〇年の期限満了後、延長しない、という中国政府の決定を伝えた。同条約は一九五〇年四月一一日、両国で批准されたが、有効期間三〇年であったから、八〇年四月一〇日に期限満了となる。

(15) 鄧小平は一九七八年一〇月二二―二九日、訪日し、二四日の日中平和友好条約の批准書交換式に出席した。

証言編

毛沢東主席と会談した田中角栄首相(中)と大平正芳外相.
1972年9月27日(新華出版社刊『毛沢東画冊』より)

第一部　日中国交正常化交渉

1　歴史の歯車が回った　流れ決めた周首相の判断

——「特使もどき」で悲壮な決意の橋渡し

竹入義勝

日中の国交回復交渉で中国側の考え方を引き出した周恩来首相との会談を記録した、いわゆる「竹入メモ」の記録を収録した『記録と考証　日中国交正常化・日中平和友好条約締結交渉』が出版されると聞いて大きな感慨を覚える。日中復交の過程を検証するのに役立つし、あらためて復交の意味をかみしめ、日中友好の促進、そしてアジアの安定、世界平和へつなげて欲しいと思うからだ。(関係者の肩書は当時)

情報公開の壁、当事者も実感

この「竹入メモ」は周恩来首相との会談が終わって、中国側通訳の王效賢さんと念入りに摺り合わせしながら取りまとめたもので、迷いのあった田中角栄首相を決断させた歴史的文書でもある。当時、原本は大平正芳外相を通して外務省の金庫に入ってしまったが、私が公明党委員長職を離れて私人となった段階で、外務省に「文書を見せて欲しい」と頼んでも、拒否された。「提供した当事者にも見せないのか」と怒ったことを思い出す。その後、日中復交二五周年前後に個人的なパイプを通してコピーを手にしたが、当時の情報公開の壁がいかに厚いかを味わうことになった。

「歴史の歯車がキリキリと回るのを聞いたようだった」

この「メモ」をまとめながら、会談に同席した正木良明公明党政審会長は中国側の提案を聞いたときの感想を述べた。まさに歴史の大きな歯車が回っていた。大きな歴史の必然の中で、周、田中両首相という両巨人の大きな歯車をつなぐ小さな歯車の役割を果たすことができ、政治家冥利に尽きるとあらためて思う今日この頃である。

復交して三〇年も経つと、歴史の必然の方が前面に出て、当たり前のように流れができたように思われがちだが、現実の動きは単純ではなく逆流の動きを常にはらみながら偶然性も加わって歴史的事実が作られていくのだ。歯車の噛み合わせがすこしでも狂えば、日中復交の日程は大幅にずれることもあったのではないか。そんな歴史のひだを証言できれば、廖承志中日友好協会会長が私にいってくれた「歴史の生き証人」の責任をいくらかでも果たせる。歴史の事実は重く、恣意的に変えられるものではない。当事者の証言として「竹入メモ」の真実を綴ることにした。

意外なほど慎重だった田中首相

一九七二年七月の周首相との会談は田中首相の意を受けて臨んだのかというと、その裏打ちは全くなかった。田中首相、大平外相とも日中復交は実現しなければならないという姿勢ではあったが、実際に一歩踏み出すのには慎重、むしろ消極的でもあった。田中首相や大平外相の側近らが書いた回想録の中には、政府首脳が私を特使として送ったようなことを書いているものもあるが、事実は逆で、紹介状など一筆も書いてくれなかった。

訪中する前に四、五回、大平外相に都内のホテルで会った。田中首相は日中復交をやる気があるのかと私は何度も問い質した。外相は目玉焼きとパンを食べながら「各種ルートで中国側と接触し情報を集めている」「いろいろなことを検討している」と、のらりくらりと繰り返すだけ。「宜しく」という言葉はなかった。

仕方なく訪中の前々日の夜、東京・目白の田中邸に密かに入った。いつものようにしょうゆをたっぷりつけて寿司を食べ終わった田中首相から出た言葉は、信じられないくらい後ろ向きの発言だった。

「竹入君よ。俺は総理になったばかりだ。日中に手を着けたら台湾派の抵抗は強く、田中内閣は吹き飛んでしまう。俺は日中を考える余裕もないし、今はやる気がない」

「それなら、これだけは頼みたい。竹入は極めて親しい友人だと一筆、書いて欲しい」

「それはできない。代理と受け止められる」

けんもほろろだった。総裁選や首相就任時に語った日中打開の意気込みとはまるで違っていた。日本政府のカードを持って行こうとした目論見は外れ、切り札なしの訪中となった。手ぶらでいくわけにはいかない。正木政審会長にすぐ電話して、これまでのデータから日本側の考えをまとめるよう指示した。中国や日中推進派の考えを離れてこの条件なら日本側、すなわち国民の誰もがのめる基本的な柱を書き出してもらった。

私はこの訪中が勝負所と思っていた。七二年五月の二宮文造公明党副委員長を団長とする訪中で、周首相に伝えてもらった私の自民党総裁選の予測が的中していた。選挙結果を受けて中国側から私の中国招請が届き、事態が動き出すことを直感した。二宮訪中団に伝えた私の分析は、福田赳夫外相が田中角栄通産相を凌いで優位という大方の予想とは違った。「今は佐藤栄作首相が望んでいる福田さんが優位かもしれないが、田中さんの行動力は相当なもので他派閥への働きかけも活発だ。大戦争になるが福田さんは勝てない」というものだった。

周首相は田中当選説に驚いたらしい。中国外交部は当時ほとんどが福田当選と見ていた。周首相は田中通産相へ「中国にこられる時は北京空港をあけてお待ちしています」の伝言を依頼してきた。中国側のラブコールをひしひしと感じた。私と二宮さんで田中通産相に周首相のことばを伝えにいった。田中通産相はその時も「ああそうかい」というような素っ気ない反応だった。

一方、支持母体からも訪中するなという圧力がかかり、それを押しきっての訪中だけに、何か成果がなければ帰ってこられなかった。幹部は自宅にまでやってきて「何も田中首相を助けるために行くことはない。破門されるぞ」とまで言った。手ぶらで帰れば、後ろから鉄砲で撃たれかねなかった。

賠償請求放棄に体が震える

七二年七月二五日、香港経由で中国入りした。深圳には機関車と展望車の二両だけの特別列車が待っていて、広東から飛行機でその日のうちに北京入りするという当時の最短新記録をつくった。宿舎の北京飯店に入ったのが夜一〇時過ぎ。廖承志中日友好協会会長が待っていてすぐ会談をやろうというので「うどんくらい食べさせて」と一呼吸入れた。当時は通常三日くらいかけて入ったのに超特急だった。会談は夜中に始まって、正木さんにまとめてもらった竹入私案を説明した。翌日、再度聞かせてくれというので詳しく説明した。

「日中正常化はいま困難な時期に来ている。この条件を中国側がのめなければ正常化は難しいのではないか。私たちがいってきたことと正反対のものもある」。自民党の党内状況、田中内閣の成立の状況などを説明しながら、条件を示した。日米安保条約は認める、日台条約は破棄しない、日台交流は維持する、の三項目を中心にすえた日本側見解だった。政治情勢も「田中首相は党内がまとまらず日中打開ができなければ衆院を解散する考えだが、いまは解散を延期し、中国訪問を決意している」と踏み込んだ解説までした。

二七日に周首相と第一回の会談をした。座り方が変わっていて、大久保直彦公明党副書記長、正木政審会長、周首相、私、廖会長ら中国側、というもので、互いに仲間内の顔も見ながらしゃべれるように組み合わされていた。恐れたのは「田中首相の決意は」と聞かれることだった。幸いズバリ質問はなかったが、最大の関心事であるので、田中首相が今後、積極姿勢に転ずる期待感を込めて雰囲気を伝えるようにした。「二宮訪中団のときの周首相伝言が田中首相に勇気を奮い起させたと思います」「決意が実行されるかどうかはこれからのことです」など苦心の表現が続いた。第一回会談は日本側の考えを説明するのが中心だった。私は個人的見解だと言いたかった。しかし、周首相が「あなたは田中首相の伝言を持ってきているのです」などと発言し、違いますと言える雰囲気ではなかった。

第一回会談で最も衝撃だったのは、中国側が賠償請求を放棄することをいとも簡単に、抵抗感もなしに周首相が毛沢東主席の決断として口にしたことだった。私は五百億ドル程度払わなければいけないかと思っていたので、全く予想もしない回答に体が震えた。田中首相が訪中し共同声明を出す場合、

「中華人民共和国は唯一合法政府」「台湾は中国の領土の一部」を明確にする必要があるか聞いたのに、周首相は「毛沢東主席に報告し党内で討議します。毛主席は賠償請求権を放棄すると言っています」と答えた。「中国は日清戦争で二億五千万両の賠償を払ったが、中国民衆はこのための重税でいかに苦しみ、いかに過酷であったか。日本国民にそれを求める気はない。戦争の責任は国民にはなく、国民に負担させるのはよくない」

賠償請求の放棄を「共同声明に書いてもよい」というので、感激しながらお礼を言ったら「当然です。国交を実現させ次の世代のことを考えなければなりません」。周首相の言葉がジーンときた。日本の心を読んでいた。日本側に仮に払う気持ちがあっても、中国側が賠償問題を言い出せば、自民党側がまとまらなくなることも見抜いていた。

中ソ対立で日米安保は棚上げ

第一回会談で、共同声明を出す場合、日米安保条約に触れない方針が示された。世界情勢は、ニクソン米大統領の訪中で中国包囲網に変化をもたらしていた。六九年の佐藤・ニクソン共同声明にも触れないでよいという。田中首相が正常化で決断したときは、米国に相談に行きますよと、了承を取り付けた。周首相は、「もし米国がクレームを付けるようだったら、大統領やキッシンジャーに直接話してあげます」と言っていた。やり取りの中で引っかかったのは、日台条約など台湾問題だった。

この前年に訪中した時、中国側は「日米安保は中国に向けられたものだ」と言ってきかなかった。それが一年で、様変わりした。米中和解というのが大きかった。このときは「米帝侵略主義」の言葉も出てこなかった。背景は、中ソ対立。「中ソは八千年は和解しない。本当は一万年だが、まけて八千年」といった冗談話も出た。中ソ論争で、ソ連がそれまでの投資を返せといって、機械類まで引き揚げてしまい、いかに大変だったかをこぼす場面もあった。米国、日本と早く友好関係を確立して、ソ連封じ込めを図ろうとする中国側の意図がくっきりと見えた。

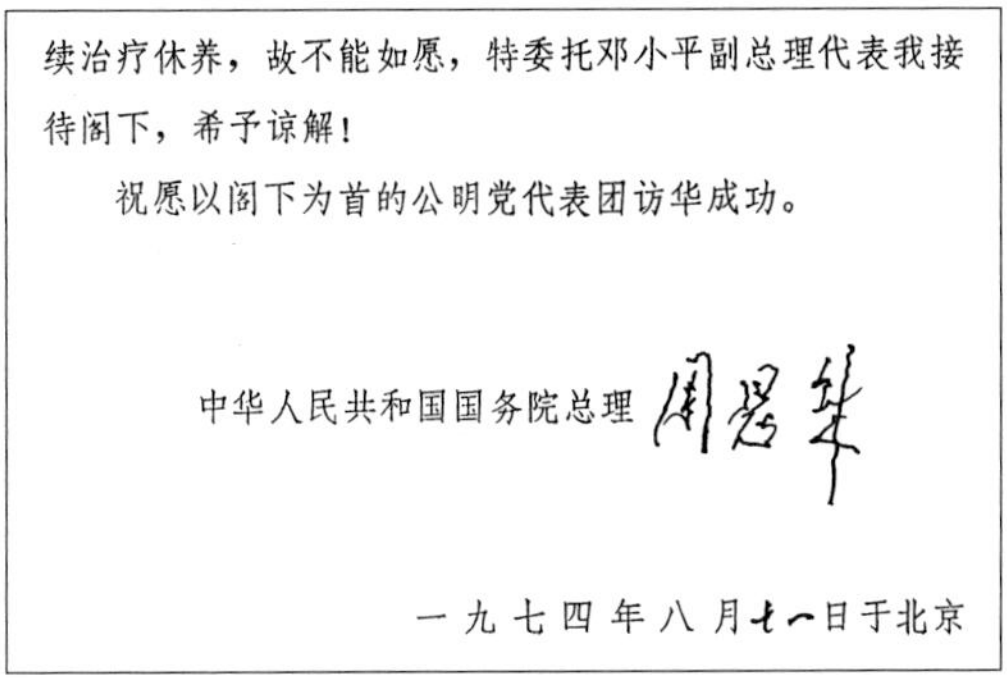
续治疗休养，故不能如愿，特委托邓小平副总理代表我接待阁下，希予谅解！

祝愿以阁下为首的公明党代表团访华成功。

中华人民共和国国务院总理　周恩来

一九七四年八月七一日于北京

74年に訪中した時，鄧小平副首相を紹介した書簡に記された周恩来首相の署名.

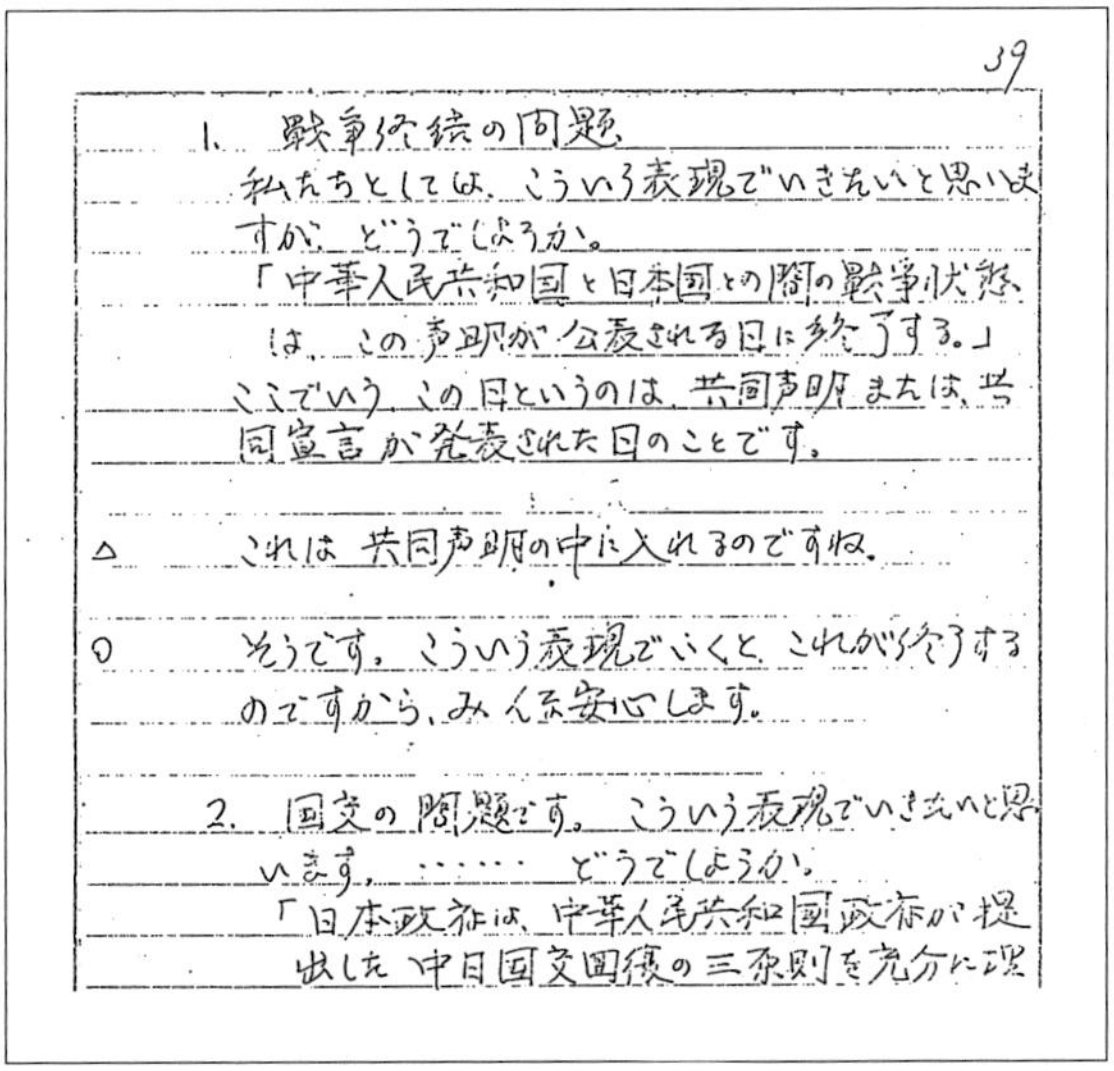
39

1. 戦争終結の問題

私たちとしては、こういう表現でいきたいと思いますが、どうでしょうか。

「中華人民共和国と日本国との間の戦争状態は、この声明が公表される日に終了する。」

ここでいう、この日というのは、共同声明または共同宣言が発表された日のことです。

△　これは共同声明の中に入れるのですね。

○　そうです。こういう表現でいくと、これが終了するのですから、みんな安心します。

2. 国交の問題です。こういう表現でいきたいと思います，……　どうでしょうか。

「日本政府は、中華人民共和国政府が提出した中日国交回復の三原則を充分に理

周首相との会談内容を記録した「竹入メモ」．共同声明の中国側草案を周首相が話し始めた部分.

尖閣列島の帰属は、周首相との会談で、どうしても言わざるを得なかった。「歴史上も文献からしても日本の固有の領土だ」と言うと周首相は笑いながら答えた。「竹入さん、我々も同じことを言いますよ。釣魚島は昔から中国の領土で、我が方も見解を変えるわけにはいかない」。さらに「この問題を取り上げれば、際限ない。ぶつかりあうだけで何も出てこない。棚上げして、後の賢い人たちに任せましょう」と強調した。「あの辺が油が出るというものだから、ごちゃごちゃする。だから共同開発がいい」ともいう。「日本の領土だから、共同開発はない」と私は反論した。気負う私に、周首相は終始にこやか、まともに取合おうとはしていなかった。会談記録も二回目の会談でわずかに触れているだけだ。

「ボンボリに灯をともそう」と周首相

二九日の三回目の会談は、先に夕食会が開かれた。「日本の桜にはボンボリがよく似合う。今日は私がぼんぼりに灯をつけてさしあげます」と周首相はいった。随分、情緒的なことをいう、桜は公明党のことか、と思った。さらに周首相は「一〇年来、医者から酒は禁じられているが、今日は飲みます」といって乾杯した。

人民大会堂の部屋を移して会談が始まった。広い部屋に会談用の椅子が並べられ部屋の空間が大きく広がっていた。「それでは中国側の考えを示します。これは毛沢東主席の批准を受けたものです」。「第一、戦争終結の問題は……」。周首相が読んでいるのは、国交正常化の共同声明に向けての中国側草案そのものだ。まさに共同声明の交渉になっていた。「ボンボリに灯をともそう」とは私たちに花を持たせる予告だった。ハレーションを起こしたように、頭の中が真っ白になった。そして、どっと不安も押し寄せてきた。『特使もどき』をやって、田中首相が腰をあげなかったらどうしよう。ハラキリだな」。思いは駆け巡った。周首相の読み上げるのを冷静に見ていた正木さんは、読み上げていた紙に毛主席の署名があったという。私は周りを観察する余裕などなかった。

読み上げたのは共同声明に盛り込む八項目、台湾に関する黙約事項三項目だった。安保条約や日台条約には触れず、賠償請求もせず、訪中当初に示した要求は充たされており、満足するものだった。反覇権条項については留保した。直感的に、将来問題になるなと思ったからだ。台湾の扱いに関する黙約事項の三項目も、最大の国内問題になるもので保留したまま持って帰った。

周首相は「田中さんに恥をかかせませんから、安心して来てください」と自信たっぷりにいった。会談のヤマが過ぎた後も、田中首相の訪中の仕方を巡って助言があった。バンドン会議に行こうとして周首相の飛行機が爆破されたことがあるが、二機を用意し直前まで搭乗機を決めなかったので命拾いしたといって、田中訪中では二機用意するようにとの進言もあった。問題は一部新聞社に対する同行取材の拒否だった。「せっかくのうれしいことなので、全部入れてほしい」と頼んだ。周首相は「全部入れましょう」と即座に答えた。衛星中継の放送施設などは訪中が終われば全部置いていきましょう、など私が権限もないのに勝手に約束してしまった。うれしくて舞い上がっていた。

田中首相は「おまえは日本人か」と

田中首相はどんな反応を示すだろうか。大丈夫と思いながらも、訪中前の棒を飲んだような発言がちらついた。帰国の翌日の八月四日、首相官邸に報告に行った。田中首相に会談記録を見せた。「じっくり読ませてもらうよ」と読み始めた。後から大平外相が駆けつけてきて、中国側の考えを箇条書きにした紙を熱心に見ていた。「竹入さん、これ頂戴します」と背広の内ポケットに入れて、すぐ外務省に帰っていった。うれしげだった。言葉はなくても、二人とも態度は一変、印象は青信号だった。

翌日、田中首相に今度はホテルで会った。いつもと違う広い洋室だった。首相は会談録を読み直し、ソファーの私に話しかけた。

「読ませてもらった。この記録のやりとりは間違いないな」

「一字一句間違いない。中国側と厳密に照合してある」

「間違いないな。おまえは日本人だな」

「何を言うか。正真正銘の日本人だぞ」

「わかった。中国に行く」

「本当に行くのか」

「国慶節でも構わないのか」

「行く」

「向こうは国慶節でも構わないといっている。行くのは間違いないな」

「中国に合図を送ることになっているが、いいな」

「いいよ」

「行く」の発言が繰り返されるたびに、命拾いを実感した。

私は浮き立つ気持で国会に戻り、記者会見した。日中打開の本筋の話ではなく、廖承志中日友好協会会長を団長とする大型訪日団の来日が中止になったことを明らかにした。周首相は、田中首相が来るようになったら廖訪日団は必要なくなるので、訪日中止をサインに使おうということになっていた。

この記者会見、うれしくて意気込んでやったものだから、事前に廖訪日団招待者の佐々木更三・元社会党委員長に連絡するのを忘れた。佐々木さんは怒って、国会控室まで怒鳴り込んできた。「申し訳ない。許してほしい」。ひら謝りした。しかし、ゴーサインの意味を教えるわけにはいかなかった。

「迷惑」発言に肝を冷やす

七二年九月二五日、田中首相が北京に降り立った。涙が出た。正常化は出来ると思った。「恥はかかせない」と周首相があれだけ繰り返している。

しかし、レセプションの田中首相あいさつを聞き、肝を冷やした。お詫びするのに、ご迷惑をかけたという表現はあまりにも誠意がない。日本の侵略で多くの死者を出しているのに……。「心からお詫びする」ときちんとやればよかった。

周首相が翌日の会議で文句を言ったのは当然だった。そうでもしなければ中国側が収まらなかった。しかし、日本側の失策にもかかわらず、周首相の政治判断が交渉を引っ張り続けたことでゴールにこぎつけた。

信頼関係が歴史の潤滑油

周首相が私を日中復交のメッセンジャーに選んだ理由は巷間いろいろ言われている。私からみれば、やはり信頼できる人間関係がポイントではなかったかと思う。歴史の歯車が回る時、やはり信頼関係という潤滑油が必要で、それが歴史の横糸を作っているのではないだろうか。あの時期に国交正常化を具体化できる人間は田中首相以外にいなかった。よく決断してくれたと感謝しているが、田中首相も私を信頼したからこそ腰をあげたのだと思う。

周首相に七二年会談の前に会ったのは七一年の初訪中のときだけだった。この接触は中身が濃かった。六月一七日に出発、参院選の投票が二七日に迫っていた。会談はアメリカ帝国主義、佐藤反動内閣などをめぐって対立したまま。選挙にも帰れなかった。六月二八日になって周首相と会談。私は開口一番、「中国はイデオロギーや体制が違う国の人とは話ができないのですか」と喧嘩腰でいった。周首相は「公明党と中国共産党の意見が違って当然です」。文化大革命の四人組が健在にもかかわらず、柔軟だった。会談に戻るとまた平行線。結局、周首相との会談内容を共同声明にすることで決着した。会談の終わりに握手して、周首相が「相まみえること、遅けれど、百年の知己のごとし」と言った。一回の訪中で、心が通じた。

周首相の夫人・鄧穎超さんの話では、当時、周首相は「日本から若い活きのいい日本人らしい男が来た」と言っていたという。たしかに率直にものを言ったので、いわゆる日中友好人士と多少は違っていたのではないか。「訪中する人は日中打開は日本国民の願いというが、参院選挙の関心では六番目で、そんな甘いものではありません」と言ったこともあった。周首相は「商売の話をしないのはあなただけです」とも言った。いろいろ仲介をする人が多かったのかと思わせるものだった。

周首相との信頼関係は、鄧小平副首相との関係にも引き継がれた。

七四年八月に訪中した時、周首相は病に倒れていたが、「腹蔵なく話し合いたかったが、会えないので鄧副首相に任せた」という書簡をもらい、行き詰まっていた日中海運協定交渉の打開ができた。その時の書簡に記された、震えるような「周恩来」と書かれた署名が、今でも鮮烈に浮かび上がってくる。これがきっかけで、その後も鄧副首相から中国側の真意や貴重な情報をたくさん教えていただくことができた。

七二年の周首相との会談で、中国側は私が田中首相の密使と思い込んだ。中国側をだましたようで負い目があった。周首相が亡くなった後、鄧穎超夫人に会ったとき、「だますつもりはありませんでした。周首相に特使でないと言えなかったので、お詫びします」といったら、笑っていた。いま、三〇年たって思うのは、周首相は、竹入私案であろうがなかろうが、きちんと中国側の決断が田中首相に伝われば事態は動くと判断していたに違いない。場合によっては私の示した日本側案が竹入私案という実態を見抜いていたのかもしれない。周首相の世界情勢も踏まえた的確な政治判断は他を寄せつけず、会談でも大人と子供の差を感じさせるものだった。それを考えると「だました」などというのも畏れ多く、周首相のたなごころの上で踊り続けた橋渡し役だったなと思う。

八年もトクダネ暖めた柴記者

周首相との会談ではマスコミの問題がたびたび取り上げられ、的外れな報道に中国側が神経をピリピリさせる場面もあった。会談録にもそれが表われている。会談は終了しても記者会見は極力短く、大したことがなかったように振る舞い、なるべく記者に会わないようにした。

「新聞記者は敵」の警戒の中で例外的に、帰国直後、一人の記者にメモを見せたことがある。それまでの付き合いで築かれた厚い信頼関係の上でのことだった。後に朝日新聞の政治部長、役員になって亡くなった柴隆治さんだ。トクダネにせずに報道姿勢の参考にするという約束で、守り通してもらった。

幻のトクダネが紙面になったのは何と八年近く経った八〇年五月二三日付朝日新聞朝刊の「日中国

交正常化の舞台裏――周・竹入会談大要」という一頁を使った特集だった。日中平和友好条約が調印して二年近くたっていた。地味だが意味あるトクダネだった。この報道は時間がたったから容易に手に入れることのできたトクダネと思った人が多かった。が、実は八年も暖め続けたものだった。生き馬の目を抜くトクダネ競争の中で、信頼の人間関係は維持された。歴史のひだの味わいでもある。

「中国はこのままではない」遺言の意味は

最終会談が終わって人民大会堂のエレベーターを出たところで、周首相に私は呼び戻された。正木さんらは「やった」という気持ちで先に行ってしまった。「竹入さん、中国はいつまでもこのままではいませんからね」といわれた。私は「そうですか。周首相もお体を大切に」と別れの言葉を述べた。田中首相に中国案をどうのませるかの一点に集中し、周首相の言葉には思い及ばなかった。周首相のがんは七二年五月にわかったといわれているが、やはり、エレベーター前の発言は、遺言だったのだろう。周首相の万感の思いを込めた言葉だったに違いない。

周首相からバトンタッチした鄧小平副首相は、改革・開放路線を進めた。鄧小平副首相は「経済の発展が最優先。政治改革は時間をかけてやるしかない」とよくいっていた。国民が合理性を求めるようになれば政治体制の改革も必然となる。中国の将来に対する周首相の思いはそこまで射程を広げていたのかもしれない。

（当時、公明党委員長）

聞き手・構成　**小林暉昌**（こばやし・きよし）　元朝日新聞論説委員

竹入義勝(たけいり・よしかつ)　一九二六年、長野県生まれ。国鉄職員、東京・文京区議、東京都議を経て、一九六四年公明党結成とともに副書記長。六七年に衆議院議員に当選し、第三代党委員長に就任。二〇年間、矢野絢也書記長とコンビを組み、公明党を中道政党として育て上げた。七二年の訪中の際、日中復交の橋渡し役を果たした。衆院議員当選八回で、九〇年に政界を引退した。

2 橋本恕氏に聞く——日中国交正常化交渉

「一つの中国」と大平外相

——大平さんは第一次田中(角栄)内閣で八年ぶりに二度目の外相に就任したわけですが、まず最初に大平外相は、中国との国交正常化をめぐる問題点について橋本さんら省内の専門家から意見を出せ、と求めたのですか。

橋本　いや、まったく違うんです。当時は外務省は中国との国交正常化に反対だった。法眼晋作事務次官以下ね。もっと正確にいえば、当時の外務省も、自民党も同じなんだが、田中内閣になる以前は、佐藤栄作首相自身もそうだったのだが、とにかく大陸を支配する中共政権——当時はそう言ったんだが——中華人民共和国政府と国交を持たないのは非常に不自然であり、おかしいと、それはいい。正すべきである。ただし、台湾の国民政府とは(外交関係を)切らない、切りたくない。要するに「二つの中国」なんですよ。それでは絶対に中国は正常化に応じるハズがない。

私はね、田中角栄さんが佐藤内閣の幹事長のときに秘書の早坂(茂三)さんと共同通信にいた麓(邦明)さんに「是非ともウチのオヤジに勉強させてやってくれ」と頼まれて、何度も田中さんのところに行っていた。そこで角栄さんは私と二人だけで中国問題を勉強していたんですよ。それから大平さんは、当時は党内野党というか冷や飯組だったでしょう。割合ヒマがあったし、もともと中国問題をずっと考えていた人だから、たびたび私が話しに行ったり、大平さんのほうからよく電話がかかったりしていた。「この点はどうなんだ」とかね。

それで当時の外務省の中は、台湾の国民政府とは外交関係を切るべきではない、という意見が圧倒的に強かったのです。私が大平さんと田中さんに連絡に行ったのは、台湾の国民政府との外交関係を絶つという覚悟、つまり、一つの中国ということでないと、中国は絶対に正常化に応じませんよ、その決心ができなければ、いくら話したってムダです、と……。大平さんと田中さんと別個にいろいろ話しているうちに、その点は、お二人とも踏み切ったのですよ。

——田中政権になる前ですね。

橋本　そうそう。そしてね、昭和四七年(一九七二年)七月七日の田中内閣の組閣がなって大平外相が初登庁してきて「橋本(中国)課長、大臣がお呼びです。すぐきてくれ」と秘書官から連絡がきた。何ごとか、と大臣室に行ったら、大平さんは人を遠ざけてこう言うんですよ。「夕べ、赤坂の千代新(料亭)で角さんといろいろ政権構想を話した。党・政府の人事と政策だ。そこで田中と二人で是非とも日中国交正常化をやろうと決めた。ついては、自民党には中国問題特別委員会があり、その動きは知っているだろう。小坂(善太郎)委員長だ。外務省内も知ってのとおりだ。そういう状況のもとだから、ただちに正常化のいろんな準備が必要なんだ。キミは極秘裡に、早急に準備を始めてくれ」と。そしてね「このことは事務次官にも話をするな」というんですよ。これには一瞬、私も困ったが、「わかりました」とハラをくくったのです。もともと私は、国交正常化をめぐっては省内では孤立していましたからね。これが大平外相初登庁の出来事で、日中国交正常化の始まりだったわけです。

日中正常化と台湾

――最大の問題は台湾の国民政府との外交関係だった……。

橋本　自民党の中も大変だったし、中国との正常化がうまくいくかどうかわからないのに、台湾の国民政府と断交する、なんて口が腐っても言えないわけで、田中さんも大平さんも最後まで国民政府には礼を尽くしたのです。だから椎名さん(悦三郎・元自民党副総裁)にも特使として台湾に行ってもらった。

――中国側の事情はどう見ていたのですか。

橋本　当時、中国にとって最大の問題はソ連の脅威だった。ソ連が中国に核攻撃を加える可能性が非常にあった。ソ連が中国を攻撃した場合、米国が助けてくれる、なんて幻想は抱いていない。しかし、少なくとも二正面作戦はとりたくない。米国が日本を基地にし、日本も米国について、中国がソ連から攻撃を受けているとき、後ろから米国、日本からやられるということは国家滅亡ですからね。だから最大限、中立を守ってもらわにゃいけない。そこでキッシンジャー(大統領補佐官)を受け入れ、ニクソン(米大統領)の訪中を受け入れた。ただし、中国としては日中国交正常化は、佐藤内閣ではどうしてもできない、佐藤内閣は国民政府との関係があまりにも強過ぎると考えていた。佐藤内閣時代もいろいろやったし、キッシンジャーをもじって「ミノベンジャー」とかいって美濃部さん(亮吉・都知事)が親書を持って行ったことがあったが、中国はそれを封をしたまま返す、ということでね。中国は、日米を味方とまではいかんけれども中立にしておく大きな外交戦略はあるのだが、それだからといって、米国にしろ日本にしろ、国民政府と断交しなくてもいいですよ、とはなんとしても言えない。

——そして、いよいよ九月二五日に田中首相、大平外相、二階堂(進)官房長官が訪中し、北京入りしたわけですが、交渉は冒頭から難航したんですね。

橋本　田中・周恩来会談というのは北京入りしてから四回あるんですよ。毎日一回ね。もちろん大平さんも私も同席していましたが、一回の会談時間が長いのです。二時間か三時間も……。それとは別にね、大平外相と姫鵬飛外相会談が、公式には三回か四回だったが、それ以外に非公式に何度も何度もあったのです。田中・周会談は毎日午後。そこで大平・姫会談は午前中、何回となくやった。訪中して三日目に田中首相ら一行は万里の長城に出かけたのですが、その往復の車中でも大平さんは姫外相と会談していた。そこでいろいろな詰めをやった。

——長城への往復の車中とあっては、文字通り密室会談でしたね。

橋本　私は助手席に乗っていた。両外相のほか、あとは中国側の通訳だけ。当時は、いい道路がなかったから、片道一時間半近くかかった。この車の中の〝密談〟を通じて、中国側は日中国交正常化ができれば日本は台湾の国民政府と間違いなく断交するな、という心証を得たと思います。

——問題は最後まで台湾だったのですね。

橋本　日本が「二つの中国」の立場をとっていたら、正常化交渉は何年もかかり、いまだに決着がついていないでしょう。日韓正常化を見ても、長い時間がかかっているが、この日中正常化はね、わずか四日間、三泊四日の会談で、あれだけ多年の懸案だった正常化を、一挙に成し遂げたんです。それは、大筋をいえば日本が一つの中国に踏み切ったこと。つまり、中国側の主張する「一つの中国」を受け入れたこと。それと、今度は中国側がそれまで毎日あれだけ非難していた日米安保条約を容認したこと。そして、中国が賠償を放棄したことです。これで正常化はできるんです。私は大平さんと二人きりで、あるいは田中首相も入って、北京にいる間も公式行事がないときは宿舎の迎賓館でいろいろ打ち合わせをしましたが、とにかくね、日米安保条約絶対反対と言われ、それに賠償までとられるのなら、正常化はできないし、やるべきではない、ということだったのです。しかし、この二つの問題の対応については、中国がいち早く事前に日本側に伝えてきていた。——たとえば「竹入(義勝・元公明党委員長)メモ」がそうですね。

日米安保条約との関係

橋本 そう。竹入委員長が七月二五日から八月三日まで訪中して、周恩来首相の言ったことを克明に筆記して帰ってくるわけですよ。しかも竹入委員長は、重大な問題だからと念を入れて、メモを清書し直して「これでいいですね」と周首相に確認済みのメモなのです。これが田中首相に渡され、田中さんから大平外相に渡され、大平さんが私に四七年八月に渡すわけですよ。

——そのメモを見てどうでしたか?

橋本 これなら、いけるかもしらんなあ、と。ただ、これはあくまでも間接的なものだから、北京での交渉中、首脳会談で周恩来首相が直接、確認したのです。こちらは、中華人民共和国政府との国交正常化ができる前提で、国民政府との外交関係を絶つ、と。それによって日華平和条約は消滅するわけだが、九月二九日の日中共同声明調印式後に大平外相が行った記者会見では、「日華平和条約は歴史的使命を果たし終えた」という意味の表現にした。むくつけき表現で「国民政府と断交」なんていうと相手もねぇ……。最後まで礼を尽くす、ということだった。田中首相も大平外相も。

——ここまでに至る交渉で難しかったのは？

橋本　こうしたことをヨーイドンで同時進行でやらねばならなかったこと。いいところだけつまみ食いされたのでは、お互いにたまらんからね。

——訪中の前に田中首相と大平外相は、ハワイでの日米首脳会談に臨んでいます。そこで確認された「日米安保堅持」に、中国は格別の反応を示さなかった。

橋本　うん、日米安保反対をいい続けると田中・大平両氏は正常化に応じないことは中国側もわかっていた。大平さんは日中正常化に対するアメリカの反応も慎重に見極めていたが、もう一つ、ソ連の反応も非常に気にしていた。中国とはうまくいった、しかし、アメリカ、ソ連との関係がうまくなくなる、というのでは困るからね。もっとも、ソ連は日中国交正常化に反対できるわけがないんだ。自分は中国と外交関係をもっているのだから。

頭を悩ませた「日中間の戦争状態」

——話は少しさかのぼりますが、九月一日には橋本中国課長を団長に日本政府の先遣団が訪中しています。ここでは、かなり具体的に問題を詰めたのですか。

橋本　それはこういうことだったのです。当時は中国には日本の大使館がない。暗号電報を打つ設備もないわけです。もっとも、国交正常化交渉には田中首相、大平外相のほかに二階堂官房長官も一緒に行かれた。ということは、交渉の途中で本国に(暗号で)請訓する必要がないんだが、コミュニケーションの手段が必要だった。とにかく、航空路もなかったのだから、日本のパイロットで北京に行った人は一人もいない。香港回りなんて悠長なことをしていられない。どうやって安全に飛行機を北京まで飛ばすか、という問題がまずあった。そのほか、テレビ中継のための中継基地の設置、治安問題、セキュリティをどうするか、電話をどうするか、等々、田中・大平訪中までに解決しなければならない問題が、山ほどあった。これらの準備をすべて整えるために、私が関係方面の専門家を頼んで、団長として訪中した。

——正常化の中身については？

橋本 北京に着いたら、姫外相が私に会いたいと言ってきた。私は一介の課長に過ぎないが、会談を断る理由もない。行ってみたら田中さん、大平さんがどんな対応で国交正常化交渉にくるのか、約二時間もの間、取材されましたよ。

——実際の交渉では、やはり台湾問題で冒頭から難航したわけなのですね。

橋本 一日目で厳しかったのは台湾ではなく、日中間の戦争状態の問題です。第一回の大平・姫会談でお互いに挨拶をしたあと、大平さんが、法的には続いている日中間の戦争状態をどう終結させるかについて「高島（益郎）条約局長に日本側の考えを説明させる」と言って、それで高島さんが説明を始めた。一九五二年、日本は台湾の国民政府との間で日華平和条約を締結した。中国という国と日本との戦争状態は、その日華平和条約をもって終結した。従って、日本と中国の間に戦争状態は存在してない、と主張した。

——中国側は？

橋本 第一回の外相会談はそこまでで時間切れになった。そこで午後からの第一回田中・周恩来会談です。それからも毎日やったこの首脳会談は、双方とも四人四人でやったのです。日本側は田中、大平、二階堂、それに私。中国側は周恩来、姫鵬飛、廖承志、韓念龍。そのとき周恩来が開口一番、高島局長を猛烈に非難するわけですよ。けさの外相会談での日本側の局長発言は、まさか田中、大平両氏の真意ではないと私は確信する。だいたい、一九五二年に日華平和条約を締結したというけれども、台湾の国民政府は四九年に大陸から逃げ出したのだ。一九五二年といえば中華人民共和国政府はとっくに中国を支配している。国民政府はわずかに台湾しか支配していない。その国民政府が全中国を代表して日本との戦争状態を終結した、なんてとんでもない話だ、とまあ、痛烈に批判するわけですよ。

――「あれではケンカを売りにきたのか交渉にきたのかわからない」と周首相は口を強めて非難したといわれていますが。

橋本　ケンカを売りにきたのか、という言い方ではなかったが……。要するに、高島条約局長の発言はこういうことなんです。戦後、政権が代わったのならまだしも、ずっと長い間、一、二の例外はあっても大部分の時間は自民党内閣が続いているわけです。そこで、政府は国会においても内外に対しても、五二年の日華平和条約をもって日本という国と中国という国との戦争状態は終結した、とずーっと一貫して主張してきたのです。それを、七二年の時点で、実は日本政府はこれまで二〇年間もずっと、そう言い続けてきましたが、あれは間違っていました、とは、なんとしても言えないのですよ。日本政府は二〇年間も国民に対してウソを言い続け、世界をだましてきた、とは口がさけても言えない。自民党内閣でなければ言えたかもしらん、あるいは。それで弱っちゃったんですよ。一方、中国政府は日中間の戦争状態、そのまま続いていると強く主張してきた。

「不自然な関係」という文学的表現に

――それで第一歩から難航したのですね。

橋本　その夜は公式行事もなかったので、釣魚台の宿舎に帰って、田中、大平、二階堂、高島、それに私と、あと秘書官ら一人、二人、内輪でメシを食った。ところが、大平さんは真面目な人ですから、じーっと考えこんでハシをとらないんですよ。一方、田中さんはマオタイをがぶがぶ飲んでね、かなりできあがって「なんだ、お通夜みたいだな、おい、メシを食おうや」と言ったんですが、「そうは言ってもなあ」と大平さんがハシをとらないから田中さんも遠慮してね。ましてや高島さんや私らはシュンとして……。高島局長だって、いまさら二〇年間、日本政府は間違ってきました、なんて言えるわけがないのだが、それにしても、とりあえずは自分の発言でこうなった、というわけでね。そしたら田中さんが「大学を出たヤツはこういうときはダメだなあ。修羅場に弱い」と言い、大平さんが「そんなこと言って、じゃ、明日からの交渉はどうやってやるんだ。今日は周恩来に一方的にしゃべられて時間ぎれになった、こんどはこちらが反論するなり、こちらの考えを言う番だ。どうやってやるか……」と言うと、田中さんがね、ニヤリと笑って、「君らは大学出てるんだろ？　大学出たヤツが考えるんだ」と言ったので、みんな大笑いになった。そこで「とにかくメシを食おうよ」となって、大平さんも気をとりなおしてね、大平さんはあまり酒を飲まないが、ちょっと飲んで……。食事をしながら田中さんは「オレは越後の雪の中じゃメシが食えんからな、それで東京に出てきたんだよ」というと、大平さんも「そうなんだよ、ボクも田舎では食えないから東京に出てきたんだ」と和気あいあいになった。

――で、「戦争状態」はどのように？

橋本　その後で大平さんと私とでいろいろ相談してね。要するに、中国側の主張する「五二年以降七二年までの戦争状態」というのは、あくまで過去の解釈に過ぎない。現実に撃ち合いをしているわけでもないし。今回の正常化というのは日中が国交を正常化するだけでなく、同じアジアの友邦、隣邦として仲良くやっていくという目的で話をしている。それなのに、過去の解釈だけにとらわれて本体の正常化の話に影響するというのはおかしい、と。双方とも、過去はすべて忘れようとは言わんけれども、きょうから以降、現在および将来についての善隣友好関係が何よりも大事だ、という対応で臨むことにした。そして、二〇年間の関係については、こういう説明でいこう、つまり「不自然な関係だった」と。戦争状態にあった、無かったと、そういう法律問題でいくから話がおかしくなる。文学的表現でいこう、となったんだ。戦争状態にあった、といえば中国はOKだが日本が困る。しかし日本がいうように、平和の状態にあったといえば、今度は中国がおさまらない。そこで、困りぬいて私が「不自然な関係」という表現を大平さんに進言した。大平さんは「ウン、それしかないな」と。だから共同声明にもそう書いてあるんですよ。

――これで中国側も譲歩するわけですね。

橋本　ただ中国もね、これでけんかをする気はないんですよ。過去の解釈ですから。周総理も「不自然な関係」を受け入れた。

――交渉術として最初にぶつけてきた？

橋本　一種のブラフだろうね。「あれは高島の考えであって、まさか、田中、大平両首脳の考え方ではないと私は思う」と周恩来はちゃんと言っているんだから(笑い)。高島局長だって事前に大平外相と打ち合わせして外相に代わって発言したんだ。もちろん田中首相も承知していた。ただ、大平さんがそこで「私も高島と同じ考えだ」と言ってしまっては、交渉がパーになってしまうからね。

田中首相は中身は大平さんにまかせた

——田中、大平両氏は絶妙なコンビだった。

橋本　田中さんという人は宇宙森羅万象、内政であれ外交であれ、すべてについて自分の意見をいっぱい持っている人だから、誰かがひとこと言えば、わあわあっと言うんですよ。ところがね、この正常化交渉では、中身は大平さんにまかせた。ひとことも言わなかった。いかに大平さんを信頼していたか、ですよ。「あのなあ、大平よ、しようがないじゃないか、このまま友好訪問だけになったんじゃ、おまえら何しに行ったんだ、と言われる。国内はもたん。だが、政治責任はオレがすべてかぶる」と言っていましたがね。正常化交渉では大きなことから細かい問題まで、すべて大平外相にまかせた。政治家の関係は狐と狸の化かし合いみたいなところがあるが、こんなコンビはあまりみたことがない。

——訪中して三日目の夜、突然、毛沢東主席との会談となるわけですが、これで交渉はヤマを越えたと感じたのですか。

橋本　いや、「不自然な関係」は決着したのだが、賠償問題はまだ残っていた。この賠償ではね、周恩来首相が泣かせるんですよ。二日目の午後、周首相はこういう言い方をしたんです。これまで中国は日本を含め列強から何度も賠償金を取られた。日清戦争のあと清朝が日本から取られた賠償金は当時の日本の国家予算の半分にものぼった。これは清朝が払ったのではなく、結局は中国人民から吸い上げたカネを支払ったのだ。賠償というのは、為政者ではなく、結局、何年、何十年にもわたって人民に支払わせることになるんです。これから仲良くしようとしている日本人民に、この苦しみを背負わせるのはしのびない。したがって賠償は一銭もいただきません……と。それまで中国は公式には、日本の軍国主義による侵略、すなわち日中戦争によって一千万という人間が虐殺され、終戦時の評価で五〇〇億ドルにものぼる損害を受けた。したがって中国は日本に賠償を要求する権利を留保する、という言い方で一貫していた。それを周恩来がきっぱりと「取らぬ」と言ったのだ。これは泣かせるものでした。これでだいたい大きな問題は終わり、そこで毛沢東主席と会わせる、ということになったのです。

最後まで礼を尽くした台湾問題

——実質的な交渉はそれで終わった?

橋本　共同声明が調印された四日目の首脳会談では台湾問題が議論となった。ここでの台湾問題というのは、日中国交正常化後の日本と台湾の関係だ。周首相が口火を切り「これでわれわれの方は、今後の日本と台湾との関係を除いて大きな問題は終わりました」と。そこで大平さんは、前の晩、私が書いて渡した紙を読みながら、日本と台湾は、もちろん外交関係は切れるが、しかし、貿易、漁業、人の往来などは引き続き行われる。貿易や人の往来となれば、船の運航や航空機を飛ばさねばならない……とまあ、一言でいえばこんなことを説明した。聞いていた周恩来は一言も反論せずに、「結構です。どうぞそのようにおやり下さい。中国としてはなんの異存もありません」と、きっぱり言ったのです。そのあと、周首相は(台湾の)「蔣経国というヤツは」、とまたひとしきり言っていた。「あいつはならずものですよ」なんてね。もっとも、周恩来は彼をよく知っているんですよ。田中さんも大平さんも、相づちも打たずに聞いていましたがね。こんな雑談のあと、周首相が「いよいよこれですべて終わりましたね」と言った。ところが「イヤ、まだ残っている」と田中首相が持ち出したのが尖閣列島問題だった。周首相は「これを言い出したら、双方とも言うことがいっぱいあって、首脳会談はとてもじゃないが終わりませんよ。だから今回はこれは触れないでおきましょう」と言ったので、田中首相の方も「それはそうだ、じゃ、これは別の機会に」、ということで交渉はすべて終わったのです。

――田中、大平氏ら一行が最後に上海に寄ったのは、やはり中国側の強い希望だった?

橋本　当時はね、中国の国内情勢はいわゆる四人組が完璧に押さえていた。四人組の本拠地は上海です。ところが田中首相は上海に寄るのはいやだ、と言ってきかなかった。日本に帰ってやることがヤマほどあるんだ、という。すぐ帰りたい、というのです。中国側は是非行ってくれ、と何度も言ってきていた。田中さんは「夢の四馬路にでも行くのならなあ」と、どうしてもうんと言わない。困った中国側は「周首相が上海までご一緒しますから」と言ってきて、田中さんも、それじゃ「周さんの顔を立てよう」、ということになった。上海では張春橋主催の宴が開かれたのだが、周恩来としては、四人組に礼を尽くした、という形にしたかったのですね。

――帰国の途についての機中では?

橋本　お二人ともさすがにお疲れの様子で、特段の対話もなく、静かに日本に向かったのです。

（平成一二年四月四日、橋本恕事務所で取材）

（当時、外務省アジア局中国課長）
聞き手・**清水幹夫**

〔大平正芳記念財団編『去華就実　聞き書き大平正芳』二〇〇〇年より採録〕

橋本恕（はしもと・ひろし）　一九二六年徳島県生まれ。五三年東大法学部卒、同年外務省に入省、六八年アジア局中国課長、七三年在中華人民共和国大使館参事官、七四年在連合王国大使館参事官、七九年大臣官房外務参事官、八〇年大臣官房審議官、八一年情報文化局長、八三年アジア局長、八四年シンガポール国特命全権大使、八七年エジプト国特命全権大使、八九年中華人民共和国特命全権大使、九三年二月退官、三月から神戸製鋼所特別顧問に就任、現在にいたる。

3 別れの外交のドラマ
——日中国交正常化時の対台湾外交といわゆる「田中親書」をめぐって

小倉和夫

もう一つのドラマ

一九七二年の日中国交正常化は、長年の間不正常な関係を余儀なくされてきた日本と中国とが田中内閣の成立とともに急流を行くがごときスピードで国交を回復(正確に云えば「正常化」)したという点で、歴史的ドラマであったが、同時に、北京政府との国交回復が、台湾政府との国交断絶という裏の面を持っていただけに、「劇的」なものであった。

云いかえれば、日中国交正常化は、日本にとって第二次大戦後初めて、外交関係のある国と国交を断絶するという、「別れの外交」を伴っていたのであった。

「別れの外交」のポイント

「別れの外交」には、少なくとも三つのポイントがあった。

一つは、結果がよければ、そこにいたる過程での争いは仕方がない、といった通常の外交アプローチがとれないことである。

国交断絶はもともと負《マイナス》の「結果」であるから、「結果がよければ……」ということはありえないので、そこに至る過程が重要となる。即ちどのような別れ方をするかが大きな問題であった。

第二に、それとも関連して、日中国交正常化は中国の正統政府を、台湾から北京に換えるものであったので、いわば今まで裏に存在していた者を公の者とし、公の者を裏に換える訳であって、ことさらに面子《メンツ》や体面を傷つけずに別れねばならないという点が重要であった。

そして第三に、別れた後の日台間の関係、特に民間レベルの経済・貿易関係を安定的に維持するための方策を考えねばならなかった。

一九七二年九月中旬、椎名悦三郎特使が、田中角栄首相の親書を携行して、台北を訪れたのは、まさに、台湾の面子を立てながら、別れ方を上手に外交的に演出し、後顧の憂いを少しでも小さくしておくための方策の一つであった。

椎名特使の台北訪問については、訪問の結果自体が台湾の面子と直接結びつくものであっただけに、特使の受け入れをめぐって日台間の水面下のやりとりが相当あり、また、特使訪問の趣旨についても、日本、台湾双方で種々議論があった。

加えて、そうした議論を反映して、椎名特使の携行する、いわゆる田中親書の内容についても、それが完全に固まるまでには紆余曲折があった。

本稿は、田中親書ができるまでの経緯を、当時外務省において中国関係の仕事をしていた者の一人として改めて回顧してみることにより、その当時の日本政府の「別れの外交」政策の一側面を考察しようとしたものである(田中親書そのものは本書「記録編」に収録)。

親書起案のタイミング

まず、この「親書」の原案は、一九七二年八月中旬、外務省アジア局橋本中国課長を中心に、中国課の人々によって起草された。

一九七二年八月中旬という時期は、いわゆる日中友好人士など各種のルートを通じて、北京政府の考え方の大筋がほぼ明らかとなり、田中首相の中国訪問の日時がおよそ確定した時期であった。従って、それに伴い、日本の中国政策についての諸外国への説明、国交正常化後の台湾問題の取扱いについての基本方針がほぼ固まってきていた時期でもあった。

同時に、台湾との関係は、日本の内政がからんで複雑な様相を呈しつつあった。

自民党の内で、日中国交正常化の早期実現に反対するグループ(所謂親台湾グループ)は、日中国交正常化後の台湾との実務関係維持のための話し合いに一役買おうとはせず、むしろ、台湾との国交断絶をできるだけ先に延ばし、それによって日中国交正常化交渉に歯止めをかけ、田中内閣を政治的に揺さぶろうとしていた。

台湾側も、こうした動きに敏感であり、また、面子の問題もあって、経済・実務関係維持のための方策についての日台間の話し合いには、たとい水面下のものでも乗ってこない状況にあった。

いわば日台間に条件闘争的な交渉はできない状況が現出していた。

従って、別れの外交の一つの柱であるはずの「将来の経済・貿易上の実務関係維持のための話し合い」は欠落し、もう一つの柱である、面子、体面の維持に配慮するという点だけが、「別れの外交」の主要要素とならざるを得なかったのであった。

親書の中身

　こうして、台湾の面子を立てることが、田中親書の眼目の一つとなった。云いかえれば、親書の趣旨は、日本側の考え方と日本の現状(政治状況)を誠意をもって率直に説明し、台湾側に理解を求めることにあった。

　大まかに云って、親書の原案は、四つの主な要素から成り立っていた。

　一つは、これまでの日台友好関係の促進に関する、蔣介石への謝意表明、

　一つは、国連での中華民国(台湾)の議席を守るために行った日本政府の努力を評価してほしいとの点、

　一つは、(キッシンジャー訪中を初めとする)国際情勢の変化、また日本の国内世論の動向に鑑み、日本政府としては日中国交正常化の方向に踏み出さざるを得ないとの説明、

　一つは、日中国交正常化により日華両政府間の正式の関係は断たれることとなるが、その後も、両国民間の経済・貿易などの関係はできる限り維持していきたいこと、

の四点であった。

　原案作成の段階で、関係者が一番頭を悩ましたのは、最後の点であった。

　ここには、二つの微妙な問題があった。

　一つは、日本側から、わざわざ政府間の公式の関係は断たれるということになる、という点を云う必要があるのか、条約論から云えば、「一つの国には一つの政府」であるから、中台双方が、いずれも、中国は一つであり、自分こそが中国の正統政府であると主張している限り、一方と外交関係を結

べば、もう一方とは公式の関係を持ち得ないのは自明の理であり、これをことさらに公言するのは「別れの外交」の礼儀に反し、台湾の気持ちを逆なでする、という主張もあれば、他方、これをはっきり云わない場合、台湾が万一にも日本の立場を誤解し、妙な動きをすることとなると、日中間の交渉で中国(中華人民共和国)が日本に対して猜疑心を持つおそれがあり、それを避けるためにも、この際、はっきり国交がなくなることを明言しておくべきであるとの考え方もあった。

この点と関連し、第二のポイントとして、実務関係維持の点があった。

今から「別れた」後のことについて云々するのは、台湾の面子をつぶしかねず、また、一時的にせよ台湾が激怒して、経済・貿易上の関係も停止すると云ってきたらやぶ蛇である、実務関係の維持云々は、首相親書のごとき公の文書に、しかもこの時期に言及するのはかえって得策ではない、という議論もあった。

しかし、結論的には、外交関係断絶云々は親書においても言及し、併せて経済・貿易などの民間の友好関係維持についての希望も表明する、という方針にまとまり、そうした趣旨の親書案が起草され、内部の決裁に回ったのである。

(もっとも、国交がなくなった後の日台間の経済・貿易関係の維持に関しては、北京政府がどのような条件をつけてくるかについて若干の懸念があった。日中友好団体の関係者を通じて、「田中首相を困らすことはしない」との中国首脳のメッセージがそれとなく伝えられてはいたが、日台関係についての中国側の厳しい態度に鑑み、日本側には不安が残っており、台湾に対しても堂々と経済・貿易関係の維持を公に主張するのははばかられる状況にあった。

また、台湾との関係でも、経済・貿易関係の維持を強調すると、いわば「別れ話に金銭的考慮を早くから持ち込む」ような印象を与え、日本側が面子や品位の問題よりも、実利を前面に押し出すがごとき印象を台湾側に与えるのは、外交上得策ではない、といった点も考えねばならなかった。

その結果、親書における関連部分は、経済・貿易関係云々という表現は使われず、単に民間レベルの友好関係の維持という表現に止まっていた。）

親書案の改訂

ところが、この段階で、上層部から、親書の案を著名な漢学者の安岡正篤氏に見せ、意見を聞くように、との指示がアジア局に出されたのである。

その結果、安岡氏に内々に親書の原案を見せたところ、数日を経て同氏から、万年筆で加筆、訂正された書簡案が戻ってきた。

安岡氏の修正の趣旨ないし眼目は、大まかに云えば三点に集約できる。

一つは、原案にあった漢文調の言葉で、月並みあるいは通俗的な表現（例えば、「断腸の思いで申し上げるが云々」など）を削除または訂正した上、格調高い表現に直したこと、

一つは、何応欽将軍が田中首相に数カ月前に送付してきた意見書の文言を二、三採用し、意見書を尊重しているとのニュアンスを付加したこと、

最後に、国交断絶云々やその後の民間同士の友好関係の維持云々の部分を全面的に削除したこと、の三点であった。

そして、この安岡氏の訂正したものが、ほぼそのまま、（「中共」といった表現を直すなど若干の技術的修正後）最終案として採用されたのであった。

ここで疑問として残るのは、表現上の問題についての訂正はともかく、国交断絶や民間レベルの友好関係維持など、親書の眼目となるべきポイントの一つを安岡氏が削除したのをそのままにして、外務当局が、親書の最終案としたのは何故か、という点である。

この点は、今後の検証に待たねばならないが、おそらく、この間、台湾側から「日本の方から断交」とは絶対云わないでほしい、とのシグナルが送られてきており、与党の台湾ロビーも、国交断絶を日本から云うなとの声を上げていたこと、さらには、(椎名特使派遣が決まると)特使の面子や台湾訪問の表向きの目的(あくまで現状説明という目的)に反するような親書は送れないといったことが総合的に勘案されて、この微妙な部分が親書から削除されたままとなったと考えられる。

考えてみれば、首相特使を派遣しながら、その特使が「三下り半」を手交するというのは非礼である。

「別れの外交」は、この段階では、実利や正確さや率直さよりも、体面、面子を救うことに重点を置かざるを得なかったのであった。

日本政府が、はっきりと台湾に断交やむなき旨を明言し、同時に、民間の友好関係維持の希望を首相レベルのメッセージという形で正式に伝達したのは、一九七二年九月二九日、北京から田中首相が蔣介石宛に打った電報の中においてであった。

この電報の内容については、林金茎氏の労作『戦後の日華関係と国際法』(有斐閣)の中で言及されている。

ドラマのあと

田中親書から、この親電に至るまでの激動の時期のドラマは、東京、北京、台北の三カ所で展開され、そのうち、北京と台北については、各々覚書貿易事務所員や大使館員の書いた比較的短いメモアール(日中国交正常化時の北京、あるいは日中国交正常化時の台湾の状況を個人の印象を加えてまとめたもの)があるはずである。しかし、国交正常化時に東京にいた関係者のメモアールは、いわゆる政治家の個人的回顧録以外は存在しない。人々はドラマの演出に全力でかかりきりで、目の前のドラマを記録に残すゆとりはなかったのであろう。

真のドラマとは、過ぎ去ったあとに演者の記録のないほどの、張りつめた演出と演技によるものなのかもしれない。

(当時、外務省アジア局中国課首席事務官)

小倉和夫(おぐら・かずお) 一九三八年、東京生まれ。東京大学法学部卒業、ケンブリッジ大学経済学部卒業。外務省入省後、文化交流部長、経済局長、在ヴィエトナム大使、在韓国大使、在フランス大使などを歴任し、退任後は、総合研究開発機構客員研究員、国際耕雲社代表取締役、青山学院大学教授などを兼任。主著に『パリの周恩来』(中央公論社)、『東西文化摩擦』(中央公論社)、『西の日本、東の日本』(研究社)、『中国の威信、日本の矜持』(中央公論新社)などがある。

4　一九七二年九月二五日―二八日の北京

田畑光永

一九七二年七月に政権の座について、まず中国との復交に取り組むことになった田中首相は、それを「時の流れ」と表現した。前年、一九七一年七月のキッシンジャー秘密訪中の衝撃、秋の国連総会における地滑り的大差による中国の国連復帰案可決、この年二月のニクソン米大統領の訪中といった中国をめぐる国際環境の激変を受けて、日本の政権をになった田中首相にしてみれば、それまでの佐藤政権が掲げてきた「中国との関係は政経分離」、国連代表権問題は「重要事項指定で台湾の議席を守る」という政策路線が、ほかならぬ米国のイニシアティブで破綻させられてしまった以上、自分には日中復交を目指す以外に選択肢はないという意味であったろう。

その「時の流れ」には、当時のマスコミの論調も当然含まれていたはずであるが、一方、マスコミ自体も今にして思えば「時の流れ」に流されていた感が深い。あの年、日本列島全体が大きな力で中国大陸に引き寄せられていったかのごとくである。

田中訪中の取材・報道は、日本の報道界にとって少なくとも二つの面で画期をなした。一つは八七人(首相同行八〇人、北京駐在七人)もの多数の記者が同時に北京で活動したのは、日中戦争終了後初めてであり、その意味で日本の報道界と「新中国」との最初の本格的な出会いであったことである。

そしてもう一つは、当時ようやく実用化され始めたテレビの衛星中継がこの大ニュースの報道に本格的に投入されたことである。話の順序として、テレビ中継実現にいたる経過をまず振り返りたい。

テレビの衛星中継実現へ

日本人がテレビの衛星中継画面に初めて接したのは、一九六三年一一月二三日、翌年の東京五輪に備えて通信衛星による日米間の「宇宙中継実験」がおこなわれたときである。この実験にメッセージを寄せるはずであったケネディ米大統領がこの日にダラスで暗殺され、奇しくもその第一報がこの実験放送に乗ったのであった。六九年七月の米アポロ11号の月面着陸中継などを見せられた後、日本のテレビ界が独自に衛星中継を実用化したのは、七一年九月から一〇月にかけての天皇皇后両陛下の欧州各国訪問であった。この中継も報道には違いなかったが、ニュース報道というより、どちらかといえばあらかじめ予定されたイベントの中継という性格が強かった。

そして七二年二月二一日。北京空港に専用機から降り立ったニクソン米大統領夫妻が中国の周恩来首相と握手を交わす場面が、米国のテレビネットワークを通じて衛星中継された。その政治的、歴史的意味とは別に、短期間のうちに北京に地上局を開設し、この中継を実現した米国のテレビの力量を見せつけられた日本のテレビ界は、来るべき日本の首脳の訪中に際しては、少なくとも同程度のことはやってのけなければならない課題を背負い込まされた形となった。

番組をつくるのはテレビ局の仕事であるが、その電波を地上局から衛星に向けて発射し、日本に電送するのは、当時はＫＤＤ(国際電信電話公社)の仕事であった。ＫＤＤは当初、米国の可搬式地上局の借用を考えたが、日程的に無理であることが判明したために、八月四日、ＮＥＣに対して直径十メートルのパラボラ・アンテナを持つ可搬式地上局の製作を発注した。この時点では田中訪中が決まっていたわけではなかったが、一方、大方の予想どおり九月下旬にそれが実現するとなれば、一カ月半ほどしか時間がないという、見通し不安定、だが日時は切迫という中での決定であった。まさに「時の流れ」のなせるわざであった。

通常この種の設備の完成には約六カ月を要するとされていたが、NECの側も事態を予期したかのごとく、この年の初めからすでに製作に着手していたため、突貫工事で九月一日には完成披露にこぎつけたのであった。その完成より前、八月二四日にKDDは中国の長途電信局との間で、日本製地上局によるテレビ中継実施についての協定を調印した。

一方、テレビ各社は首相訪中とその衛星中継の実現を前提として、それぞれが放送計画を立ててKDDあるいは中国側との折衝に入っていたが、中国側から各社を一本化した形でなければ中継を許可しないという意向が伝えられたため、八月一四日、在京五社（NHK、NTV、TBS、CX、NET）の報道局長会議において、「総理訪中放送共同製作機構（田中プール）」の発足が決まり、中継車三台、VTR車二台、フィルム現像機二台など機材の分担調達、発送準備を進める一方、代表が北京に赴いて、同二六日、北京電視台との間に日中共同で北京からテレビ中継をおこなうための取り決めが調印された。そして、その翌二七日には、はやくも機材、設備の一部を北京に送り出し、総数七〇人と決まった中継要員は九月一日以降、数次に分かれて北京に向かった。KDD、NECも二四人の技術要員を北京に派遣し、九月一〇日以降、ニクソン訪中時に北京空港近くに特設された建物を利用して、そこに地上局を設営する作業に入った。こうして慌しくはあったが、意外にスムースに北京からのテレビ中継の手はずはととのっていった。

これにはやはり中国のテレビ界がニクソン訪中を経験していたことが大きかった。それまでテレビ番組を衛星電送したことのなかった中国に、米国チームが機材を持ち込んで、中継を実施するについては、たとえば中国の運転免許証を持たない米国人スタッフが北京で中継車を運転することの可否といった類の紛糾が続出し、米関係者の一人は事後、「もう一度やりたいとは思わない」と語ったと伝えられたが、その前例が日本の場合には無用のトラブルを減少させた。

空前の取材陣を迎えた北京

田中首相訪中が正式に発表されたのは、出発四日前の九月二一日であったが、テレビ中継体制とは別に、通信社、新聞社、テレビ・ラジオ各社の同行記者、カメラマンの人数の社別割り振りをめぐって、八月に入ってから首相官邸に常駐する内閣記者会を中心に気詰まりな折衝が続いた。

日中間での常駐記者の交換は松村謙三、廖承志両氏の尽力で一九六四年に双方九社九人ずつで実現したが、その後、中国で文化大革命が起こり、その規模は年々縮小して、日本側の北京常駐記者は一人だけという時期さえあった。七一年、中国は有名な「ピンポン外交」を展開して、米国、日本の卓球選手団を個別に招き、その折に両国の記者の同行取材を認めた(私自身この時が最初の中国取材であった)が、それはきわめて限られた人数であった。したがって、日本の報道界は当時、中国に対する一種の禁断症状に陥っており、首相訪中への同行希望者は当初、数百人にも達した。それを決められた枠内に収めなければならないわけだから、話し合いは難航した。

長年の実績をたてに優先割り当てを主張する通信社、全国紙と、メディアの特性として活字メディアより多人数が必要であるとするテレビ局が対立したが、九月初めに至って、ようやく活字、電波の別なく一社あたり最大五名として、中国側が認める総枠八〇人を次のように割り振ることが決まった。共同、時事、朝日、毎日、読売、日経、中日、サンケイ、NHK、TBS、NETの各社が五人ずつ、NTV、CXが各四人、文化放送二人、この他の地方紙、地方局など十五社が各一人である。

これに北京常駐の七人を加えて、八七人の記者カメラマンが取材にあたり、この他七〇人のテレビ中継要員、二四人のKDD、NECスタッフが活動したわけだから、先にものべたように中国報道体制としては空前の規模であった。

さて、八〇人のうち首相機に同乗する一五人を除く六五人は、首相一行より二日早く九月二三日午前、全日空の特別機で羽田を発って、上海経由午後二時五〇分、北京空港に着いた。当時、日本から北京へ行くには香港で一泊し、深圳経由広州でまた一泊、北京到着は三日目というのが常識であったから、中国取材の経験者にとってもこのフライトは新鮮で、記者団全体を軽い興奮状態に置いた。

それは宿舎の民族飯店に隣接したプレスセンターに案内された時にさらに高まった。プレスセンターは西長安街に面した民族文化宮という国内少数民族の文化の展示や演出に使われる建物の一部、小学校のやや小ぶりな講堂といった感じのホールに設置されていたが、記者団を喜ばせたのはその行き届いた設備であった。

中央奥に記者会見用の演壇、その前に長椅子の座席百数十人分が用意され、その両側にテレビ五社には各社専用の、またラジオ局用には二つ、合計七つのPTS(放送用に電話の音質を良くする装置)ブースが常時通話可能の状態で設置されていた。入り口を入って左側に日本外務省報道課の事務室、ホール内部の左側の部屋には中国外交部報道局の事務室や応接室など。右側には活字メディア向けに長途電信局が出店を開いて、国際電話と電報を二四時間その場で通話、発信可能にしてくれていた。

通信設備についていえば、さらに宿舎の民族飯店の部屋にも一社あたり一台、やや使い勝手こそ悪かったもののテレックスが用意されていた。演壇の背後、壁を隔てた裏側には売店と軽食堂があって、これまた二四時間サービスであった。宿舎の民族飯店一階の大食堂ではちゃんとした食事がいつでもとれるようになっており、期間中、時にちらし寿司、おでんといったメニューも用意された。

さらに驚いたのは、日本の記者団とテレビ中継チームのために、中国側が全国から数十人の通訳を集めておいてくれたことだ。ちなみに私たちTBS取材団には北京の中日友好協会の男性スタッフと天津で貿易の仕事をする男性、それに長春の女性教師の三人が配属された。おかげで中国語の分らない記者やカメラマンでも単独で取材に出ることができた。

中国外交部はまた記者団から希望の出そうな取材先、日中戦争の発端となった盧溝橋、北京大学日本語学科、市内の食品市場などの取材をあらかじめ手配してくれていた。私も市場で野菜や肉、魚などの値段を片端からノートに写し取ったことを覚えている。

こういうことを細かく書いたのは、私自身その後、七〇年代末の常駐記者生活を含めてそれなりに中国取材の経験を積んだが、この時ほど文字通り「行き届いた」サービスを受けた記憶がないからだ。中国側にしても、前年のキッシンジャー秘密訪中から国連復帰、この年のニクソン訪中と続いた新しい外交戦略の一つの到達点として、日本の首相の来訪による復交を位置づけ、絶対に成功させねばならないという思いが報道陣に対するこのような最大限の接遇となって現れたのであろう。

日中首脳をめぐる光景

こうして文句なしの環境で始まった取材ではあるが、さてその成果のほどはとなると、今思えばいささか忸怩……。ともあれあの数日間の無我夢中のいくつかを紹介する。

われわれが北京に着いて三日目の九月二五日。いよいよ田中首相が到着する日である。北京は快晴であった。朝八時一〇分、羽田を発った特別機はそれまでの特別便が上海でいったん着陸したのに対して、上海上空は経由するものの着陸はせず、初めて北京に直行して、午前一一時半(日本時間午後零時半)着陸した。

到着第一報は記者団にとっては大仕事である。テレビ各局は勿論、生中継。ただ、機材に限りがあるため、空港から生中継というわけにはいかなかった。中継にあたる各局の記者は空港近くの地上局の一室に集まって、モニター画面を見ながら、現場にいるように装ってのレポートとなった。だから一行到着前に現場をぐるぐる見回して、儀仗兵の並び方はどうなっているか、警備はどうか、などなど、目につく限りのことをメモして、あとは出迎えの中国側要人の顔が何人分るかが勝負と腹をくって、モニターの前に座り込んだ。

ドアが開き、田中首相が姿を見せた。空を仰いで一瞬まぶしそうに目を細めた。そしてタラップ下で待ちうけていた周恩来総理に歩み寄って握手。ついで軍の長老である葉剣英軍事委員会副主席、日本でも有名な郭沫若中日友好協会名誉会長、そして姫鵬飛外相らと握手を交わした後、両首相が並んで、両国の国旗掲揚と国家吹奏、さらに陸、海、空三軍の儀仗兵閲兵と、ニクソン訪中の際とそっくり同じ場面が人間だけを入れ替えて繰り広げられた。

なにしろ画面だけが相手の中継だけに、予測とちがう場面となったらどうしようという心配に頭を支配されていたから、両首相が一台の車におさまって空港から走り出た時にはとにかくほっとした。こうして北京会談取材は始まった。

田中首相一行は周総理に案内される形でいったん市内釣魚台の迎賓館に入り、休憩の後、午後一時五〇分から人民大会堂で第一回の会談に入った。この後、首脳会談は二八日までに人民大会堂と迎賓館で交互に四回開かれ、その間を縫って大平、姫両外相の会談が断続的におこなわれた。その模様は二階堂官房長官がプレスセンターにやってきてブリーフするということだったが、二階堂氏は余計なことを言って交渉に差し支えては大変という緊張感がありありで、その発言は慎重をきわめ、具体的な会談の内容は最後までほとんど何も知らされなかった。

第一回会談の後のブリーフは「国交正常化を円満に成功させるため、両国首相をはじめ各代表の間で驚くほど率直に双方の考え方や基本的立場が述べられた。今度の交渉は必ず成功するとの印象を受けた」と、これだけであった。その後も二階堂長官は大体この程度の漠然とした説明に終始したから、記者団は大いに想像力を逞しくして、交渉の進み具合を推測するほかはなかった。外交交渉であるからには、交渉の内容が途中で明らかにされなかったのはやむをえないが、三〇年を経てこのほど、首脳会談、外相会談の記録が公表されてみると、取材記者が思い描いていた会談内容と実際とがひどく食い違っていたのには、あらためて驚かされた。忸怩たる思いはそこにある。

その違いは要するに、記者団は二階堂発言の「国交正常化を円満に成功させるため」の話し合いが、それこそ「円満に」進んでいると思いこんでいたのに対して、実際はかなり深刻な交渉であったのだ。しかも、会談の雰囲気も終始和やかというわけではなかった。とくに、後に触れる田中首相の「ご迷惑」発言の翌日、二六日の首脳会談では、周総理は賠償問題についての日本側の立場を「これはわれわれに対する侮辱である」とまで言っている。会談に参加していた外務省の橋本中国課長(当時)は「(周総理は)怒髪天を突かんばかりの怒り方だったですからね。大平さんは一瞬蒼くなっちゃった」

と回想している(テレビ番組「決断の握手―理解と誤解の日中30年秘史」TBS二〇〇二年九月二八日、BS-i一一月四日放送)。

その一方では北方領土問題を含むソ連(当時)との関係や台湾問題、日米安保条約などについて、周総理は初対面の田中首相に対して各国の政治家の人物評を交えつつ、じつに率直に自分の見方、考え方をのべている。このあたりの硬軟両用の使い分けは、さすがに稀代の外交の名手と謳われた同総理のたちまち相手の心をつかむ秘術の種明かしをされた思いがする。

以上は三〇年後の後知恵であるが、当時は限られたチャンスでの首脳たちの一言半句に耳をそばだてて、交渉の行方を探ったものであった。記憶に残るのは見当違いに騒いだり、気づかずに見過ごしたりした事例ばかりだが、あえてその内のいくつかを書き記しておくことにする。

もっとも印象深いのは、やはり訪問初日の夜に開かれた田中首相歓迎晩餐会である。ここでの周総理の挨拶は、私を含めて大多数の日本人記者にとって初めて接する同総理の肉声の発言であったから、緊張しないわけにはいかなかった。

挨拶が始まってほどなく、戦後の日中関係を回顧した部分でこういうくだりが出てきた。「中華人民共和国成立後、中日両国の間で戦争状態の終結を公表していないにもかかわらず、両国人民の友好往来と貿易関係は絶えなかったばかりか、たえず発展してきました」

これは通訳が読み上げた日本語だが、ここにある「戦争状態の終結を公表していない」の一言に記者団はざわめいた。というのは、交渉では日中間の戦争状態の終了をいつにするかが、一つの重要な争点のはずであった。一九五二年の「中華民国」との「日華平和条約」ですでに戦争状態は終わっているとする日本政府の立場に対して、その条約自体を認めない中国はまだ戦争状態は終わっていないと主張すると見られていたからだ。

ところが周首相は「終結を公表していない」と言った。つまり中国もすでに戦争は終わっていることを認めていて、あとはそれを「公表」すればいいのではないか、と受け取ったのだった。しかし、これは中国語の原文をチェックしてすぐに「深読み」に気づいた。原文は「没有宣告結束」。「結束」は中国語で「終了」という意味だが、その前の「宣告」は日本語でいえば、「終わりを告げる」の「告げる」にあたる言葉で、「終わる」を丁寧に言っただけで、特別の意味はない。したがって、問題の個所は普通に訳せば「戦争状態は終わっていないにもかかわらず」とするべきなのだが、おそらく中国側の翻訳陣も緊張から大事を取りすぎて、意味のない「宣告」にわざわざ「公表」という意味ありげな日本語をあてたものであろう。

もう少し進んだところで、周総理はこう言った。「我々双方が努力し、十分に話し合い、小異を残して大同を求めることによって、中日国交正常化はかならず実現できるものと確信しています」

この「小異を残して大同を求める」、中国語では順序が逆になって「求大同、存小異」だが、「大同につく」ためには「小異」は「捨てる」ものと思っている日本人には耳慣れない。しかし、周首相は田中訪中の露払いの形で訪中した自民党の代表団に対しても、九月一八日に同じ表現で国交正常化を語っていた。わざわざ「小異を残す」と二度も同じ言葉を使うのには特別の意味がこめられているに違いない、きっと意見が合わないところは棚上げして国交正常化をしようということだろう、中国側は予想以上に柔軟だと、私などは思ってしまった。

これも早とちりだった。晩餐会が終わった後、すぐに中国外交部の旧知の担当官にこの解釈について意見を求めると、彼はなんでそんな解釈が出てくるのだと不思議そうな顔をする。彼によればこの諺には中国では周首相が使った「残す」以外の言い方はない。「日本人は小異を捨ててしまうのか」と、向こうが驚いている。恥ずかしながら、当時、私はこの諺の中国語を知らなかったのだ。それにしても、いつの時代かこの言葉を中国から輸入した時、一体誰が「残す」を「捨てる」に変えたのか、今でも不思議である。

三〇年後に解けた謎

有名になった田中首相の「ご迷惑」にも触れておきたい。周総理の後、挨拶に立った田中首相は過去の戦争について、次のようにのべた。「過去数十年にわたって、日中関係は遺憾ながら、不幸な経過を辿ってまいりました。この間、わが国が中国国民に多大のご迷惑をおかけしたことについて、私はあらためて深い反省の念を表明するものであります」

田中訪中前、公明党や自民党の訪中団が戦争終結や台湾との関係などについては中国側と相当突っ込んだ折衝をおこなったが、過去の戦争について田中首相がどういう表現でその気持を表すかについては事前に話合われた形跡はない。これは田中首相自身にまかされていた問題であった。その結果が右の発言であり、この表現はあまりに軽すぎると中国側が反発したことから、「ご迷惑」(中国語では「添了麻煩」)が有名になってしまった。

中国側はどう反発したか。外務省の会談記録は翌日の首脳会談での周首相の発言を、「この言葉は中国人の反感をよぶ。中国では迷惑とは小さなことにしか使われないからである」とだけ残しているが、橋本氏の回想に言うようにそれは相当にきびしかったのであろう。ちなみに中国側の記録ではこうなっている。

「『ご迷惑をかけた』というのは、うっかり女性の衣服に水をかけてしまった時のような謝り方である。日本軍国主義の侵略戦争は中国人民に重大な災難をもたらし、日本人民もまた深くその苦しみを受けた。それを『ご迷惑をかけた』と表現するのは、中国人民には通じないばかりか、強烈な反感を呼び起こす」(林代昭『戦後日中関係史』二一九頁。北京大学出版社、一九九二年)。

この周発言に田中首相がどう答えたのか、あるいは沈黙したままだったのか。どこにも記録がないところを見ると、後者だったのではないかと思われる。問題はこの「ご迷惑」発言に対して、その場でそれを聞いた日本人記者団がどう反応したかである。

周総理の挨拶には一字一句に神経を研ぎ澄ませていた日本人記者団も、田中首相のこの発言にはじつはまるで反応しなかった。弁解のようだが、それには理由があった。訪中日程が発表された九月二一日の午後、田中首相は内閣記者団と懇談し、北京会談への気構えを語ったのだが、そこで「ご迷惑をおかけしましたということは、当然第一に出る言葉だ」と述べ、それを「東洋的なもっとも素直な表現だ」とも言っていた。

当時、首相周辺からの感触として、戦前の政治家たちが起こした戦争について、後輩の自分が相手に謝罪するのは先輩の顔に泥を塗ることになるのではないかとの思いから、謝罪には消極的と伝えられていたこともあって、田中首相がどう謝罪するかより、はたして謝罪するのかどうかのほうに関心が向いていた。それがこの二一日の発言で謝罪を決断したことが明らかになったのだった。なるほど言われてみれば、何百万人もの死者が出た戦争を「ご迷惑」とは簡単すぎる言葉づかいではあるが、謝罪とか怒りとかを表現する時に「東洋的な」婉曲なもの言いですますのは、日本の政治家特有の手法である。そのローカル・ルールでいけば、「ご迷惑」も立派な謝罪ということになる。

というわけで、田中首相の挨拶でのこのくだりは、記者団にとってはいわば「予定稿どおり」であったから、格別の反応はなかったのである。今回、念のため各紙の縮刷版を繰ってみたら、二六日朝刊では『朝日』にだけ次のような一節があった。「だが、田中首相のあいさつの途中、一区切りごとに拍手を送っていた中国側が、拍手をすっぽかすくだりがいくつかあった。中国国民に『迷惑』をかけたと言ったときがそうだった。同じことを周首相のあいさつは『災難』と表現した。それを軽々しく『迷惑』くらいのことではすまされないという不満の意思表示ではなかったろうか」

人民大会堂のあの広い宴会場で記者団の席は最後列であり、遠くのメインテーブルまでは目が届かなかったが、この記者の視力には脱帽である。もっとも同紙はこの部分を見出しにしたりせず、折角の慧眼も「なごやかさ」を強調する長文の中に埋没しているが。

ほかには同日の『毎日』が北京からの記事ではなく、本社の企画でこの「ご迷惑」について、中国語の専門家や評論家、教授、作家に、その適否、要不要などを語らせているのが目についた程度だ。

後になっていろいろ引き合いに出されるこの「ご迷惑」発言に、ただちに反応しなかったのは、大勢の記者連中の目が曇っていたからだと言われれば、返す言葉はない。慶賀すべき国交正常化へ向かって、ことは一直線に進むものと決めてかかっていたことは間違いない。

うっかり見逃しはまだある。首相の北京滞在三日目となった二七日の夜、日本側の三人の政治家と毛沢東主席との会談が実現した。ニクソン米大統領の訪中では、北京到着のその日に会談はおこなわれたから、日本側ではいつになるかやきもきしていた。それが実現したというので、すでに交渉は山を越えたのだとわれわれは受け取った。実際はこの毛沢東主席との会談の後、両国外相の三回目の交渉が深夜までおこなわれ、共同声明の内容をめぐるもっとも実質的なやりとりが交わされるのであるが、プレスセンターはお祭り気分であった。二階堂官房長官も交渉内容とは直接関係がないだけに、主席との会談内容をかなり詳しく紹介した。その冒頭が毛主席のこれまた有名になった「喧嘩はもう終わりましたか、喧嘩をしないとだめですよ」という発言であった。

正直なところ、これを聞いた時、一瞬意味がわからなかった。なにしろ交渉は順調に、なごやかに進んでいるものとばかり思っていたからだ。会談では、この言葉に田中首相が「周総理と円満に話し合っています」と応じ、主席が続けて「喧嘩をしてはじめて仲良くなるものですよ」と笑いながらだめを押して、話題は日本生まれの廖承志中日友好協会会長のことやら、食事や酒のこと、日本の選挙のことやらへと移る。「喧嘩」の部分が気にはなったが、まあ毛主席一流のジョークだろうと深く考えることはしなかった。「ユーモア交え一時間」(N紙)、「なごやかに一時間」(A紙)、「毛主席、微笑絶やさず」(Y紙)といった各紙の見出しが、受け取った側の雰囲気を物語っている。

しかし、冒頭での発言であること、その後はこれといった内容がないことを考えると、この夜の会談は毛主席からこの言葉を日本側に伝えるのを目的に設定されたのではないかと思えてくる。戦争終結や台湾問題では双方ともに立場を譲りにくい。その膠着状態にこの毛発言はやんわりとした溶解薬の役割を果たしたのではないか。毛・田中会談をどう設定するのがもっとも効果的か、考え抜いた周総理の計算が三〇年後、交渉記録と照らし合わせてやっとわかったような気がする。

周総理についてはもう一つつけ加えておきたいことがある。当時、田中首相の秘書として同行した早坂茂三氏は九月三〇日、帰国する田中首相に周首相は上海空港のタラップ下で「天皇陛下によろしくお伝えください」と語ったと証言している(前出のTBS番組)。

この伝言についても、なぜ唐突に？　といぶかしく感じたのだが、じつは今回、縮刷版を繰っていて、ある記事が目にとまった。それは九月二七日の『読売』夕刊で、ワシントン特派員が米国における田中訪中の報道ぶりを紹介したものだが、米紙は二五日の晩餐会における「ご迷惑」や「反省」が謝罪にあたるかどうかを論じた上で、さらに「田中首相が歓迎晩餐会の乾杯で、『毛主席の健康のために』と祝杯をあげたのに対し、周恩来首相がついに『天皇のために』と発言しなかったことを異例の出来事として紹介している」とある。

これまた正直なところ、おそらく同行記者団の全員が気づかなかった問題である。当時、中国を訪れた外国からの賓客が乾杯の挨拶で「毛主席の健康を祝す」のは慣例であったし、日本の天皇についてはとくにそういう慣例はなかったから、われわれは不思議とも思わなかった。しかし、周首相はあるいは米国紙のこの指摘を知って、さりげなく最後に天皇に触れたのかもしれない。いかにもありそうなことである。

こうして、今になって思い返せばあの数日間の北京取材は、首相、外相らの話し合いの実態とは離れたところで、大勢が右往左往して「友好」、「前進」、「なごやか」といった言葉を順番に紡ぎ出していただけのような気もしてくるが、ともかく北京から大量の映像や活字を送りこむことで、すくなくとも日本国内に「時の流れ」を定着させる役割はなんとか果たせたと思いたい。（当時、ＴＢＳ記者）

田畑光永（たばた・みつなが）　一九三五年生まれ。東京外国語大学卒。ＴＢＳ記者、北京・香港支局長、ニュースキャスターなど。一九九六年から神奈川大学教授。著書『中国を知る』（一九九〇年、岩波書店）、『鄧小平の遺産』（一九九五年、岩波書店）、『中国のしくみ』（二〇〇三年、ナツメ社）。

5　印象深い周恩来総理の話
——日中国交正常化前史として

西園寺一晃

中国の対日正常化へのシグナル

中国指導部が対日正常化を目指す方針を決めたのは一九五〇年代初頭であった。建国間もない中国は長い戦争で破壊され、疲弊した中国の社会、経済を復興、再建する必要があった。そのためには安定した国際情勢、特に周辺地域の平和的環境が必要であった。その要は日中関係であると中国指導部は認識したのであろう。私はかつて周恩来総理から聞いた次の言葉をはっきりと覚えている。

「中日両国が相争えば、アジアは乱れる。両国が正常な関係を築けば、両国の利益にかなうばかりでなく、アジアの平和に貢献できる」

当時中国から日本へ、正常化に関するいくつかのシグナルが送られた。その一つは戦後処理に関してであった。日本の敗戦によって、大量の日本人が中国大陸に置き去りにされた。一九五〇年、中国の李徳全衛生部長（厚生大臣）は、モナコで開かれた国際赤十字会議に出席した折、日本赤十字会代表団に対し、中国大陸に取り残された邦人の帰国問題について、交渉してもよいと語った。これを受け、中国政府は新華社を通じ、邦人の帰国問題に援助を惜しまないと表明した。

本来邦人の帰国問題は、日本政府が真っ先に取り組まなければならない問題であった。しかし、当時の日本政府の対中政策は、事実上台湾の国民党政権を中国の唯一合法政府と見なし、新中国政府に対しては認めず、交渉せずというものであった。日本にとって、法的には中華人民共和国は存在しなかったのである。

この問題を解決したのは民間団体であった。日本赤十字社、日中友好協会、平和連絡会の三団体は協力して中国政府、中国紅十字会と接触、交渉し、邦人の帰国問題を実現させた。帰国第一船「興安丸」が舞鶴港に着いたのは一九五三年三月であった。この邦人帰国問題に対する中国政府の全面協力の姿勢は、対日正常化への第一のシグナルであった。

第二のシグナルは、直接的なものだった。一九五五年、中国駐ジュネーブ領事館の総領事が同じ駐ジュネーブ日本領事館総領事に対し、正常化交渉の申し入れを行ったのである。申し入れはこの年二回行われた。しかし日本政府はこれを無視した。

第三のシグナルは、日中戦争中に中国の捕虜となった日本兵すべてを釈放するという、一九五六年の中国政府と人民検察院の決定である。その結果、中国に収容されていた一千余名の日本兵は五六年八月までに全員釈放された。この時も日本政府は関与せず、日本赤十字会、日中友好協会、平和連絡会の三団体が中国側と交渉に当たった。なお、戦犯の釈放とともに、中国側は中国残留日本婦人の、子ども同伴の里帰りも許可し、五六年から五七年にかけて千五百余人の里帰りが実現した。

第四のシグナルは、周恩来総理自らが呼びかけたものであった。一九五六年一月、周恩来は政治協商会議の政治報告の中で、日本政府に正常化のための話し合いを提案した。この時も日本政府は、中国からなんの申し入れもないと否定した。

もし日本政府がソ連と国交正常化する決断をしたように、中国との正常化を前向きに考え、これらのシグナルを真剣に受け止めていたら、日中関係は二三年もの長きにわたる、第二の不幸な時期を経ることはなかった。

周総理の「うちあけ話」

確か一九五九年だったと思うが、周恩来総理から興味深い話を聞いた。それは中国側から見た対日正常化に関しての「うちあけ話」であった。

周恩来は「中国は建国して間もない頃から、真剣に対日正常化を考えていた」と言い、「しかし、対日正常化実現には二つの大きなネックがあった。その一つは日本、相手のあることだから、日本がその気にならねば実現しない。米国の中国封じ込め政策を突破して、はたして日本は決断できるか。これが一つ。そしてもう一つは、中国人民の感情問題である」と言った。

周恩来は、米国の対中国政策と特殊な日米関係からして、日本が真剣に対中国関係の改善に踏み出すことは難しいと思っていたようだ。しかしその一方で、日ソ関係の改善は、日中関係の打開にとって追い風となると考えていたと思う。特に、日ソ国交正常化実現後、日本では「次は日中」という期待が高まっていた。残留邦人の帰国、戦犯の釈放、日本婦人の里帰りなどの問題に関連し、日本では中国に対する感謝の気持ち、日中関係打開の世論が大いに高まっていた。周恩来はこの「日本人民の声」に期待していた。

周恩来の言うもう一つのネックは中国の国民感情であった。建国当初、中国の民衆の間には日本に対する嫌悪と憎悪の念が渦巻いていた。日本の侵略で死亡した人は二千万人以上だと言われる。さらに傷ついた人、死傷者の親兄弟、親類縁者、友人など含めると、直接、間接の犠牲者は数億人に上る。周恩来は言った。

「正直、多くの人民は中国が強くなったら必ずこの借りは返す。必ず日本に復讐してやると思っていたのです」

「でも、それでは正常化はできません。人民の感情は理解できてもその考え方は間違っています。中国のためにも、日本のためにも、そしてアジアのためにも、われわれは対日正常化が必要と思っていました。どうしてもわが国の人民を説得しなければならなかったのです」

どうしたら人民を説得できるのか。どのように説得するのか。周恩来総理を中心に党、政府、軍の幹部が必死に考えたという。そして一つの結論を出した。

「それは、侵略戦争を画策し、命令し、発動したごく一部の軍国主義者と、一般の日本国民、命令され動員された一般兵士を分けることです」と周恩来は言った。

周恩来の話によると、戦争の責任はごく一部の軍国主義者にある。われわれは彼らを決して許さない。しかし、一般の日本国民、一般兵士には責任はない。責任がないばかりか、彼らもまた戦争の被害者である。戦時中と戦後、日本の国民は苦しみ、多くの兵士も傷つき、命を落としたということを中国人民に知らせなければならない。戦争の被害者同士は仲良くすべきで、決して憎しみあってはならないと。

党、政府、軍の幹部を総動員しての人民に対する説得、教育が開始された。はじめはそう簡単なことではなかったという。

「多くの人は、はじめなかなか納得しませんでした。しかし粘り強い説得と教育で、われわれの考えが少しずつ浸透していったのです。納得した人は説得側に回りました」

「それでも一九五〇年代はじめの頃は大変でした。あの時代でも、多くはありませんでしたが、日本の友人は数々の障害を突破してわが国を訪れました。私たちはもちろん大歓迎ですが、実は困ったことがあったのです」

周恩来の話では、日本から来た客を北京に迎えるのはそれほど難しいことではなかったが、地方に案内する時は細心の注意が必要だったという。民衆の中には日本に対する激しい憎しみ、復讐の念が渦巻いていたからだ。まだ党と政府の説得、教育は徹底していない時代だ、なにが起こるかわからない。そこで、周恩来の直接指導の下、日本の客人が訪問するところへ、必ず先遣隊を出したという。

「先遣隊の任務は二つです。一つは今度来る日本人はわれわれの大事な友人だ、心から歓迎しなければならないと現地の人たちに伝えること。もう一つは、先に述べた対日正常化に関する説得と教育です」

五〇年代に訪中した日本人の書いたものを読むと、各地で大歓迎を受け、感激して帰国している。しかしその裏には周恩来をはじめ、中国政府や関係者の緻密な歓迎と接待準備工作があったのである。

ポールの下に座り込んだ老婆

一九五八年四月、武漢において日本商品展覧会が開かれることになった。開会を間近に控えた三月末、事件は起こった。会場の前に立てられた、両国の国旗を掲げるためのポールの下に一人の老婆が座り込んだのである。老婆は日本軍に夫を殺されていた。

「日本の鬼の兵隊は、日の丸を立てて村にやってきた。彼らは平和な村を踏みにじり、村人を犯し、殺した。夫も銃剣で刺され死んだ」

老婆は、私は絶対日の丸を揚げさせないと言い、頑としてポールの下を動こうとしなかった。困ったのは展覧会関係者である。展覧会の開幕は目前に迫っていた。このことは即刻北京の周恩来総理に報告された。

周恩来総理はすぐに湖北省と武漢市の党と政府の責任者、展覧会関係者に指示を出した。一つは、決して老婆を実力で排除してはならない。もう一つは、党、政府、展覧会関係者が同じようにポールの下に座って、時間をかけて老婆を説得すること。関係者の説得は功を奏した。老婆は自分の意志でその場を離れたという。私は招かれて武漢の日本商品展覧会開会式に出席した。各界の代表が参加した盛大なセレモニーだった。北京からは郭沫若、廖承志など対日関係の重鎮がやってきた。会場前には五星紅旗と日の丸が翻っていた。

日中国交正常化には、たくさんの「秘話」といわれる両国関係者による舞台裏の息詰まる交渉や苦労話がある。しかしそのまた裏には、両国の民衆が主役の、多くの知られざる物語がある。国交正常化から三十年が過ぎ、日中関係は発展、緊密化し、相互依存関係は強化された。しかしかつての戦争に関する「トゲ」はいまだ両国間に刺さったままだ。

毎年政府首脳の靖国神社参拝が問題になる。中国側から見れば、決して容認できない事柄なのである。中国は周恩来総理の直接指導の下、日中戦争の恨み、憎しみを乗り越え、対日正常化を実現させるため、長年にわたり自国の人民に対し説得と教育を行ってきた。その説得と教育は一部の、主要な戦争犯罪人と一般国民、一般兵士を区別することにより成り立ったのだ。もしこの前提が崩れたら、中国のこれまでの努力が水泡に帰する。靖国問題の核心はまさにここにある。A級戦犯と一般兵士を区別せず、同じように彼らに、小泉首相の言葉を借りれば「感謝」するなら、中国側のこれまでの努力は一体なんであったのかということになる。少なくとも中国側にとって、この問題は日中国交正常化の基礎をも崩しかねない重大問題なのである。

日本人にとって、中国を好きか嫌いかという時代は過ぎた。好むと好まざるとにかかわらず、中国との関係を揺るぎないものにしなければ、日本の未来はない。そのためには、いつかは「トゲ」を抜かねばならない。私はかつて郭沫若元中日友好協会名誉会長から聞いた次の言葉を思い出す。

「中国と日本の一番良い関係とは、中国はかつての不幸な時代は過去のことだ、過去のことはすべて水に流すと言い、日本は同じ誤りを犯さないためにも、決して過去を忘れない努力を続けると言う、そういう関係です」

(当時、北京在住)

西園寺一晃(さいおんじ・かずてる)　一九四二年生まれ。一九五八年、中学三年在学中両親と共に北京移住。一九六七年、北京大学経済学部政治経済科卒。朝日新聞社東京本社入社後、中国アジア調査会、平和問題調査室、調査研究室、総合研究センターの研究員、主任研究員など歴任し、二〇〇二年朝日新聞社を定年退職後、現在はフリー・ジャーナリスト。著書に『青春の北京』(中央公論社)、『中国辺境をゆく』(JTB出版)、『鄧穎超』(潮出版)など。

6 歴史の新たな一ページが開かれた夜
——毛・田中会談を再現する

横堀克己

中国の毛沢東主席と日本の田中角栄首相が初めて握手を交わしたのは、三〇年前の、一九七二年九月二七日の夜のことであった。この歴史的な会見によって、中国と日本が長かった「戦争状態」を終わらせ、正式に国交を正常化することが最終的に確定したのである。

北京・中南海の毛主席の書斎で行われた毛—田中会談に同席した人は、日本側は大平正芳外相、二階堂進官房長官、中国側は周恩来首相、姫鵬飛外相、廖承志中日友好協会会長である。だが残念なことに、いまはみな、この世を去ってしまった。

会談の内容は、終了後、二階堂長官が日本の随行記者団に会談の模様をブリーフィングし、それが翌朝の日本の新聞に載っただけで、中国側からのくわしい発表はなかった。果たして二階堂長官が言うように「一切、政治的な話は抜きだった」のだろうか。本当は何が話し合われ、どんなやりとりがあったのか。

それを知る二人の生き証人がいる。通訳・記録係としてこの会談に同席した二人の中国女性だった。王效賢さんと林麗蘊さんの二人である。日本側の事務方は参加していない。中日関係の根本を定めたこの「歴史的一夜」の模様を、二人の記憶などをもとに再現した。すると、これまで伝えられていなかった両国首脳の、生き生きとしたやりとりがわかってきた。ユーモア溢れる和やかな雰囲気の中にも、国交正常化のためにはゆるがせにできない問題も、この会談で真剣に話し合われていたのである。

（文中の肩書きはいずれも当時）

周総理の細かい心配り

田中首相一行が泊まっていた釣魚台の迎賓館に、毛主席が会うとの知らせがあったのは、一行が中国を訪問してから三日目の夕刻だった。その知らせは「突然やってきた」と、日本側は受け止めている。大平外相の回想によると、招かれたのは田中首相、大平外相だけだったが、日本側の要望で二階堂長官も加わることになり、三人は車で迎賓館を出発した。

田中首相の一行は九月二五日に北京空港に着き、ただちに田中首相と周総理による第一回首脳会談が開催された。二六日には第二回会談が、二七日には第三回会談が挙行されたが、中国の最高指導者の毛主席はずっと姿を見せなかった。第三回会談の直後、毛主席が会見するということは、交渉が基本的にまとまったことを予感させるものであった。

当時、外務省アジア局に勤めていた王效賢*さんと、中国共産党対外連絡部（中連部）で働いていた林麗蘊**さんは、自宅に帰っている暇はなかった。二人とも、その他の中国側のスタッフとともに、交渉が行われた人民大会堂の中にある部屋に泊まり込んで仕事をしていた。第三回会談が終わったあと、突然二人は「これから毛主席のところに行く」と告げられた。

「周総理が自ら『私の車に乗りなさい』と言い、人民大会堂から高級乗用車の『紅旗』で、中南海にある毛主席の住居に向かいました。前の座席に運転手と護衛が乗り、後ろの座席に周総理と私たちが乗ったのです」

周総理は、事務方で働く人たちに細かい心配りをする人であった。林さんは、以前にも周総理の車に乗せてもらったことがあった。

それは一九五六年、日本・神戸で教育を受けたあと、「祖国建設のため」中国に帰国した林さんが、初めて毛主席の通訳をしたときのことである。それまでは中連部の趙安博氏が毛主席の通訳を務めていたが、この日、突然、通訳せよと言われたのだ。だが毛主席の言葉は、湖南の訛りが非常に強く、同じ中国人でも、慣れないとよく聞き取れない。

「一瞬、頭が真っ白になって、なにがなんだかわからなくなってしまった。するとそばにいた周総理や廖承志会長が、『小姑娘《シャオクーニャン》、落ち着いて』と励ましてくれたのです。西郊賓館での会議の後、中南海へ戻るとき、周総理が自分の車に乗せてくれました。夕暮れの西単の十字路にさしかかると、時計塔の時報が聞こえてきました。それを今でもはっきり覚えています」と林さんは当時を振り返る。

王さんもまた、周総理の心配りを思い出す。

日本との国交正常化交渉が始まる少し前、王さんは林さんといっしょに、毛主席と周総理が話し合う場に連れていかれた。「毛主席の言葉は難しいので、耳ならしをしておいたほうが良い、という周総理の配慮だった。そういうチャンスが二回ありました。おかげで交渉が始まるときには毛主席の言葉はよくわかるようになっていました」と言うのである。

主席のユーモアが空気を変えた

周総理と王さん、林さんを乗せた『紅旗』は、中国の指導者たちが住み、執務する中南海にすべり込んだ。

会見場所は毛主席の住まいの中にある書斎だった。毛主席をはじめ中国側の要人はすでに書斎の中にいた。毛主席と周総理、姫外相は薄いグレーの中山服、廖会長だけが濃いグレーの中山服を着ていた。毛主席は顔色もよく、足取りもしっかりしていた。

壁の書棚は、中国の古い書籍でいっぱいだった。毛主席はすでに読んだ本に白く小さな付箋をつけていた。大きなスタンドの灯りはこうこうと輝き、部屋はとても明るかった。床には赤い絨毯が敷かれ、椅子には薄いピンクのカバーがかけられていた。九月末なのに暑い夜だった。

「書斎といってもとても広々としていた。声が聞こえないといけないので、私たち二人は椅子を動かして、毛主席に近いところに座りました」と林さんはいう。

それからどれほどの時間が経ったか、はっきりしない。午後八時、田中首相の一行が到着した。

「毛主席は田中首相を迎えるため、部屋の外に出て、立って待っていました。田中首相は顔の汗をハンカチで拭きながらやってきました。二人はしっかりと握手し、それを中国のカメラマンがフラッシュをたいて写しました。撮影は一回だけでした」と王さんは回顧する。

田中首相は毛主席に大平外相を紹介し、二人は握手を交わした。そのときである。毛主席が「天下大平」と言ったのだ。「大平《おおひら》」を「太平《タイピン》」にかけたのだ。林さんはこれを「天下泰平ですね」と訳した。この当意即妙のユーモアに、笑い声が起こった。最初は厳粛な顔をしていた田中首相の顔がほころび、それ以後、和気あいあいとした雰囲気となった。

テーブルには杭州の竜井茶が入れられた。愛煙家の毛主席だったが、タバコに手を出さなかった。

暑がりで有名な田中首相も、このときばかりは愛用の扇子を取り出さなかった。

「喧嘩はすみましたか」

会談が始まった。最初に口を開いたのは、毛主席だった。後に有名となるあの言葉である。中国語ではこう言った。

「吵完架了嗎。総是要吵一些的。天下没有不吵架的嘛」(喧嘩はもうすみましたか。喧嘩は避けられないものですよ。世の中には喧嘩がないわけはないのです)

二階堂長官のブリーフィングでは、最後の一句はなく、「喧嘩してこそ初めて仲良くなれます」と言ったことになっている。

「喧嘩」とは何を意味するのか。それは国交正常化に当たって、戦争の終結をどう宣言するか、台湾をどう位置付けるか、などを巡って中日間に大きな意見の隔たりがあり、首脳会談で激しい論戦が交わされたことを指す。

これに対し田中首相は「少しやりました。しかし、問題は解決しました」と答えた。三回目の首脳会談で、双方が智恵を出し合い、大筋で合意を見たことを述べたのだった。

すると毛主席は、大平外相と姫外相を見やりながら「你把他打敗了吧」とユーモアをこめて尋ねたのだ。「あなたは、相手を打ち負かしたのですね」というわけだ。

大平外相はあわてて答えた。「いいえ、打ち負かしてはいません。我々は平等です」。こういい終わるや、大平、姫両外相は声を合わせて笑った。

周総理がこの会話をひきとって「両国外相很努力」と言った。「両国の外相はともに大変よくがんばった」とその労をねぎらったのである。田中首相もこれに続けて「**両国の外相は、大変努力して、多くの仕事を成し遂げました**」とたたえた。

すると毛主席は、姫外相を指差しながら「**他是周文王的后代**」と言った。「彼は周の文王の末裔だ」というのである。

周の文王は、周王朝の基礎を作った名君と言われ、姓は姫、名は昌といい、太公望呂尚をはじめ多数の人材、賢者がその下に集まったことで知られている。周の勢いを恐れた殷の紂《ちゅう》王のために捕らえられたこともあるが、虞《ぐ》と芮《ぜい》の両国の争いを裁いてから勢力を伸ばした。在位五十年といわれ、その子の武帝が天下を取る基礎を築いた人物である。歴史に詳しい毛主席らしい、人物紹介である。

すると周総理が「**周文王姓姫、他不姓我這個周**」と言った。「周の文王の姓は姫で、私のような周姓ではありません」ということだ。「これを聞いてみんなが笑った」のを王さんは覚えている。

周総理がこう言った理由は何か。中国の歴史や氏姓に詳しくない日本側に、毛主席の発言の意味を解説したのか、それにとどまらず、もっと深い含意があったのか、それはよくわからない。周総理は、自分は周の文王のような人物ではない、と謙遜したのではないだろうか。

「添了麻煩」はどうなった

今度は廖会長の話になった。二階堂長官の話では「毛主席は廖会長を指差しながら『彼は日本で生まれたので、今度帰る際にはぜひ連れていってください』といい、田中首相が『廖承志先生は日本でも非常に有名です。もし参議院全国区の選挙に出馬されれば、必ず当選するでしょう』と応じた」という。

王さんも廖会長に関してこういう趣旨の話があったことを確認している。当時の参議院は、全国区と地方区に分かれていて、全国区の候補者は、知名度の高い人物が当選しやすい制度だった。

この後、中華料理や中国茶、マオタイ酒の話になったという。田中首相が「マオタイ酒は六〇度といわれますが、とてもおいしい」と言うと、毛主席が「誰が六〇度と言いましたか。マオタイ酒は七五度ですよ」と応じ、さらに中国の歴史の話や日本の選挙などについて「ユーモアを交えた和やかなやりとりが続いた」と二階堂長官は紹介している。だが、王さんも林さんも、こうしたやりとりを覚えていない。

しかし、二階堂長官が言わなかった重要なことを、二人はしっかり記憶していた。それは「添了麻煩《ティエンラマーファン》」(迷惑をかけた)に関するやりとりである。

毛主席が**「添了麻煩的問題、怎麼解決了」**(添了麻煩の問題はどうなったのか)と言い出したのだった。そして書斎の後ろの方に控えていた毛主席の英語の通訳で、若い女性の唐聞生さんを指差しながら**「女同志有意見」**(彼女たちは文句を言っているのです)と言ったのだった。しかし毛主席の口調は、厳しいものではなく、穏やかだった。

「添了麻煩」の問題は、田中首相が中国訪問の初日に、人民大会堂で開かれた歓迎宴で、こう演説したことに端を発する。

「過去数十年にわたって日中関係は、遺憾ながら、不幸な経過をたどってまいりました。この間、わが国が中国国民に多大のご迷惑をおかけしたことについて、私はあらためて深い反省の念を表明するものであります」

日本側通訳が「多大のご迷惑をおかけした」を「添了麻煩」と中国語に訳したとき、宴会場にざわめきが起こった。中国側の日本語通訳を担当していた林さんに、英語の通訳の唐さんが「添了麻煩なんて軽すぎるのではないの」とささやきかけたのだ。

確かに「添了麻煩」という表現は、「女性のスカートに水をかけてしまったときに使われる」程度の軽い言葉とされている。「周総理もこれを聞いて憤慨した」と、周総理周辺にいた人たちは証言している。日本の侵略による戦争でもたらされた被害と責任について日本側がどう認識しているかを、この表現は端的に示していた。だから首脳会談では、これをめぐって激しい議論が交わされてきたのである。

毛主席のこの問いに大平外相が答えた。**「これは、中国側の意見に従って改め、解決しました」**

確かに中日双方の激しい議論の末、九月二九日発表された『共同声明』では、「日本側は過去において、日本国が戦争を通じて中国人民に重大な損害を与えたことについての責任を痛感し、深く反省する」と明記されたのだった。日本側が「添了麻煩」という表現をやめ、中国側の主張に歩み寄ったことは明らかだ。

二階堂長官は、「政治的な話はなかった」と言ったが、これこそまさに政治的なやりとりだった。だが、二階堂長官の苦労も察してあげなければならないだろう。この時点では、双方の意見は大筋で合意に達したものの、『共同声明』の文言をめぐって最終的な詰めの作業がまだ続いていた。それが随行記者団に漏れれば、思わぬ結果を引き起こすかもしれない、と心配したに違いない。

一時間に及ぶ会見は、和やかな雰囲気のうちに終わりに近づいた。

毛主席は、書棚の中から糸とじ本の『楚辞集注』六巻を取ってくるよう服務員に言いつけ、立ち上がってそれを田中首相に手渡した。『楚辞集注』は、楚の宰相であり詩人でもあった屈原らの辞賦を集めた『楚辞』に、南宋の学者、朱熹が注釈を付けたものである。

なぜ『楚辞集注』を贈ったのか。さまざまな憶測が流れた。「屈原に引っかけて、国民の利益のため決然として訪中した田中首相の愛国心を称えたのだ」という見方もあった。真相はよくわからない。しかし「主席はこの本が大好きだったからに違いありません」と王さんはみている。

毛主席は、田中首相が強く固辞したにもかかわらず、書斎から玄関まで一行を見送りに出た。毛主席の足取りは速く、遅れまいと、林さんは小走りについて行ったという。

こうして「歴史的な会見」は終わった。

原点に帰れ

あれから三〇年。中国と日本はそれぞれ発展し、中日関係も貿易や人の往来の面で飛躍的な伸びを見せた。しかし、教科書問題や歴史認識、靖国神社への首相の参拝などで、中日関係に波風が立っている。

「歴史的会見」に同席した王さんと林さんは、いま、何を考え、どんな教訓を引き出しているだろうか。

王さんはこう言う。「中日両国はどんなことがあっても戦争してはいけない。戦争で被害を受けたのは両国の人民であり、ごく少数の日本軍国主義者とは区別すべきだ。歴史を過去のものにし、前に向かって進む必要がある。そのためには、日本は過去の侵略の歴史を承認し、反省する。そこに『中日共同声明』の原点がある。教科書問題などが起こるたびに『原点に帰れ』と私は思う」

林さんはこう言う。「周総理は、『飲水不忘掘井人』と言われた。今日の中日関係を考えるとき、その井戸を掘った人たちの苦労を忘れてはいけない。国交正常化に到るまでも、民間交流が大きな役割を果たした。民間大使と言われた西園寺公一先生は、国交正常化が実現するまで禁煙を続け、『共同声明』が発表されてからタバコに火をつけて、おいしそうに一服吸った。国交正常化という仕事は、容易ではなかったのです」

（当時、朝日新聞外報部員）

---

*王效賢　一九三〇年六月、河北省生まれ。北京大学で日本語を学び、五三年から外交学会、七一年から外務省勤務。外務省日本課長を経て八三年から八六年まで、駐日中国大使館に勤務。八六年から中日友好協会副会長兼秘書長、中国人民対外友好協会副会長をつとめ、現在は中日友好協会副会長、政治協商会議全国委員。

**林麗韞　一九三三年三月、台湾・台中生まれ、四〇年から五二年まで、日本・神戸の小、中、高校で学び、神戸中華同文学校の教員となる。五二年に中国に帰国し、北京大学で生物学を学ぶ。五三年から中央対外連絡部に勤務し、局長となる。全国人民代表大会常務委員を五期つとめた後、現在、中国共産党中央委員、中華全国帰国華僑連合会副主席、中国国際文化交流センター副理事長。

横堀克己（よこぼり・かつみ）　一九四一年生まれ。東京大学文学部東洋史学科卒。一九六六年、朝日新聞入社、大阪本社社会部員、外報部員、バンコク支局長、北京特派員、外報部次長、論説委員を経て一九九〇年から朝日新聞北京支局長。さらに論説委員を経て現在、『人民中国』編集顧問。共著に『十億人の近代化』（一九八〇年、朝日新聞社刊）など。

7 田中総理訪中前の周総理の対日アプローチ

王泰平
加藤優子・訳

最初のメッセージ

一九七二年五月一五日夜、周恩来総理と廖承志中日友好協会会長、王国権同副会長らは、人民大会堂東大庁で、二宮文造公明党副委員長が率いる公明党第二回訪中団と会見した。

周恩来はまず竹入義勝委員長へのお見舞いを述べ、右翼の不満分子が彼を刺して傷を負わせたが、快癒したかどうかを尋ねた。二宮副委員長はこう答えた。昨年九月に刺されたとき周恩来をはじめとする中国の友人から、彼の身体を心配してお見舞いの電報をいただき、非常に感謝している。今とても元気になった、と。

二宮副委員長が、田中角栄が総理大臣になる見込みだと言うと、周恩来はこう尋ねた。「もし首相になったら、まず中国へ行き謝りたい。過去の日本が起こした侵略戦争への詫びである」と田中氏が以前言ったという報道を聞いたが、これは確かだろうか、と。

二宮副委員長は、「私もそのニュースを聞いたことがあり、それに田中という人はそれをやれる人だと思う。ただの自己PRではない」と答えた。

そこで周恩来は、公明党の委員長か副委員長が田中氏に密かに伝えてほしいと頼んだ。

「もし田中氏が首相になって、中日両国の関係問題について話したいというのなら、われわれは歓迎する。そのような勇気あるかれをわれわれは歓迎すべきだと思う」

周恩来は続けた。「私は日本の友人にいつも冗談で言っている。中国に来る方々は皆、首相や外務大臣、他の大臣を辞めた方ばかりだ、と。片山哲、石橋湛山は元首相、三木武夫、藤山愛一郎、小坂善太郎は元外相だ。高碕達之助に、バンドンでお会いした時彼は大臣だったが、後に中国にいらしたときはもう大臣ではなかった。松村謙三も同じ。現職の首相が、中日関係の問題を解決しようとして自ら中国に来て話すというのを、われわれは当然拒むわけにいかない。こうして吉田(茂)から佐藤(栄作)までのラインを断ち切る、勇気がある人が来ると言うのをわれわれはどうして拒めようか。もし拒んだとしたら不公平だ。ニクソンが来てよく、日本の新首相がだめということがあろうか。われわれの行ないはいつも公正でなければならない」

この会見時、日本の政局の先行きはわからず不透明であったため、周恩来は実際の仕事は後日にと考え、公明党に、田中氏へ話を伝えてくれるよう頼む一方、佐藤路線を引き継ぐ政権ができた場合は、中日友好を進める牽引力になってくれるよう激励した。そしてわれわれは人民に希望を託している、中日友好が生まれれば、東アジア、ひいては世界にますます貢献できるだろう、と語った。

中央突破へ、上海バレエ団訪日のチャンスを利用せよ

一九七二年七月一〇日、それは田中新内閣が誕生して四日目だったが、孫平化中日友好協会副秘書長が率いる中国上海バレエ団の一行二一〇人が東京に到着した。日中文化交流協会と朝日新聞社の招きに応じた、三三日間の訪日公演だった。

バレエ団の来日は好機に恵まれ、政府と民間から熱烈な歓迎を受けた。かれらが演じる現代バレエ『白毛女』と『紅色娘子軍』は、東京から地方までどの舞台も大入り満員で、日本中が湧き立った。後に日本側の希望で、滞在期間が三日延び公演が二回増えた。合わせて一五回の公演は大成功を収めた。

〝成功〟は公演だけにとどまらず、日本国内に、日中国交回復要求の運動の高まりを促し、田中首相の訪中実現化を後押しした。

孫平化が日本に着いてまもなく、農業代表団に随行して外交部の陳抗日本課長が東京に到着した。陳は出発前周総理が開催した会議に出席し、周総理から口頭で重要指示を受けていた。日本に到着すると彼はすぐ、孫平化と着任したばかりの蕭向前・中日覚書貿易事務所東京連絡事務所首席代表に、周恩来からの指示を伝えた。

「田中内閣が中日の国交正常化実現を急ぐということは歓迎に値する。こう言うのも毛沢東主席が積極的な態度を取るべきだと言ったからである。（相手方が）話し合いにやって来ればいいし、話し合いになってもならなくてもいい。要するに今重要な時期に差し掛かっている。しっかりとつかまえよ。「旋風」を繰り返すわけにはいかず、結果を出さなければいけない。孫平化は万丈の高楼を平地に起こし、蕭向前は前進を続けるという意味。この二人に任せておけば大丈夫だ」

八月一五日、田中首相は帝国ホテル一六階の広間で孫平化と蕭向前に会った。日本側出席者は二階堂進内閣官房長官、橋本恕中国課長らで、中国側は唐家璇らがいた。現職の首相が中国代表団団長や連絡事務所駐在代表に会うのは、戦後初めてのことで、田中内閣の重要な政治姿勢であり、尋常ならざる意味があった。

田中首相は、周総理が彼の訪中を歓迎していることにいたく感激して、「なるべく早い時期の訪中を決め、招待を正式に受ける」旨をはっきり孫平化に告げた。「だが、党内にはまだ面倒な問題と複雑な情況があり、具体的な時間を今日はっきり言うのはまだまずい。ただし、正式な記録に入れない談話としてなら、非公式に中国側に教えられよう。そちらの都合がよければ、九月下旬から一〇月初旬のある時期に訪問しようと考えている。訪中前に党内のさまざまな意見を円満に処理するために、万に一つの失敗もない情勢にし、今しばらく具体的な日時を公表せず、不利な情況を避け、中国側の諒解を得たい」とも言った。

田中首相は、彼の訪中前にまず自民党代表団に北京を訪問させようと思っており、この代表団は「とてつもなく大きい隊伍」で、「その中には同意しない人も、反対意見の人も含むことになる。日程の相談より、党内の認識・意見をまとめるほうが大事である」「今できる限りさまざまな意見を持つ人を行かせることで、かれらの賛同を得、かれらの理解を深め、訪中の効果を更に大きくし、『有終の美』を飾ることになるだろう」と両人に語った。

田中首相が自民党代表団を中国に派遣することに関して、大平正芳外相が八月一一日に孫平化、蕭向前と会見した際、中国側に提出していた。彼らはすでに国内から「歓迎を正式に表わすよう」指示されていたから、孫平化はその場で正式な返答をした。田中首相はそれを聞きとても喜んだ。

この会見は午後四時三〇分に始まり、親しく友好的な雰囲気のもと一時間一五分間続いた。終わりに、双方が相談して決めた四点をマスコミに発表し、田中首相の訪中日程が確定後、中日双方が同時に発表することで同意した。ニュースが流れると日中両国で強烈な反響を引き起こしただけでなく、全世界の目を引きつけた。これは日中関係が新しい段階に入ることを意味していた。

八月一六日、中国上海バレエ団の日本訪問が滞りなく終了した。当時日中間には定期航空路がなく、バレエ団は通常の往来ルートで香港を経由して日本へ来た。だから帰国時も香港を回るはずであった。ただバレエ団が日本に着いてまもなく、藤山愛一郎は孫平化と蕭向前に、日本航空の旅客機で全団員を直接上海に送り返す考えがあることを示していた。古くからの日本の友人岡崎嘉平太もこれを知って後、全日空機で送り届けたいとの希望を両氏に伝えた。

孫平化はこれを国へ国際電話で報告し、自分の考えも加えた。「バレエ団帰国の交通手段はとっくに準備されている。それに直行便で帰ってはことを大げさにする。私個人としてはこの必要はないと思われる」

日を置かずして孫平化は、図らずも、自分の意見とは反対の指示を受け取った。

「藤山氏の好意を受け、日航機で東京から上海に直行せよ。もし二機必要なら、日航と全日空を一機ずつに。上海国際空港は一時的に日本の旅客機に開放される」

それはこういういきさつだった。バレエ団の日本での活動状況から目を離さなかった周恩来は、孫平化からの電話記録を読み、「必要はないと思われる」の字の脇に「違う、大いに必要あり。これは日本への積極的な合図。政治なのだ」と書き込んだ。こうして孫平化は上記のような具体的指示を受け取ったのである。

周恩来の指示は非常に大きな政治効果を生んだ。チャーター便で帰国するとの中国側の返答に、日航と全日空が大変喜んだだけでなく、日本の政府・民間各界に強烈な反響を呼び、中日国交正常化の気分がいっそう高まった。

八月一六日、上海バレエ団は中島健蔵、岡崎嘉平太と両航空会社の社長自らが同行し、上海紅橋空港に降り立つと、三千人の歓迎を受けた。周恩来から、特に盛大に歓迎するよう、それは、二月のニクソン訪中時にアメリカの飛行機を迎えたときより、優るとも劣らないようにと指示されていたからだった。後に孫平化がこのときのことを回想し、周恩来は「バレエ団の帰国を迎えるだけでなく、田中首相の訪中を迎えること」を決めていたと語っている。

佐々木更三氏と会見し、田中首相の訪中を強く促す

田中首相に早期訪中を決意させ、中日復交問題を解決するために、周恩来は、日本社会党前委員長の佐々木更三と会見した。関係正常化をめぐって、七月一六日と一九日の二回、突っ込んだ話し合いが行なわれた。

佐々木氏は「田中首相と会ってからここに来た。首相の決心は固く、国内の反対派を排除して、全力を挙げて日中復交の実現をめざしている。中国にその意志があるならすぐ解決に着手してよいとのことだ。この点に関して田中首相を信頼してよいと思う」と言った。

周恩来は直ちに佐々木氏の見方に賛成し、付け加えた。

「われわれはすでに手を差し伸べていますよ」

続いて、田中首相と大平外相のどちらが先に来ると思うかと尋ねた。

佐々木氏は、「周総理の言葉をそのまま二人に伝えたら、彼らはいっしょに来られる」と答えた。

「そう、まずは来て話したらいい。話せばはっきりする」と周恩来は強く言った。

「田中氏は佐藤内閣で主要大臣を務めたことがある。彼自身が行くか、大臣に行かせるかした場合、中国が受け入れるかどうかを心配している」と言う佐々木氏に、周恩来は即座に「それはまったく問

題ない」と答えた。

「周総理が以前『北京空港を日本の首相に開放する用意がある』と言われたが、これはまだ有効か」と佐々木氏は問うた。

「有効だ。百パーセント有効だ。……上海を経由して、われわれのパイロットを乗せてから北京にきたらよい」とはっきり答えた。

佐々木氏は帰国後田中首相に伝えると述べた。

野党が日中国交回復を促進する決意を固めるために、周恩来は佐々木氏にわざわざこう言った。

「もし中日両国の国交が回復したら、野党や民間友好人士との過去二十余年の友好往来をさらに緊密に、さらに頻繁にし、冷え込まないようにしていきたい。中日国交回復促進と友好交流に尽力したのだからより尊重すべきであり、新しい友人関係ができたからといって、古い友人を捨てることはできない。われわれは友好人士をずっと尊重してきたが、政府間交流が始まったからといって、今まであった民間人との友好交流を取り消すことはない。逆にもっと増していこう」

これを聞いた佐々木氏は、帰国後、周総理の話を必ず田中首相に伝えると言い、この話は訪中決断を促すだろうと述べた。

川崎秀二が来てメッセージを伝え、予想外の収穫

八月一八日晩、周恩来は人民大会堂接見の間で川崎秀二(自民党衆議院議員・日中国交正常化協議会副会長)に会見した。川崎氏は与党自民党内で日中国交正常化促進派である。彼は大平外相に頼まれて一七日に北京を訪れ、廖承志とその日に話し合いの場を持った。

川崎氏は豪快な性格で、少々大雑把に見えてなかなか注意が細かい人だった。会談が始まるとポケットから資料を取り出し、大平外相から周総理へのメッセージは、整理した結果六点あると言って報告した。

周恩来は、廖承志の報告を受けてから川崎秀二と会い、二時間以上にわたり、親しく言葉を交わした。

周恩来は川崎氏と河野洋平、坂本三十次ら若手自民党議員と三木武夫、中曾根康弘らが日中国交正常化の推進に努めていることを高く評価した。そして田中、大平、三木、中曾根の四氏が連合し、そこにさらに小グループが加わり、吉田茂から岸信介、佐藤栄作、さらに福田赳夫に至る流れを突き破り、外交に新たな局面を開いたと述べた。

自民党内が日中国交正常化問題で意見が分かれていることに話がいくと、周恩来は言った。

「反対意見があるだろうことは予測できる。川崎氏が語った情況から見るに、反対派の数は多くはないし、彼らは台湾との断交に反対しているのであって、中日関係の正常化促進に反対するわけにはいかない」

「新内閣、田中首相と大平外相は台湾問題を適切に処理する便宜的方法を探し出せることと思う」

そしてさらにこう断言した。「蔣介石は『二つの中国』を受け入れられない。日本と中華人民共和国が国交回復したら、即あちらから日本政府との断交声明を出すはずだ」

「日本の方針は日中国交正常化と日米友好を共存させること」という大平外相からのメッセージに対し、「貴国の首相と外相がハワイへ行ってニクソン大統領と会談し、会談がうまくいった上に、解決方法も見出せたと思う」と周恩来は言った。さらに首相と外相へメッセージを託した。

「キッシンジャー博士が(今年六月に)北京へ来たとき、中日国交正常化に反対かどうかを尋ねた。彼は反対しない、反対というよりむしろ促進をと思っているとの答えだった。中日国交正常化は日米の友好を妨げることはない、と私が言ったから、彼が今反対するはずがない。中米共同コミュニケ、即ち上海コミュニケでこのことを言っているではないか。中米関係が改まることは中米両国人民にとって良いだけでなく、世界各国にもよい。この点は中日の接近にあてはまる。中米共同コミュニケではこうも言っている。中米両国はともにアジアと太平洋地域の覇権を求めるものではなく、他の大国がアジアと太平洋地域で覇権を求めることに反対する。われわれの中日友好も同じだ。その他に、田中首相は日中国交正常化促進協議会開会式で発表した十点とその後の大平外相の六点にすべて語られている。中日友好は決して第三国をねらわない。この道理でいけば、アメリカもこれ以上何も言えない」川崎氏はまったく同意見だと述べた。

周恩来は続けた。

「アメリカがよく言うのは、急ぐなということ。ただしこれもアメリカにこう答えられる。中米関係は二十数年途切れていたが、アメリカは昨年あっという間に中国との会談に至ったが、日本に何ら声を掛けなかったではないか、と。日本は独立した主権国家として同様にしていいはずである。日本のすることがアメリカをねらいさえしなければ、アメリカだって反対できない。早いか遅いかは互いに努力して言うことだ。アメリカはともあれ中国との国交正常化を望み、中米共同コミュニケにそのことを書いたのだから、根本的な問題にならないことは了解済みと言える」

川崎氏は話を聞いて大いに喜び、このたびの会見は思いの外、周恩来が重要な問題を多く語ったから、すぐに戻って首相と外相に伝える必要があると思った。そのため彼は思い切って西安訪問の日程を取り消し、予定より三日早く帰国した。

小坂団長に会い、ひそかに田中首相を助ける

田中首相は、障害を取り除くために、自分が率いる自民党の代表団を訪中させた。中国側は首相の意図をよくよく察し、代表団の訪中を重視し、格式高くもてなし、熱烈重厚に迎えた。中日友好協会名誉会長の郭沫若が歓迎宴を催し、代表団一行をねぎらった。郭沫若は「朋あり遠方より来る、また楽しからずや」の句を引き、小坂善太郎団長ほか全団員をいたく感激させ、一気に緊張の糸を解いた。中日友好協会会長の廖承志と外交部副部長の韓念龍もそれぞれ代表団と会い、正常化問題をめぐって、踏み込んだ意見交換をした。会談では少なからぬ論争があったが、双方相違点を強調せず、共通点を探すよう努め、原則問題では一致を見た。「この種の論争は逆にわれわれの間の友好を深めた」と小坂団長は周恩来に後に言った。

北京滞在中の代表団に、周恩来総理は三回会見した。一回目は九月一八日午後、人民大会堂東大庁で行なわれ、郭沫若、姫鵬飛、廖承志、韓念龍、王国権らが同席した。

周恩来はメンバー一人一人と握手し言葉を交わし、鄭重に歓迎の意を表した。各位に目をやってから、「当然皆様を歓迎しなければならない。自民党として、最初の、正式な訪中団であり、田中角栄閣下が新総裁になられた後に派遣された代表団なのだから、特に歓迎する意味がある」と言った。

周恩来総理は、田中氏が首相就任当日、七月七日の閣議で行なった「外交面では中華人民共和国との国交回復を急いで実現しなければならない」との演説を高く評価した。そして七月七日の盧溝橋事件のその日に勇敢にもあの演説をしたことで、中日関係史が新しい段階に入ったとも語った。

そしてこう続けた。

「今日は九月一八日の柳条湖事件の日、四一年前のあの日だ。それが、今われわれは握手を交わし談笑している。これは歴史が変わったと言ってもいいのではないか」

全員が手をたたき、ホールは急ににぎやかになった。周恩来はさらに語気を強めて語った。

「これぞ歴史が転換する場面である」

「これらは同じ世紀に起き、今日、中日両国の歴史に新しい一ページが開かれた」とのことばに、万雷の拍手が鳴り響いた。

周恩来はこの四五分間の会見で、中日両国の二千年にわたる人々の交流史を語った。日清戦争から第二次大戦終結までの五〇年間、日本の軍国主義が中国への侵略と戦争を仕掛けた。「前のことを忘れることなく、後の戒めとする」という中国の古訓を引き、「この教訓を忘るべからず」と強調した。

小坂団長は「周総理の見解にまったく同感」と述べ、「前車の覆るは後車の戒め」ということばを披露した。

「中国にもそういう成句がある。あなたのおっしゃる通りだ」と周恩来はすぐに称賛した。

主客双方、話が盛り上がっている時、周恩来はちらっと時計に目をやり、小坂団長に言った。

「申しわけない。今から空港へ行ってイラン国王王妃と首相を出迎えなくてはならず、話を続けられない。ただ、今晩、記者も含めて皆様を宴会にご招待する。北京ダックを召し上がってください」

宴会後、夜九時二〇分から人民大会堂「新疆の間」で、周恩来と廖承志、韓念龍、王国権が再び小坂ら五人と会談した。

この話し合いで、日本側の懸念点について、周恩来は委細に説明した。

「田中首相と大平外相は中国が提示したところの中日復交三原則の立場を十分に理解しているから、かれらが来ても話が通じる。このような理解があれば中国側は日本側が直面する問題を解決できる」

小坂氏らはこれを聞いて喜び、手を叩いて、感謝の気持を表した。同席していた鯨岡兵輔議員は言った。

「周総理のこれらの話を聞いて本当に嬉しく思った。こうして、小坂さんを団長とする訪中団の目的は達せられた」

九月一九日の晩、当初の日程になかったが、周恩来総理は小坂氏らと会見した。「私がお呼びしたのは急なもので、皆様に再び会う予定はもともとなかった。ただし中日国交回復のために、中日友好を増すために、まだやるべきことがあり、労を惜しんではいけない」

それに続き、周総理は緊急に会見するわけを詳しく説明した。

「今日皆様に会うのは椎名氏が私を動かしたからである。椎名悦三郎氏が昨日台湾で、自民党日中国交正常化協議会が九月八日に決議した前文で、外交関係を含む台湾との関係を維持すると述べていることを公表した」

そして、やや低い声でゆっくりと言った。

「もしそうだとしたら、われわれが何度も会って、話し合っているのは、無意味に等しいではないか」

周恩来は椎名氏の誤謬を鋭く指摘した。椎名氏が大平外相に「中国と国交を正常化して同時に国民政府を承認している国はない」と言い、「それはロジック上の話で、政治上はそうなるとは決まっていない」とでたらめな解釈を加えたが、周総理は「ロジックと政治は別のもの、これはいったいどんなロジックなのか」と厳しく批判したのだった。

日本側の原則問題に関する立場が後退しないように、周恩来はこう強調した。

「田中首相は就任当日に日中国交正常化実現を急ぐ必要があると表明した。田中、大平両氏は、田中政権は中国の三原則の立場を十分に理解していると、何度も繰り返した。もし日本と中国が国交を樹立したら、世界にこのような国はないから、台湾との外交関係を同時に維持することはできないとも言っている。これはロジックの必然であり、政治の必然である。われわれはこのような立場に基づいて、田中首相の訪中を歓迎し、日中復交問題の解決を話し合う」

「昨日の会談後、行き違いが生じたのでわれわれの立場を再度はっきり話したい」

この会見は夜の一〇時二〇分から一時間続いた。終了後、「必ず約束を守る」と言って小坂団長は周恩来の手を握った。外務省の橋本恕中国課長は、帰国後周総理のことばをそのまま田中首相と大平外相に伝えると述べた。

「メッセンジャー」を務める古井氏、大いに称賛される

佐藤首相の辞任と田中氏の首相就任前後に、周恩来総理は中日覚書貿易事務所のルートを通じて、日本の政局の変化を理解し、成り行きに応じて有利に導き、中日国交正常化を進めた。

九月九日、中日覚書貿易事務所日本側責任者の古井喜実氏は、田川誠一、松本俊一の両氏を伴い訪中した。古井氏にとって一二回目の訪問で、名目は覚書貿易についての交渉だったが、実際は重要な使命を帯びていた。政府から《共同声明》の草案を携行していたのだった。

古井氏は北京到着後まず廖承志と張香山との会談に臨んだ。

一二日、周恩来総理は人民大会堂での会見と宴に一行を招き、まず、古井氏を高く評価した。古井氏は大平外相を通じて、日本側の国交回復案に貴重な意見を多数提出し、両国政府が起草する共同声明文作成に、重要な橋渡し工作をしていた。周恩来は、「古井氏は表に出ない、裏方の仕事に一生懸命取り組んでいる。実にすばらしいことだ」と称賛してから、日本側の草案に対し中国側の立場をはっきり述べた。

その間、本質に触れるすばらしいやりとりがあった。

松本「総理は朝方まで仕事をしておられるのですか」

周総理「今少し変わりました。ゆっくりですがまだ変えているところです。貴国の首相は朝早く起きて仕事をし、夜は早く寝るそうですが、私は正反対です。会談には共通の時間を見つけなければなりません」

古井「それなら、午前中に会談するのは問題がありますね」

周総理「夜会談するのも問題ですね」

松本「総理のお話を聞いて非常に感動しました。田中首相を迎えるために、長年の生活習慣を変え、就寝時刻を少しずつ早くなさっているとは思いもよりませんでした」

古井「日中国交正常化がこんなにも速く進めるのは、周総理の指導がよいからでしょう」

周総理「両国人民の努力の結果、両国人民が友好を望んでいるからです。これは歴史の潮流であり趨勢です」

古井「総理の考えに反対してすみませんが、私は周総理の指導がよいから、国交回復が大変速く進んでいるのだと思います」

周総理「もし中国側の力だというなら、当然毛沢東主席の功績の賜物でしょう。例えば、わが国の解放後、日本の政界の元老久原房之助氏が中国に来て、毛沢東はかれと会って親しく話されました……」

古井「われわれはもともとは、新内閣成立後、まず総選挙を行なった後で、日中問題を解決するつもりでした。中国側の方向づけがよかったため、逆になったのです。まず日中国交問題を解決し、それから総選挙を行ない……」

周総理「……これはだれの功績でもなく、世の趨勢が生んだもので、人民の功績でしょう」

一九日、古井氏は地方訪問から北京へ戻った。周総理は忙しい間をぬって、人民大会堂で彼一人と会った。この会見は夜一二時すぎに始まり夜中の二時すぎまで続いた。周恩来総理の会見には廖承志らが同席した。周恩来はこの会談で中国の考え方を詳しく説明した。それを聞いた古井氏は「中国側の考え方ははっきりした。これからどう進めればいいのか」と周総理に尋ねた。

「田中首相がこちらに来てから再決定してもそれほど問題ない。しかし、古井氏を通じていま一歩はっきりさせるのもよい。われわれにとってはどちらの方法でもかまわない」と言って、古井氏を十分信用していることを示した。

そこで、古井氏はホテルに戻ると、大平外相へ手紙を書き、北京へ来てからの会談の情況を報告した。それを二〇日に帰国する橋本恕中国課長にことづけた。古井氏は田中首相の訪中が終わり、共同声明に調印するまで帰らないつもりだったが、二二日に、大平外相から戻ってきてほしい旨の電話を暗号でもらい、二三日に東京へ直行する飛行機で帰国した。翌日、大平外相に会い、周総理との会見内容をこと細かに報告した。その報告から、周総理の考え方を具体的に理解した外相は、共同声明の日本側草案の問題点をどう修正したらいいか、田中首相といま一歩突っ込んで話し合った。

翌二五日、田中首相一行は中国へと出発した。

(当時、北京日報日本特派員)

王泰平(Wang Taiping)一九四一年、遼寧省東港市生まれ。中国外交学院、北京外国語大学卒。北京日報日本特派員、国際問題専門誌『世界知識』編集次長、国際問題総合誌『世界博覧』編集長などを経て、一九九一年より駐日本大使館政務参事官、中国外交部政策研究室(局)次長、中国駐札幌総領事、駐福岡総領事などを経て、現在、駐大阪大使級総領事。日本で出された著書に『大河奔流』(青木麗子訳、奈良日日新聞社、二〇〇二年)がある。本稿は主編した『新中国外交五〇年』(北京出版社、一九九九年)から抄録したものである。

8　民間外交と政府交渉をつなぐレール

呉学文
加藤優子・訳

民間外交から半官半民の関係へ

二〇世紀六〇年代末、アメリカは対ソ連戦略をかんがみ、グローバルな見地から中米関係改善を重要視した。一九七二年二月にニクソン大統領は中国を訪問したが、国交を回復したのは七年後のことである。ニクソン訪中に影響された日本は、田中角栄が組閣八四日後に、中国と国交を回復した。両者に違いが生じたのにはいろいろな原因が考えられよう。中日両国には長期にわたり民間外交が行なわれ、水至りて渠を成すように、迅速に国交正常化が実現したわけで、これが中米関係と大きく違う特徴である。

中日間の民間外交は、第二次大戦後の冷戦期に、中日両国民が国内外のさまざまな状況のもと、主観・客観両面から進められた。この周恩来総理が唱導した民間外交は、二千年にわたる伝統の上に立つ中日友好という偉大な力により、人道主義に立つ交流、経済交流、文化交流から始まり、政府関係を前進させてきた。即ち、民を以て官を促す「民間先行」である。だが、国際法に阻まれ、中日両国は講和に至らず、戦争状態が終結しなかった。日本政府はアメリカの中国敵視政策に追従していたけれど、中日両国民が積極的に、特に中国政府が積極的に、国際慣例に拘泥せず民間外交を迅速に進めてきた。

一九五二年に中日民間貿易協定に署名し、一九五三年に人道主義の立場から中国に残留している日本国民を帰国させ、一九五五年には中日民間漁業協定に調印した。一九五六、五七年には日本人戦犯を釈放するという寛大な措置をとったなどである。

同時に、さまざまな分野で民間交流が日に日に盛んになり、各方面の代表団の訪中も増えた。一方、松本治一郎、田島正雄、村田省蔵、鈴木一郎ら名士、友好団体、労働組合組織、経済団体及び日本赤十字社などの努力で、新中国成立後最初の民間代表団——中国紅十字会と貿易代表団が一九五四年、五五年に相次いで訪日した。広範な社会階層の人々が、日中友好と国交回復を求める運動が日本全国に沸き起こった。

情勢の変化に伴い、日本の政界、経済界の有識者が行動を起こした。石橋湛山、松村謙三、高碕達之助、岡崎嘉平太らは中日関係の改善にむけていろいろな対策を講じた。この働きかけは日中の友好と国交回復運動と相まって、日々の努力の積み重ねも加わり、六〇年代前半、新しい局面が生まれた。一九六二年一一月、廖承志と高碕達之助が中日両国の民間貿易に関する「覚書」（即ちＬＴ貿易の覚書）に調印した。これは長期的で総合的な、延べ払いによるバーター貿易であり、「貿易三原則」「政治三原則」「政治と経済不可分」の原則を具体化したものだった。中日双方は政治方面の担当者として廖承志、松村謙三、経済方面の担当者として廖承志と劉希文、高碕達之助と岡崎嘉平太をそれぞれ指名した。廖承志事務所は実際には国務院外事弁公室の下にあり、外交部や対外貿易部などの関係幹部が仕事に携わる機関である。事務所は対外貿易部内に置かれ、具体的業務は対外貿易部第四局があたった。高碕達之助事務所の正式な名称は「日中総合貿易協議会」といい、松村訪中団（一九六二年九月）と高碕訪中団（同年一〇月）の主要メンバーで構成された。実際には通産省の外郭団体で、日本政府と密接につながっていた。一九六四年四月、廖承志事務所と高碕事務所は、互いの首都に開設する連絡事務所に代表を派遣することと事務所会談紀要に調印した。その年の秋には、事務所が開かれると同時に駐在記者交換が実現する。中日関係は民間外交から、事実上半官半民の関係になった。

「対日政策指導体制」整う

国交樹立前の中国側の「対日政策指導体制」について触れておきたい。これは正式な言い方ではないし、実際にもこのような機関はなかったが、自らの体験でこのような体制の存在を感じたのである。毛沢東は中日関係の重要事項を自ら決定し、訪中した日本の友好人士、政党党首、国会議員と数多く会見しており、中日青年友好団とも歓談した。労働者運動家の訪中団のために題辞を書き記し、日本国民の反米愛国正義闘争を支持するとの談話を発表した。

周総理も対日政策方針を立案し、訪中する各界の友好人士、代表団、各党各派の要人と会った。「日中両国民の子々孫々友好」という理想を掲げ、会見はいつも長時間におよんだ。

党中央の渉外業務には、陳毅副総理兼外相が組長、廖承志が副組長の外事組があった。国務院には外事弁公室が設けられ、陳毅を主任、廖承志を副主任とした。外事弁公室に日本組があり、日本組組長は楊正、後に王暁雲が務め、担当者が数人いた。まず廖承志が日本と関係のある各部門の渉外幹部を集め、会議を開いた。後に、日本組が会議を召集できるようになったが、その多くは廖副主任の司会で、対日政策方針や日本情勢を伝達し、討論や研究、学習などを行なった。各々が自分の意見を発表し、〝上意下達〟も〝下意上達（報告）〟も迅速で、会議の決定は実行に移される。実際に行なって問題があると直ちに解決されるシステムになっていた。このように対日政策指導体制は強大な力をもっていた。

会議参加メンバーは、一九五五年以降ほぼかたまり、以下のようだったと記憶している。外交部の陳抗と丁民(時に韓念龍も出席)、中連部の趙安博と荘濤(時に張香山も出席)、対外貿易部の李新農と呉曙東(時に雷任民も出席)、華僑委員会の楊春松と李国仁。国際貿易促進委員会の謝篠廼(時に冀朝鼎も出席)、対外友好協会の林林と孫平化、金蘇城。外交学会の呉茂蓀と蕭向前、共青団中央の文遅、総工会の陳宇、人民日報の蕭光と裴達(時に国際部主任も出席)、中央広播事務局アジア部の張紀明と呉克泰(時に温済沢も出席)、新華社の丁拓と呉学文(時に鄧崗と李炳泉も出席)。

その中の十数名が基本スタッフで、その他は討論内容に応じて分担を決めて参加した。会議参加者は所属部門の対日業務と直接につながっており、各部門のリーダーが必要性を考えて計画を立て、実行した。立案・実行は外事弁公室日本組の管轄を受ける関係にはなかったが、そこを通して直接中央指導部に近づけ、かれらの考えや意見をただちに伝達できた。関係部門の対日業務に権威をもち、指導的な立場にあったわけである。計画の多くは日本組をへて国務院外事弁公室や党中央に報告され、批准を受けた。このため外事弁公室が開く会議およびそこの対日スタッフは、どの組織系統にも属さず、正式な機構名称もなかったが、みな国家に忠誠を誓い、周総理に尊敬の念をいだき、廖承志を敬愛していた。対日業務に携わることへの使命感と栄誉心をもち、全員が一致団結して闘う、強力な体制といえるものを形作っていたのである。この体制は党中央と国務院の対日政策を体現しているだけでなく、実践力、行動力に富んでいたから、すばやく集中し、効率よく各部門の対日業務に力を発揮することができた。

国際情勢の変化と田中内閣の誕生

七〇年代初め、中国に有利な国際情勢が生まれた。七一年七月、キッシンジャー大統領補佐官がニクソン大統領の訪中準備のため、北京を秘密訪問した。同年一〇月、国連総会本会議で「中国招請・台湾追放」が可決され、中華人民共和国が国連に復帰し、西欧何カ国かが中国と国交を結んだ。日本では国交回復要求運動と民間外交活動に新たな高まりを見せた。

七一年二月、日本社会党は、総評の支持のもと、「日中国交正常化国民協議会」を成立させ、同年一〇月二一日、百数十万人が参加するデモを全国で繰り広げ、佐藤内閣の中国敵視政策を批判し、即時に国交を回復することを求めた。公明党の竹入義勝委員長は七一年七月に訪中し、日中国交回復五条件を提示し、〝日華条約〟の排除と中華人民共和国が中国の唯一合法政府であることを認めた。超党派の国会議員からなる「日中国交回復促進議員連盟」は、同年九月に藤山愛一郎を団長とする代表団を訪中させ、中国の関係方面と会談後、正常化の基本原則を確認した。中国側は日本の各党派、各団体が示した原則——中華人民共和国政府は中国の唯一の合法政府である。台湾は中国の領土であり、不可分の一部分である。〝日華条約〟は非法かつ無効であるから、排除すべきものである——をまとめ、「中日復交三原則」と呼んだ。

七二年前半、日本において日中国交問題解決が政局の中心課題になる。佐藤内閣の中国敵視政策に対し、市民団体、野党から与党までの有識者、集会やデモから国会の質疑応答まで、労働界、文化芸術界、経済界から宗教界までが批判し、国交回復の呼び声が全国に響いた。一つの外交問題をめぐってこのように全国のあらゆる階層、各党派がそろって動き、共通の目標に向かって進むことは、国際的に見ても今までなかったことである。日中間には友好運動と民間外交活動の長い歴史があり、その蓄積が巨大な力となり、空前の盛り上がりを生んだと言えよう。

一九七二年六月一七日、中国敵視政策を取っていた佐藤内閣が倒れた。田中角栄が「憲法第九条を対外政策の基本にし、早急に中国との国交回復を実現し、アジアと世界平和のために貢献する」をスローガンに掲げ、激しい選挙の末、自民党総裁に選ばれ、七月七日に首相に就任し、田中内閣が生まれた。

これは間違いなく中日関係の重大な転機である。この鍵となるときに民間外交がすばらしい役割を演じ、両国の正常化問題を、政府交渉へと橋渡しをすることになる。

文化大革命中、中国共産党組織の各機関は「文革小組」に取って代わられ解散していた。一九七〇年、党組織が立て直されるようになり、党員は「闘私批修〔私心と闘い修正主義を批判する〕」ことを求められ、それにより組織生活と党籍を回復できた。私は新華社国際部で最後に「闘私批修」したグループで、七一年九月に党籍を回復したが、まもなく大先輩の廖承志に会いに行き、党籍を回復したことを告げ、さらにこう言った。「党籍を回復できなかったら会いに来られません。再びご迷惑をおかけしたくありませんから」。廖承志は「何を怖がっている？　君は私より強いよ。私は今もって党籍を回復していないよ」と言って、にやっとした。

話が戻るが、田中首相が当選直後に行なった日中関係への積極的な発言を、われわれは報道しなかった。七月七日の田中組閣のニュースは簡単な前書きと閣僚名簿の一部を載せただけで、日中正常化への積極的な発言に触れず、百字にもならない記事だった。これではもちろん通らず、中央審査からつき返された。周総理は、「田中首相の重要演説の、積極的な内容を報道しないなんて、編集は情勢にまったくついていっていない」と厳しく批判した。

これを聞きぴーんときた私は、すぐに田中首相と大平外相の演説を改めて読み直し、内容豊富に書き直した。田中首相の初閣議での内政、外交施政方針演説——「私は国内外情勢がとても厳しい時期に政権を担った」「外交面では中華人民共和国との国交正常化を早期に実現させたい」などを入れ、千字の記事を書いた。これは田中氏が総裁選に勝った五日の演説——「日中国交正常化問題、今まさに機が熟している」を補うものだった。記事には大平外相と三木国務大臣の談話も加えた。大平外相は「日本がアメリカに付いていく時代はすでに過去のものになった。日本はいまや責任ある行動をとるために、自立を決心すべきだ」「日中国交正常化に取り掛かる、決断をしなければならない」「日中が完全に国交正常化を実現したあかつきには、日華条約が依然として存在することは考えられない」三木大臣は「日中国交正常化と日米関係を調整することは、新内閣が処理すべき急務である」。

書き直された原稿は審査部に送られ、八日にすぐ発信を許可された。だがまさに原稿を流そうとしたときに、総理がまた秘書に電話させ、野党の反応を加えるようにとの指示を出した。当時私は、野党は日中国交樹立に向け長期にわたり努力をし、功績があることを体得していた。そのような記述が当然あるべきである。そこで原稿に野党の反応を書き加え、矢野公明党書記長の談話も入れた。「大平と三木両人の采配で、田中は中国問題に対し積極的な態度を示した。対中国政策の進展を望める」

田中首相の訪中前後、新華社本社、東京支局、中国人記者は首相の動向をつかむのに忙しく、関係ニュースを洩らさないように日夜奮戦した。

駐在記者は田中首相の生活習慣について書き送ってきた。首相は暑いのが嫌いで、室内は常に一七度に保っている。バナナと味噌汁が大好きである。これはもてなしにたいへん参考になったようだ。

佐々木・竹入・古井氏の訪中

七月八日に新華社が発信した田中組閣のニュースに続いて、田中首相、大平外相、三木国務大臣が国交正常化の「機まさに熟す」、日中国交正常化実現にあたって、〝日華条約〟が「依然として存在することは考えられないこと」など、重要なことがらを伝えた。九日、周恩来総理はイエメン民主人民共和国政府の代表団を歓迎する宴でこう語った。

「日本では長年中国を敵視してきた佐藤内閣が任期以前についに解散させられた。田中内閣は七日に成立し、外交面で、早期に日中国交正常化を実現すると発表した。これは歓迎に値する」

七月一〇日、周総理は孫平化を団長とする上海バレエ団を日本へ送った。出発前、周総理は孫平化に、今ある基礎の上に、積極的に幅広くコンタクトをとり、緻密な仕事をするように、そして田中首相をさらに促して、訪中を実現するようにと指示した。

「相手が話し合いにやってくればいいし、話し合いになってもならなくてもいい。要するに今重要な時期にある。しっかりとつかまえよ。『旋風』を繰り返すわけにいかず（以前、王暁雲、王国権が訪日したときメディアが『王旋風』と呼んだ）、結果を出さなければいけない」

周恩来は孫平化と蕭向前（当時、中日覚書貿易事務所・東京連絡事務所首席代表）の両人に「実りあるものにすること」を求めた。明らかに周総理の意はバレエ団ではなく、中日両国政府の会談が実現し、国交正常化問題が解決することにあった。

このころ、野党と与党内の有識者は、日中両国政府が積極的に交流するために、日中友好の各界の友人が東京と北京間を頻繁に往来した。七月一二日、日本社会党前委員長佐々木更三が訪中した。当時与党自民党内で、中国が提示した「復交三原則」が熱心に討論されていた。佐々木氏は出発前、わざわざ田中首相と大平外相に会い、田中首相が復交三原則に同意していることを確認してから、すぐ北京に飛び、周総理にこの重要な情報を伝えた。周総理は「中日国交回復は両国人民の長年の望みであり、日本の現首相と外相が国交回復問題の話し合いに来られるのなら、北京空港は開放に向けて準備する」と言った。佐々木氏が東京に戻るとすぐ、周総理が首相の訪中を歓迎していることを伝えた。

七月一八日、田中首相は閣議を開き、こう述べた。「国交正常化をはかるために、日中政府間は責任問題に関して話し合いを始めることが、当面の急務である」「中華人民共和国が提出したところの国交正常化に関する三原則、政府が基本認識とすることは充分に受け入れられる」「政府が、中華人民共和国は中国を代表する唯一の正統政府であることを認め、これを前提にして政府間交渉を行なう（後に共同声明では『唯一の合法政府』に変えた）」

七月二五日、公明党の竹入義勝委員長が北京を訪れた。竹入氏と三回会談をした周総理は、次のように強く念を押した。

「日本は、中国が提出した国交回復三原則を十分に理解し、中華人民共和国を中国の唯一合法政府だと認めている。共同声明をもって両国の戦争状態は終結する。戦争賠償に関しては、もし請求すれば日本人民に負担をもたらし、それは中国人民が身にしみてわかっている。清朝が日本へ二億両を賠償するために税金を増やし、後に八国連合軍へは四・五億両の賠償金を払った。人民への負担が増すことは好ましくない。前例を考慮し、われわれは人民に苦しみを与えることを絶対に避けなければいけないから、戦争賠償の請求を放棄することを共同声明に明記してもよい。平和共存五原則をもって両国間の関係は修復されることを双方は同意する。中日両国は覇を唱えず、覇権主義に反対する」

さらに周総理は、日本政府が以下のことを明らかにするように求めた。

「台湾は中華人民共和国の領土で、台湾問題は中国の内政問題である。共同声明が発表された後、日本政府は台湾から大使館を撤退し、蔣介石グループの大使館を日本から撤退させる。ほかに、日本のあらゆる団体と個人が、第二次大戦後台湾へ行き投資、または経営した企業を、台湾解放時、配慮する」

竹入氏はこの内容を整理しメモにまとめ、八月三日に東京へ戻って直ちに田中首相と大平外相に渡した。日本側はこれを検討し日本側の草案を練った。

竹入氏の訪中に相前後して、ちょうど訪日中の孫平化と蕭向前は何度も大平正芳外相と会見した。「私と田中首相は一心同体の盟友だ。首相は外交事務の全責任を私に託している。首相と私のどちらも、政府首脳が訪中し、国交正常化問題を解決する機はすでに熟していると考える」と外相は言った。孫平化は、周総理からの指示の精神を盛り込んで「中国は田中首相が北京に来て周総理と直接話し合うことを歓迎する」旨を伝えた。

八月一一日、大平外相が孫、蕭両氏と会見時に、田中首相訪中の意向を正式に伝えた。翌一二日に周総理は姫鵬飛外相・外交部長を通じて、田中首相が中国を訪問し、中日の国交問題を話し合い、解決することを歓迎する旨の声明を発表した。一五日、田中首相が孫平化・蕭向前両氏に会い、周恩来総理の好意に感謝の意を表わし、自分がすでに訪中を決めていること、訪中が実りおおい成果をあげ、両国関係を順調に発展させることを望む旨を伝えた。会見後、中日双方のマスコミに向けて、田中首相が近いうちに訪中すると発表した。中日両国政府の重大外交日程は、このようにして民間外交ルートを通じて確定したのである。

竹入氏に続いて、九月九日、古井喜実氏が北京を訪れた。松村謙三氏の後をついで民間外交を進めている古井氏は、日本側の「日中共同声明要点」草案をもっており、さらに突っ込んだ中国側の意見を求めた。周恩来総理は九月一二日と二〇日の二回、古井氏と会い、日本側の意見を聞き、こう述べた。

「前文三項は大筋これでよい。言葉については会談で双方話し合って決めよう。本文八条は基本的にはわれわれも同意している。ただし戦争状態の終結の提言方法、国交回復三原則の表示および日台関係断絶を如何に表明するかに関しては双方にまだ隔たりがある。その一、日本は、〝日華条約〟にて中国との戦争状態はすでに終結しているとし、そのため共同声明の形で、両国の戦争状態の終了を宣言できないとしている。その二、中国が提出した復交三原則に、〝日華条約〟は非法、無効であるから、排除すべきとの点を日本は受け入れがたいとし、そのため日本は声明に〝日華条約〟の排除問題を出すことを望んでいない、そこで共同声明調印後に、外務大臣が談話か声明の形で条約終結を宣言したらどうか。覇権主義反対の条項は、表現があいまいとし、外務省は共同声明にできれば書き入れないように望んでいる。日本への賠償要求権利の放棄に関して、権利の一語は必要ないとする。〝日華条約〟にすでにこの条文があり、再度持ち出すことになるから、例え中国に依然として請求権があることを認めるにしても、権利の二字は削るよう主張している。これらの意見は、日本側が親台派と外務省内部の一部のメンバーを考慮しなければならないことを説明しており、重要な政治問題がいくつか中国の立場との差が大きい」

周総理は古井氏との会見で中国側の原則の立場を再度明らかにした。これらの問題解決には田中首相と中国側指導者の会談が必要だった。

政府間の正式会談へ

このように民間外交活動は重要な橋渡し役をつとめた。外務当局の手続き、予備会議を経る必要なく、中日政府間の正式会談が直接始まったので、国交正常化の実現のプロセスが大いに短縮された。また、両国首脳の相互理解と信頼性を高め、大いに助け、会談で互いに心を割って話し、難問がすんなりと解決した。

日本側は復交交渉における難問は二つあると考えていた。一つは台湾問題、もう一つは日米相互安全保障条約問題である。中日政府首脳が会談を始めると、田中首相はただちにこう表明した。

「国交正常化を阻害してきたのは台湾との関係である。日中の国交の正常化をはかるには台湾との関係を自動的に終結しなければならない。ただしこの問題を処理するには、自民党内と国会内で混乱を引き起こすことを避けたい、台湾の地位が変ることで東南アジアの情勢に変化を生じ、ソ連が乗じるチャンスを与えたくない。大平外相は、われわれは中国の国交正常化三原則を十分理解していると言い、中国側が『〝日華条約〟が非法かつ無効だから排除すべきだ』と言うのに、われわれは何ら異議を唱えないし、貴国が見解を変えるよう要求することもない。だが、日本の立場からすると、この条約は国会の批准を得ており、条約当事国として責任がある。もし日本が中国側の見解を受け入れれば、それは、これまで二十数年間、日本政府が国会と国民を騙し続けていたに等しく、日本政府は必ずや批判を受けなければならない。われわれのスタンスは国交正常化を実現し、同時に日華条約にピリオドを打つことである。中国側がわれわれの立場を理解してほしい。日本と第三国関係問題に関し、日米関係は日本にとって重大な意味を持ち、われわれの立場は現状の関係を維持しつつ、日中国交正常化を謀ることである」

それに対し周総理は言った。

「中日両国が国交を回復することは双方が等しく求め、第一の原則でもある。この原則に拠り、他の問題はうまく解決できる。田中首相は組閣後、繰り返し言っているのは、中国側が提出した三原則を十分に理解し、その上に立って政府が直面するところの局部的な問題を扱うことである。田中首相の演説はとてもはっきりしていて、日本と中華人民共和国の外交関係が回復すれば、当然ながら〝日華条約〟は自然に存在意義を失い、日台関係は中断すると言っている。私は貴国の決断に敬意を払う」

「中日友好はアメリカを排せず、日米関係に干渉しない、それは日本の問題である。台湾海峡の事態に変化が生じることにより、日米相互安全保障条約、米台相互防衛条約自身の効力もそれに従い変化を生じる。中国側が日米安保条約に言及することも、米台互防条約に言及することも望まない。日米関係はそちらのことであり、中国は内政に干渉しない。もちろんソ連が台湾問題に介入するのは許さないが、これは日米中三国の共通問題であるからだ」

この会談で、日本側はこう表明した。「共同声明調印後、大平外相が記者会見を開き、台湾との外交関係を断絶すると宣言する。さらに日本政府は今後『二つの中国』の立場をとらないし、『台湾独立運動』を支持するつもりもまったくない。日本は台湾にいかなる野心もない。この点は日本政府を信用してほしい」

周総理は田中首相を称賛した。

「あなた方は今回約束を守った。われわれ両国の友好平和がここに始まった」「国交樹立には、まず信義を語らなければならない。外国との付き合いに平素から信義を守ってきた」周恩来は『論語』のことば「言は必ず信あり、行いは必ず果たす」を田中首相に贈り、田中首相も聖徳太子の言葉「信は万事の本なり」を揮毫しうやうやしく総理に渡した。中日両国の指導者は、東洋人らしい方法で、謹んで信義を守る気持ちを表わし、後人の手本とした。

第二次大戦後、民間交流により中日関係が始まり、両国人民と各階層の有識者の長期にわたる努力を経て、さまざまな困難や危険な障害を克服し、ついに国交正常化が実現した。今思うに、この偉業の成功は一に民間外交、二に政府間の信頼によるもので、これは中日関係における伝家の宝刀である。冷戦時代が終わり、中日関係にも新たな発展が見られると同時に新たな問題も存在する。今までの教訓をまとめ、この宝刀を上手に使って二一世紀の中日関係史にも輝かしい一章を残せよう。

(当時、新華社記者)

呉学文(Wu Xuewen)　一九七八年以前は新華社記者、七九年から中国現代国際関係研究所研究員(教授)、顧問を歴任。現在、中国中日関係史学会名誉会長、中国新聞事業促進会顧問。

●コラム

「法匪」発言はなかった!

日本ではいまだに九月二六日の日中首脳会談で、周恩来首相が高島条約局長を「法匪」と批判したという話が一部で信じられている。張香山氏は全くのデマと言い切っているのだが(『論座』一九九七年一二月号)。

では、誰がデマを広げたのか。調べていくと、『週刊文春』一九七二年一〇月二三日号の訪中随行記者匿名座談会「いまだから明かす　周恩来が激怒田中は応戦」に突き当たる。そこでは、A記者が、周恩来首相が「激怒したというんだね。高島局長を指して『あなたは〝法匪〟だ!』とはげしい口調で非難したという」と発言し、D記者が「法律をいじくりまわす大悪人、というところか」と受けている。匿名の放談会での発言であったが、広まっていく過程で、事実あったと受け取られるようになった。

ただ、周恩来首相が高島局長を注目していたのは事実で、九月二五日午後、首脳会談に先立ち、田中・周が人民大会堂で会見し、日本側代表団と中国政府要人の紹介を行った。周首相は日本側随行団の名前を一人ひとり読み上げたが、高島局長の番になると、周首相はすかさず「中国はこれまであまり条約を研究していなかった。国連にも入らず、自由な立場でことを処理できたからです。ところが最近は書類がたくさんあがってきてかないません。高島さんあまり書類をあげない方がいいですよ」と冗談を飛ばした」(『毎日新聞』一九七二年九月二六日)。同年二月に中国外交部の中に国際条法司を設けたことが確認されたばかりであった。

なお、筆者は高島氏が駐ソ大使の際、一九八二―八三年、駐ソ大使館専門調査員として仕えたことがある。帰国後、高島氏は最高裁判事となられたが、「判事と呼ばれるよりは、大使と呼ばれたい」と言っておられた。生涯一外交官といった言葉がふさわしい方であったように思う。

(石井　明)

第二部　日中平和友好条約締結交渉

1　日中平和友好条約締結交渉の頃
――四つのエピソード

中江要介

あの「二百隻の漁船」は一体何だったのか――「永遠の謎」

一九七八年の春、日中平和友好条約締結に向けて日本国内もその気になりかけたかと思われた矢先、突如として、日本の固有の領土である尖閣諸島の周辺海域に、二百隻という中国漁船群が出現したという情報。四月一二日のことである。その日の私の日記帳には「訳のわからぬ中国、条約はダメか」とある。翌一三日は物情騒然、条約締結への情熱は急速に冷めてゆく。一六日は日曜日にもかかわらず私（当時アジア局長）は、在京中国大使館の肖向前参事官を外務省に呼び付けて文句を言うが埒《らち》があかない。この日の日記帳には「日中で頭一杯、バカバカしい話」とある。一八日には「中国船中々しつこくて対処困難」とあり、二〇日には「中国動かず」と記されたあと、二一日には「一一時総務会（自民党）、一三時まで、派閥争い、つまらぬ時間の浪費」……その頃北京では動きが見られ、わが日本大使館に対し「当日は気象条件が悪く、中国漁船群は風に流され、つい尖閣諸島の周辺海域に紛れ込んだもので、再びこのようなことは起きぬだろう」という中国政府の公式見解。日記帳には「一件落着とするほかなし」とあり、漁船群はアッという間に一隻残らず現場から姿を消してしまった。

この事件から一カ月後の五月二二日、条約交渉は再び動き出し、私は党三役(大平幹事長、江崎政調会長、中曾根総務会長)へのブリーフを再開し、二五日の新聞紙面には〝中江アジア局長訪中か〟と大きく報道されたりした挙げ句、結局七月一九日、つまり事件から三カ月後、私は予備交渉のため東京から派遣されて訪中することになったのだが……。

一体全体四月の時点で中国漁船が二百隻も尖閣諸島周辺海域に入り込んだというのは、何だったのか。

北京の党中央の指示によるものなのか、あるいは上海、浙江省、福建省、広東省あたりの沿岸地方政府当局の指令によるものなのか、それとも沿岸漁業団体が漁場確保を狙ったものなのか、本当に中国政府の公式説明のように風に流されたものなのか……。

誰が、なぜ、この時期に、こういう事態を演出したのか、は「永遠の謎」である。

はっきりしていることは、この事件が条約交渉の流れを著しく阻害し、尖閣諸島の領有権問題に日中双方の耳目を集めた、ということである。しかし、それにしても、なぜ……?

私の邪推によれば、これを中央が知らぬ筈はなく、中央の意図は、この事件を惹き起こすことによって、日本側の条約締結への意欲と尖閣諸島への領有権主張の根強さを試そうとしたのではないか。というのも、中国との交渉では、このようなことがしばしば見られたからである。

中ソ同盟条約は〝名存実亡〟と言うが——「語るに落ちた」？

日中平和友好条約という以上、日中間の平和と友好が約束されねばならない。しかるに相手の中国は、当時、ソ連邦(当時)との間に「同盟条約」を締結しており、その条約は前文で日本を明示的に敵国視している。従って日本の要求は、日中平和友好条約を締結したいと言うのであれば、日本を敵視する中ソ同盟条約をまず破棄すべきである、と言うものであった。至極当然ではないか。

中国側は、この簡単明瞭な理屈を素直に認めながら、中々中ソ同盟条約廃棄の手続を執ろうとしない。一方において、いわゆる「反覇権条項」の挿入を強く主張して、その覇権とは他ならぬソ連邦の覇権主義であることを露《あらわ》にしておきながら、である。

このようなダブル・スタンダード(二重基準)、二枚舌は許せないという日本の強い反論に対し、中国側は、とうとう最後に「中ソ同盟条約は今や〝名存実亡〟である。名は存しても実は亡くなっている。それは廃棄に等しく心配に及ばぬ」と言うのである。中ソ同盟条約の有効期限も残り僅かなこともあり、一九六〇年代以降の中ソ対立と中国の反ソ政策を勘案すれば、〝名存実亡〟と言うのも解らぬではないので、それを公式記録に止めておこう、ということに落着いた。

しかし、しかし、である。この論法は、将来某年某月某日、中国が突如として日中平和友好条約の反覇権条項は今や〝名存実亡〟であると言い出し、覇権主義に走る余地を残してはいないか。約束はあっても(名存)、守らなくてよい(実亡)、という手前勝手を是認した訳ではないことを肝に銘じておく必要がある。つまり、この主張が、中国は「語るに落ちた」ものであってはならない、という点が問題なのである。

八月一日に〝勝負あり〟――華国鋒のカバンの中

七月一九日に予備交渉のため訪中してから八回の交渉を重ねた八月一日、北京の日本大使公邸でいわゆる「答礼宴」なるものが開かれた。それは日本代表団のために中国側黄華外交部長(外務大臣、当時)が七月二九日に開いた「歓迎宴」に対する答礼として日本側佐藤正二大使(当時、故人)が設宴したもので、日中双方の代表団員が全員出席し、大詰めを迎えた交渉の雰囲気を反映して、最後のハードルをどう飛び越えるかに腐心している者同士が相手の顔色を真剣に窺《うかが》っている。

宴酣《たけなわ》でぼつぼつ最後の乾杯が近付いて来た頃、私は素知らぬ顔をして中国側要人に、

「ところで華国鋒総理の東欧訪問はいつに決まりましたか」

と訊ねた。すると、何と、思いがけなく、ある幹部が、ごく自然に、ハッキリと、

「一八日からに決まりました」と答えた。

ここで〝勝負あり!〟そう思ったのは私だけだったかもしれないが、その理由は、こうである。

当時中国外交の主軸は「反ソ」で、そろそろ東欧ソ連圏に楔《くさび》を打ち込もうと考え始めていた。差し当たりの標的はルーマニアであったので、華国鋒総理の訪問先がチトー大統領率いるユーゴーとルーマニアの二国であったことは不思議ではなかった。そしてその首脳外交で中国が主張したいことが紛れもなく〝ソ連の覇権主義を許すな〟であったことは疑う余地のないところであった。

してみれば、ユーゴーとルーマニアを歴訪する華国鋒総理のカバンの中に、反覇権を明記した日中平和友好条約が入っているのといないのとでは雲泥の差がある。中国側は、日中平和友好条約を八月一八日以前に締結したい、しなければならない、そしてそのめどがついた、と見通しているに違いな

い、と私は読んだ。

この日以来、私は気が楽になった。この条約は必ず近日中にまとまる、と確信した。だからこそ、八月五日に交渉途中で一時帰国した私は、六日(日)に開かれた世に言う「箱根会談」(福田総理、園田外相、安倍(晋太郎)官房長官ら首脳が北京の交渉状況を分析して最終方針を決めるためのもの)で、〝条約はまとまると思います〟との見通しを憶することなく進言することができた。そしてその場で園田外相の八月八日からの訪中が決断されたのである。

「世界の潮流」に順《したが》うか逆らうか――孫文の詩句

予備交渉のため七月一九日に北京に到着していた私は、二一日の第一回交渉から八月四日の第一一回交渉まで会談に参加して、前述のように八月五日、日本側の最終決断のための協議に加わるべく一時帰国するのだが、七月三〇日の日曜日には、息詰まる予備交渉の疲れを癒そうと、代表団有志は北京郊外の香山公園、臥佛寺方面に散策(ドライヴ)に出かけた。

往途、北京西北の山腹に静かに佇《たたず》む「碧雲寺」に立ち寄った。境内に「孫文記念館」があった。参観すると、孫文が日本に逃避していた頃の写真や手紙やメモなどが沢山陳列されていた。その中で特に私の目に止まったのは、中央奥の大きなガラスのケースの中に飾られていた次の詩句であった。

世界潮流　浩浩蕩蕩
順之則昌　逆之則亡
(世界の潮流は浩浩蕩蕩たり
之に順《したが》えば則ち昌《さか》え　之に逆《さから》えば則ち亡ぶ)

私は、これだ！と思った。いま日中両国がこの条約を締結しようとしているのは「世界の潮流」に順うものに他ならない。之に順うことによって日中は共に昌え、之に逆えば日中は共に亡ぶのだ！と。

その日の夜、宿舎で直ぐ筆を執って、私は東京の園田外相あてに手紙を書いた――「……今回の条約締結の暁は、祝賀宴のスピーチで是非この孫文の詩句を引用して戴きたい……」と。

一九七八年八月八日は「八」が三つ並んで縁起がよいと勇んで訪中した園田外相は、中国側首席代表黄華外交部長と誠意と熱意を込めた談判を行い、八月一〇日の鄧小平副総理との会談で完全合意に達し、一二日午後七時七分（「七」が二つ並んだ）に署名、七時半から宴会となった。園田外相は日本政府を代表して行った挨拶の中で、前述の孫文の詩句を引用した。私ひとり、心の中で喝采していた。

この日の私の日記帳には、冒頭「日中平和友好条約署名調印、一九七八―八―一二、七〇七」と特記の上「朝は一一時から外相会談、万事ＯＫ、ひるね一時間半、五時記者会見、下らぬ質問、六時華国鋒総理と会見、七時署名調印式、七時半宴会、九時記者会見、一〇時大使公邸、終わって大臣と一時過ぎまで（注、東京の福田総理への感涙に咽ぶ電話報告はこのときに行なわれた）入床二時前」とある。

（当時、外務省アジア局長）

中江要介（なかえ・ようすけ）　一九二二年生まれ。一九四七年京都大学法学部卒、外務省入省。フランス、ブラジル、国連代表部、ヴィエトナム、ユネスコ常駐代表勤務をへて一九七一年アジア局参事官、七四年アジア局次長、七五年アジア局長、七八年からユーゴー、エジプト、中国の各大使を歴任、八七年退官。その後原子力委員会委員、三菱重工顧問などをつとめて現在日本日中関係学会会長。著書に『中国の行方』（一九九一年、ＫＫベストセラーズ社）、『らしくない大使のお話』（一九九三年、読売新聞社）ほか。

2　日中平和友好条約スクープの真相

永野信利

日中条約が締結されてから二十五年余が経過した。ところが今でも時折、私の所に条約交渉が始まった直後に『東京新聞』が報じた「反覇権条項が交渉の焦点」という記事のニュースソースや、私が一九八三年に出版した『天皇と鄧小平の握手』(行政問題研究所)のネタ元についての質問が来る。事前にお断りしておかなければならないのは、新聞では、情報提供者の名前や、記事を書いた記者の名を明かさないのが鉄則である。従ってここでも「誰が漏らしたのか」「誰が書いたのか」について明らかにすることはできない。しかし、それでは身も蓋もないので、前者については情報提供者が情報をリークした背景、私の本の内容は私自身が責任を負う立場にあるので、その情報の一端を記すこととしたい。

まず『東京新聞』の反覇権条項のスクープから入る。この記事は当時、非常な反響を呼んだ。そのことは私が述べるよりも、『毎日新聞』が次のように書いていることから分かる。

「日中条約条約交渉史を語るさい、一九七五年一月二十三日付東京新聞朝刊のスクープ記事は欠かせない。なぜなら、ことの当否は別としても、この時期、外務省内には一部とはいえ『この記事がでなければ交渉は早くまとまったかもしれない』との見方がでるほど、交渉の展開に大きく影響した、とみられるからである。……同時にこの記事は、それまで交渉の最大の障害とみられていた台湾などの領土問題がタナ上げされ、覇権問題が交渉の核心となったことを指摘した点でも出色の報道であった」(毎日新聞社政治部編『転換期の「安保」』)

『毎日新聞』が指摘するように、記事が出た後、外務省の一部から苦情が出た。だが、「あの記事が出なかったら、交渉がまとまった」というのは外務省の独善的な論理で、当時の国際環境や自民党内の状況はそれほど単純なものではなかった。その背景を説明することで、情報の提供がなぜ行われたのか、その理由が分かると思う。

第一に指摘しておきたいのは、一九七〇年代半ばは、中ソ対立が一触即発の状況にまでエスカレートしていた時代だったということである。中国ではあの記事が出る直前に、新憲法を制定し、「社会帝国主義の侵略主義に反対し、超大国の覇権主義に反対しなければならない」と規定して、ソ連を「主敵」に据えた。

一方、ソ連も、日中共同声明の第七項、反覇権条項を、「ソ連を敵視したもの」として反発していた。もし、あの時点で日本が中国の要求を受け入れ、反覇権条項を条約文に明記した内容の日中条約を締結していたら、中国は喜んだろうが、日ソ関係は確実に悪化していた。現にあの記事が出たとたん、ポリャンスキー駐日ソ連大使が、三木武夫首相に影響力を持つ椎名悦三郎自民党副総裁を訪ね、日中条約に反覇権条項を入れないよう牽制した。

第二の注目点は、当時の三木内閣は、ガラスの上に築かれたに等しい政治基盤の脆弱な政権だったという点である。自民党の他派閥は、三木政権の失点を虎視眈々と窺い、親台湾派は、あの記事が出たとたんに三木内閣を激しく攻撃した。

この二点を考えただけでも分かるように、『東京新聞』のスクープがなく、外務省が日中条約を調印に持ち込んだとしても、調印の時点で反覇権条項が条文に入っていることが明らかになれば、自民党内が騒然となっていたことは想像に難くない。当然、日中条約の国会批准は不可能となったわけで、政局は混乱し、対中、対ソ関係のいずれも、条約を結ぶ前よりもこじれて、その関係修復には大変な犠牲を払うことになったであろう。

そういう微妙な状況の下で、当時、政府部内は、日中提携積極派と反覇権条項慎重派に割れていた。その慎重派の一人が、日本が窮地に追い込まれる前に、交渉の問題点を『東京新聞』に漏らしたのが、あのスクープにつながった、とだけ言っておこう。

こうした情報リークは、外交交渉の過程ではよく行われる。ちなみに当時、『東京新聞』を批判した外交官の中にも、別の問題では『東京新聞』に特ダネを提供した人もいる。つまりスクープとは大抵の場合、情報提供者がある意図を持ち、それを漏らすことで記事になることが多い。

その後の交渉経緯は本書の別の箇所で扱っており、重複は避ける。ただ私は、上記のような事情もあり、条約交渉がまとまった後、交渉の全容を検証して見ようと思い立った。それが冒頭に記した『天皇と鄧小平の握手』の執筆動機である。このほうは私個人が責任を負う立場にあるので、かなりの部分について真相を明らかにすることができる。

取材を始めた当初は、関係者の口はみな堅かった。ところが、ここでも積極的に真相を明るみに出そうと考えていた外務省高官と遭遇した。私がある日、その高官を訪ねると、彼は私の前に文書を置いてこう言った。

「読んでごらん」

それは「大森メモ」という、私がそれまで聞いたこともない文書だった。大森とは日中条約交渉当時、条約局長だった大森誠一氏のことで、「大森メモ」は同氏がまとめた日中条約の交渉記録だった。この文書の存在を知る人は、外務省内でも数少ない。

外務省では、二、三十年経つと、外交文書を公表するしきたりになっている。ただ政治がからんだり、対外関係に影響が出ると外務省が判断した場合は公表しない。私に「大森メモ」を見せた高官は、おそらく「大森メモ」の内容が非常に政治上、微妙な問題を含んでいるので、将来、「大森メモ」が外部に公表されるチャンスは少ないと判断したのだと思う。そこで外務省だけで真相を独占しておくよりも、交渉の実態を私を通じて間接的に公開し、日中交渉の過程で起きた様々な問題点について世間の公平な論評を仰ごうと考えたのではないか、と私は推論している。

ただその高官は、私が「大森メモ」を読むに当たって条件をつけた。第一、メモはとらない。第二、内容を新聞でセンセーショナルに取り扱わない。第三、内容の記述は伝聞の形式をとる。そういうわけで、私はメモをとらずに「大森メモ」を読ませてもらった。

「大森メモ」にはそれまで外務省が伏せていた新事実が数え切れないほど記されていた。宮沢・喬冠華日中外相会談が決裂した後、外務省は記者たちに「交渉は中断」と語っていたが、「メモ」には、日本側がニューヨーク駐在の斎藤鎮男国連代表部大使を通じて中国側に妥協案を手渡した、と書いてあった。しかもその妥協案は、宮沢四原則を盛り込んだ上で、反覇権条項を条文の中に入れた内容と記されていた。私は、なぜ三木内閣がそうまでして妥協を急いだのか疑念を持った。

福田内閣になってから、交渉方針を決めた飯倉公館での会議では、外務省側が、首相官邸側に、第三国条項の案文を説明した状況が詳細に記述されていた。外務省側が一案を示すと、安部晋太郎官房長官が「その案は二階堂私案に酷似しているので採用しがたい」と述べた、とあった。二階堂とは田中内閣の官房長官だった二階堂進氏のことで、二階堂案は、同氏が反覇権条項の妥協のために示した私案のことである。

田中角栄氏と自民党総裁選挙で死闘を演じた福田派としては到底、採用できない派内事情があったわけで、角福戦争が条約文の作成にも大きな影響を及ぼしていたことがこの記述から判明した。外交の舞台裏ではこのような凄まじい権力闘争が時に火花を散らすことを知った。

最終的に決まった第三国条項は、高島益郎外務審議官が考え出した私案を元に、福田赳夫首相秘書官だった小和田恒氏が手を入れて決まった、と綴ってあった。福田首相が後で政敵に足をすくわれないために、条約文の表現に一字一句、慎重に対処していたことがこれで理解できた。また福田首相が園田直外相の独走を警戒し、交渉を最後の最後まで佐藤正二駐中国大使に行わせたという福田と園田との対立の構図、佐藤大使が園田外相一行の北京到着前に、中国側に本省が作った第三国条項の二案を手渡し、中国側にそのうちの一つを選ばせたという外交手法、片や自分が現地に乗り込み難交渉をまとめた形にしたいと意気込んでいた園田氏がそれを聞いて激怒した等々、生臭い話がたくさんあった。

通常、交渉史を書く時は引用文献が必要だが、以上のような事情で、私は「大森メモ」を見て書いた、と出所を明らかにすることができなかった。そこで私は、「大森メモ」を基に、後は自分の取材メモ、外務省のブリーフ記録、それに私の取材範囲以外の話は新聞記事を引用することで補強して本にまとめた。

従って完璧とは言い切れないが、交渉過程の大要は可能な限り正確に描いたつもりである。「メモ」

に出てくる政治家や外務官僚のセリフは文中でもそのままの表現を用いた。

ただ本を出版した後、引用文献がないので、最初は世間の反応が鈍かった。ところが地獄に仏といおうか、『朝日新聞』が一九八三年六月二十三日付夕刊コラム欄「今日の問題」で、私の本を紹介してくれた。

「先ごろ、外交記者の永野信利氏(東京新聞)が、日中国交正常化から平和友好条約締結にいたる七年間の折衝を掘り起こした。近著『天皇と鄧小平の握手』だ。筆者は、田中内閣の日中国交正常化交渉、三木内閣の平和友好条約交渉、そして福田内閣における条約締結を一連のものとしてとらえ、日本外交に警鐘を発している。力作といってよい」

このコラムがきっかけで、私の本の内容の信憑性が高まり、以後、学界でも日中条約交渉史の第一次資料として定着するようになった。学者では緒方貞子氏が『戦後日中・米中関係』(東京大学出版会)の中で随所に引用した。

私自身が一番驚いたのは、中国が党幹部用に配る新聞「参考消息」で、私の本の抄訳を連載したことである。中国当局もそれが交渉の「真相」と暗に認めたということだろうか。

なお「大森メモ」には後日談がある。「大森メモ」では、佐藤大使が交渉の最終段階で、中国側に日本案を二つ提示し、相手側にその内の一つを選ばせたのは軽率、という流れになっている。私は、「大森メモ」の記録だけが残ると、日中交渉で努力した佐藤氏が浮かばれないと思い、佐藤氏に「大森メモ」のことは伏せ、「あなたの現地での判断を外務省に出しておいた方がいいでしょう」と述べておいた。そういうわけで、佐藤氏は後日、「佐藤メモ」を外務省に提出した。この二つの文書は、今も外務省の倉庫の奥深くに眠っている。

(当時、東京新聞政治部記者)

永野信利(ながの・のぶとし)　一九二八年東京生まれ。一九五四年早稲田大学政治経済学部卒。時事通信社記者、東京新聞政治部記者、同部次長を経て外交担当編集委員で一九八五年定年退職。同年東海大学教授、教養学部長を経て現在、同大学名誉客員教授。著書に『外務省研究』(一九七五年、サイマル出版会)、『日本外交ハンドブック』(一九八一年、同)、『天皇と鄧小平の握手』(一九八二年、行政問題研究所)など。

3　中日平和友好条約締結交渉の最終段階

張香山
鈴木英司・訳

〔解題〕　以下は張香山著、鈴木英司訳・構成『日中関係の管見と見証　国交正常化三〇年の歩み』(三和書籍、二〇〇二年)の第四章二「鄧小平と『中日平和友好条約』」のうち、条約締結交渉の最終段階を中心に抜粋したものである。文中、「条約」とは中日平和友好条約を指す。
なお、同書では訳文の最後に「西園寺一晃訳を参考」と記されているが、同訳は『軍縮問題資料』一九九八年七月号、八月号、九月号に三回に分けて掲載された。

一秒あれば解決する

一九七六年一二月、三木首相は辞任した。代わって登場したのは福田首相であった。福田は田中、三木両首相のやりのこした懸案を処理しなければならなかった。もちろんこの中には「条約」締結問題が含まれていた。

福田首相の考え方は次の二点であった。まず忠実に「共同声明」を遵守すること、そして中日双方が意見の一致を見るならば、速やかに「条約」を締結すること、であった。

〔一九七七年―編者〕七月中旬、鄧小平が失脚以前に担当していた党、政、軍の指導的ポストに復帰した。このことは、わが国にとっては「条約」締結を目指す上で有力な指導者をえたということである。

復活した鄧小平は早い動きを見せ、九月、一〇月に自民党の浜野清吾氏、新自由クラブの河野洋平氏と自民党の二階堂進氏が率いる三つの代表団と会見し、「条約」締結問題について語った。浜野清吾氏は新任の日中友好議員連盟会長である。浜野氏は熱情をもって次のように発言した。「現在中日友好議員連盟に参加している議員は五二五名で、これは国会議員の半数を超えています。それぞれ別の党派に属していますが、われわれはこの組織の力で各方面に働きかけ、あらゆる機会を利用し、さまざまな方法で日本政府に働きかけ、一日も早い条約締結を目指す決意です。われわれはこのような努力を重ねれば、必ず目的を達成することができると確信しています。福田首相はやらざるを得ないという状況に追い込まれています」。

鄧小平は浜野氏に感謝の意を表し、次のように語った。「議連の五百余名の方々の大きな努力に心より感謝します。私はこの五百余名の方々の努力は、両国人民の願望に沿うものであり、中日両国の長期の利益に合致するものだと確信します。福田先生の今までの立場について、私たちは了承しています。彼がすでにこの問題をやると言っている以上、私たちは彼がこの面で貢献されることを期待するだけです。もちろん福田先生はご多忙で、またこれは各方面にまたがる問題です。しかし、私にいわせれば、これはただの一秒あれば解決できる問題です。一秒というのは二文字です、つまり〝調印〟です」。

鄧小平のこの言葉はすぐに日本に伝わった。日本の中日友好の路線を堅持する活動家は、中国が福田首相に対し前向きの姿勢を示し、さらに福田首相の「一秒」を待つとともに、中日国交正常化五周年の記念事業と合わせて、「条約」の早期締結を要求する運動が新たな高まりを見せることを期待していることを知った。

一〇月二〇日には、訪中歴のある自民党議員一〇二人が、小坂善太郎氏を会長とする「日中条約促進協議会」を結成した。また、訪中し鄧小平と反覇権条項について突っ込んだ話し合いをした二階堂進氏は、帰国後福田首相にその模様を報告した。鄧小平は条約問題について「福田首相は条約締結問題で決断しましたか」と聞いてきたと福田首相に伝えた。このように正に浜野清吾氏が言うように、中日友好を堅持する日本の政治家は「あらゆる機会を利用し、さまざまな方法で政府に決断を迫った」のである。

ちょうどこの時期、私は外務省の招きにより中国外交部新聞局の王珍と中国新聞代表団を率いて訪日した。日本滞在中、私たちは政府、政党、財界とマスコミ界のリーダーたちと会ったが、必ず「条約」締結問題について意見を交換し、鄧小平の「一秒あれば締結できる」という考え方を紹介した。

私たちは福田首相を表敬した。約一時間懇談したが、その中では「条約」締結、反覇権条項問題について話し合った。他に中国の四つの近代化問題についても話題になったが、福田首相は中日友好を強調し、『条約』締結問題については、両国民が共に祝福するという状況の下で締結したい」とこれまで何度も述べてきたことを繰り返した。福田首相は、私たちの懇談が終わる間際に「中日両国は運命共同体であり、ともに同じ船に乗っている」と一言付け加えた。はたして福田首相は決断の方向に前進しているのだろうか。これに対して、浜野氏は「焦らないでください。私たちは必ずテーブルのような大きな餅を持って中国を訪れ、人民大会堂で赤飯と一緒に食べられるようにしますから」と言った。

福田首相が友人になることを心より希望する

一一月二八日、福田首相は内閣の大改造を行った。最も重要なことは、官房長官だった園田直氏を外務大臣に、安倍晋太郎氏を官房長官にしたことである。この二人の大臣はともに福田派を支えていると自認している人たちである。園田外相は鳩山内閣時代に外務政務次官を務め、五〇年代に中国を訪問したことがある中国の古い友人といえる人である。また安倍氏は岸信介元首相の女婿であり、岸氏も福田首相も将来の首相として育成してきた人である。この二人を内閣に配したことは福田氏が中国と「条約」締結をするためであり、自民党および福田派内の多くの台湾派の反対に対して説得をおこなうためには必要なことであった。

双方の協議を経て、非公式の接触と協議は一九七八年二月四日から始まった。

三月八日、公明党は矢野絢也氏を団長とする代表団を訪中させることを決定した。竹入義勝氏は矢野氏に同行し、訪中の挨拶のため福田首相を訪問した。福田首相は園田外相、安倍官房長官を同席させ、矢野氏と二回会談し、佐藤大使と韓念龍が接触したときの状況、およびこれまでの「条約」締結問題の経過について説明した。そして矢野氏に対し、自分のこの問題に対する二つの意見を中国の指導者に伝えてくれるよう依頼した。

矢野氏の訪中は、中日友好協会の招請によるものであった。したがって、矢野訪中後の三月一一日に行われた第一回会談と招宴は私が主催した。会談の中で、矢野氏は福田首相の二つの伝言を私に伝え、中国の指導者に伝えてほしいと頼んだ。この二点の意見とは、

一、福田首相は「条約」締結に熱心であり、速やかに、必ず実行するつもりである。
二、日本は、いかなる国とも平和友好でなければならないことを中国が理解する事を期待する。
というものであった。会議終了後、私は直ちに福田首相の意見と会談の内容を中共中央と廖承志に報告した。

三月一四日、鄧小平は人民大会堂で矢野氏一行と会見した。この席で鄧小平は、中国の条約に対する態度、特に反覇権問題に対する態度、そして福田首相の二点の意見に対する中国側の回答について語った。鄧小平の話は以下のとおりであった。

――中国側の真意を福田首相に伝えて欲しい。本来反覇権条項を含めた「条約」は順調に解決されるはずだった。大変遺憾なのは、三木首相が登場してからこの格好の機会を生かすことができなかったことである。三木氏は反覇権問題だけを持ち出し、その結果本来は問題にならないものを問題にしてしまった。本来論争する必要もない枝葉の問題を、必ず解決せねばならない原則問題としてしまったのである。本来ソ連は、この問題について口を出せなかったのである。しかし、三木氏のこのような態度を見て、この時とばかり圧力をかけてきた。本来右翼にも口を出せなかったのが、後からこの問題は彼らに恰好の攻撃材料にされてしまったのだ。問題にならないような問題である反覇権がここまで問題化されたからには、「条約」締結時に是非ともはっきりさせておかねばならない。

中国側が提起している反覇権条項案は、ほとんど「共同声明」の反覇権条文と変わらないものである。ひとつだけ違うのは、冒頭「共同声明」では、「中日国交正常化は、第三国に対するものではない」となっているが、「条約」案では、冒頭「締約国双方が中日平和友好関係を樹立、発展させることは、第三国に対するものではない」とし、後は「共同声明」と完全に同じである。

これに対し、矢野氏は鄧小平に次のように質問した。

――福田首相が提起した、いかなる国とも平和友好であらねばならないという日本の基本的立場を、中国は理解してほしいということに、中国は理解を示したと理解しても良いのか。

矢野氏の質問に対し、鄧小平は次のように述べた。

――いかなる国も平和友好を望んでいることは理解できる。わが国もそうである。反覇権条項は、決して他の国と平和友好であってはいけないという性格を持つものではない。問題は、もしソ連が横暴非道なことをし覇権行為を行うなら、誰が彼らと平和友好を発展させるというのだろうか。もし中国が東南アジア、あるいはアジア地域で覇権行為を行うなら、誰がわれわれと友好関係を結ぶだろうか。この問題はもうこれ以上説明する必要はないだろう。

続いて、矢野氏は別の質問をした。

――日本の外務省の一部の人は、「条約」の冒頭に「本条約は、中日平和友好の発展を目的としたもので、第三国に対してのものではない」という言葉を書き入れることを強く希望しているが、閣下はどう思われるか。

この質問に対し、鄧小平は次のように答えた。

――これは逆に問題を作り出してしまいかねない。どうか福田首相、園田外相に伝えてほしい。ソ連はもともとこのカードを持ちあわせてはいなかった。これは三木首相が彼らに与えたのだ。あなたがこの問題で軟弱になればなるほど、彼らは図に乗ってくるのである。

矢野はまた次の質問もした。

――中国側は、福田首相が早く決断してほしいと希望しているが、この「決断」の意味は何か。

鄧小平は次のように答えた。

――とても簡単な事である。「共同声明」から後退せず、少しでも前進すべきであること。前進できなくとも、少なくとも後退しないこと。もし福田首相が「共同声明」の立場から少しでも前進することができたら、中日友好関係史に彼の名前が書き込まれるだろう。そして後の世代は彼を讃えるに違いない。これが偽らざる私たちの見方である。福田首相は中国の古い友人ではない。過去における彼と中国の関係は、お互いに知ってのとおりである。しかし福田首相に会ったら、これらの問題についてわが方は意に介していない、われわれは福田首相、園田外相が田中首相、大平外相と同様に、われわれの友人になられることを心から希望すると伝えて欲しい。

それから一二日後、鄧小平は飛鳥田一雄委員長率いる社会党第八次訪中代表団と会見した。席上、鄧小平は「条約」締結問題にふれ、次のように述べた。

――これは大勢の趨くところであり、現在の問題は依然として福田首相の決断である。ソ連の機嫌を損ねることを恐れることはない。調印してしまえば、彼らは何もなす術はない。

そして鄧小平は社会党が大衆の中で多くの仕事をし、「条約」締結を促進したことを称賛した。

飛鳥田氏は鄧小平に訪日の招請をした。が、それに対し鄧小平は「私はこれまでも言ってきたが、福田首相が決断すれば必ず東京に行く」と述べた。

矢野氏と飛鳥田氏は帰国し、福田首相に会ってこれを伝えた。これが福田首相の決断と交渉再開にとって促進的役割を果たしたことは明らかである。

それからほぼ二カ月後の五月中旬、福田首相はついに党内のタカ派と親台派の妨害を排除し、「条約」交渉再開を決意した。同時に「交渉を再開する以上必ず締結までもっていかなければならない」

と表明した。

福田首相は「条約」交渉再開を決定すると、内閣と自民党首脳等の同意を得て、中国駐在の佐藤正二大使に中国外交部に対し正式交渉開始の申し入れを行うよう指示した。同時に中国側に対し日本側の交渉団長は佐藤正二大使であり、六月の後半に交渉を開始したいという日本側の希望を伝え、中国側の意見を求めるよう指示した。

そして中日双方は協議を経て、七月二一日から交渉を開始させることを決定。中国側の交渉団長は、外交部副部長の韓念龍に決まった。

共同で歴史的事業を完成する

代表団間の交渉は計一五回行われた。第一、二回の交渉では、主として双方がそれぞれ自国の外交政策と「条約」に対する見解を述べ、早期解決の希望を表明した。同時に、日本側は「条約」の日本案を中国側に提出した。第三回交渉に入り、主な焦点は論争中の「覇権条項」となった。日本側は、この条項に「特定国家に対してのものではない」か「第三国に対してのものではない」と付け加えることに強くこだわった。討議を通じわが方は「条約は覇権を求めない第三国に対してのものではない」と付け加えることを提案した。しかし、双方とも相手側の提案に同意しなかった。

第八回交渉を終えた八月一日の夜、首都体育館で建軍記念日の文芸発表会が催された。私は発表会を見た後、同体育館会議室で会議を開くので参加するよう通知を受けていた。この会議とは中共中央政治局常務委員会であり、「中日平和友好条約」締結問題を討議するために開かれたものであった。この会議には常務委員以外に外交部長の黄華、同副部長の韓念龍、同アジア司長の沈平、駐日大使の符浩等と私が出席した。会議では、韓念龍がこれまでの八回にわたる交渉の経過について説明し、「現状では反覇権条項をめぐる論争による硬直状態を打開するに至っていない、しかし双方には新たな対策を出す考えであり、日本側に交渉を中断するような素振りは見られない」と報告し、さらに努力を続けて双方が受け入れられる案を提出した。討議後、鄧小平が「代表団は最終的な妥結を目指し、さらに努力を続けるように、また交渉の中断、決裂は両国関係の発展に不利であるがもちろん、努力にもかかわらず妥結に達しない場合のことも考えておかなければならない」と語った。

八月二日、第九回交渉が行われた。この中で日本側は「いかなる具体的国家に対するものではない」という意見を出してきたが、中国側はやはり受入れることはできなかった。そして第一一回交渉において、日本側は福田首相の意見を聞き具体的な指示を仰ぐため、代表団の一員である外務省アジア局長の中江要介氏を一時帰国させることを表明した。同時に中日双方は協議の上、中江氏が帰国中も代表団会議を継続させることにした。

八月五日、中江氏は東京に帰り福田首相に交渉の経過報告をした。福田首相は代表団レベルの交渉はすでに最終段階に入ったと判断し、園田外相を北京に派遣し外相級の政治交渉を行わせることを決定した。福田首相がこの任務を直接園田外相に伝えると、園田外相は涙を流した。というのは園田外相は外相就任以来、自ら北京に赴いて「条約」締結問題を解決したいと思い続けていたのである。そしてついに福田首相の許可が出たのである。この後、福田首相は園田外相、安倍官房長官、外務省の関係者とともに「条約」の最終的譲歩案について協議し確定した。この譲歩案は二案準備され、第一案は、反覇権条項を条約の中に入れ、同時に「この条約は締結国それぞれが第三国との立場に影響を与えるものではない」と書き入れるというものであり、第二案は、反覇権条項を書き入れると同時に

「両締結国は第三国の利益を損ねる意図はない」と明確にするというものであった。

八月八日夜、園田外相は北京に到着した。翌日、中日双方は外相級の政治会談を行うことになった。会談を前に、佐藤大使は園田外相にこれまでの経過説明をしたが、その中で佐藤氏は外務省の二つの譲歩について、中江氏が帰国後おこなわれた第三回代表団級の交渉の場ですでに中国側に提示してしまったことを報告した。このことによって、園田外相は交渉が暗礁に乗り上げたとき使うことになっていた「隠し玉」を失ってしまったのである。こうした事から園田外相は、明日の政治会談ではこの新しい日本案については触れず、佐藤氏が代表団級の交渉を続けて行うことを決定した。

八月九日、外相級会談が二回行われたが、午前中の会談では主として園田外相が発言し、日本の外交と反覇権に関連した政策問題について説明した。中国側の黄華外相は日本の案文について園田外相の考え方をたずねた。それに対し園田外相は具体的に答えず、「自分は交渉の成功促進と調印のために来たのであり、具体的案文に関しては代表団間で継続して協議をするべきだ」と述べ、また将来中国が強大になったら覇を唱えるか否かなどの問題について中国側に質問した。

午後の会談では主に黄華が発言した。黄華はわが国の反覇権の態度について述べ、併せて園田外相のいくつかの質問に答えた。黄華の発言で最も重要なのは、中国側は日本の提出した二案のうちの第一案に同意すると答えたことである。こうして双方は、韓念龍と佐藤正二が再度会談し、条文および字句の確定について話し合うことを決めたのである。

この日の晩の園田外相歓迎宴は熱烈なものだった。

八月一〇日午後、鄧小平は園田外相および日本側交渉代表団全員と会見した。席上鄧小平は主に以下の問題について話をした。

鄧小平は先ず、園田外相が「平和友好条約」締結問題で積極的かつ確固たる立場を取ったことを称賛し、園田外相が自ら訪中し、直接会談に参加したことにより合意に達することができたことに対し感謝を表明した。

続いて鄧小平は中日両国の交流の歴史にふれ、次のように述べた。「中日両国には二〇〇〇年の友好往来の歴史がある。そのうちごく短期間だけうまくいかなかった。今後、われわれの友誼は過去二千年の歴史を越えなければならない。国交回復は少し遅れたが、復交以降の両国関係の発展は決して遅くない。両国の人民は一日も早く「条約」を締結し、両国の友好関係をさらに確実なものとするよう希望している。しかし、少し時間を無駄にしてしまった。われわれは最後の一歩を完成させなければならない。」

鄧小平は条約について次のように語った。

──「条約」の中心的内容は反覇権である。反覇権は第三国に対してのものではないが、誰であれ覇権行為を行った者、戦争を発動した者には反対する。これは第三国だけではなく自らに対してもそうである。今度の反覇権条項は、文字の上で若干の修正を行ったが、精神の中核部分については堅持したといえる。私は園田外相の意見に賛成である。つまり、この文献は両国の過去に対する政治的総括であると同時に、両国関係発展の新たな起点でもある。

鄧小平は今後どのような方法と態度で、両国の間の諸問題を処理してゆくべきかについても次のように語った。

──当面の国際情勢の中で、中国は日本の援助を必要としている。同時に、日本も中国から何らかの援助を必要としているはずだ。両国間には問題がないわけではない。たとえば、日本が言うところの尖閣列島、中国では釣魚島と呼ぶが、この問題もあるし、大陸棚の問題も存在している。日本では一部の人がこの問題を利用して「条約」の調印を妨害した。わが国でも調印を妨害した人がいるが、例えば私たちのなかに米国に留学し、米国国籍に入った華僑の中にも、台湾にもこの島を守りたい人がいる。このような問題については、今突き詰めない方がよい。「平和友好条約」の精神で何年か脇に置いておいても構わない。何年経ってもこの問題が解決されなければ友好的につきあいができないというわけではないだろうし、この「条約」が執行できないわけでもないだろう。釣魚島（尖閣諸島）問題は脇に置いてゆっくり考えればよいではないか。両国間には確かに問題が存在するが、両国は政治体制が異なり置かれている立場も違う。したがってすべての問題で意見が一致するのは不可能である。しかし同時に両国間には共通点も多い。要するに、両国は「小異を残して大同につく」ことが重要だ。われわれはより多くの共通点を探し、相互協力、相互援助、相呼応する道を探るべきである。「条約」の性格はつまりこのような方向を定めているのである。まさに園田先生のいう新たな起点である。

鄧小平が触れた釣魚島（尖閣諸島）の問題に対し、園田外相は次のように述べた。「この問題について日本国の外相としてひとこと言わなければならない。尖閣列島に関して、日本の立場は御存知だと思う。今後このような『偶発事件（中国の漁船が一度釣魚島の海域に入ったことを指す）』が起こらないように希望している。」この園田の発言に対し、鄧小平は「私にもひと言いわせてもらいたい。このような問題を脇に置いてわれわれの世代は問題の解決方法を見つけていないが、われわれの次の世代、その次の世代は、必ず解決方法を見つけるはずである。」

さらに鄧小平は園田外相に対し、「中ソ友好相互援助条約」の前途について質問した。これは園田外相が黄華外相との会談の中で提起したもので、日本ではタカ派と親台派がこの問題を利用して「条約」締結に反対してきたのである。

鄧小平は「中ソ条約」について次のように述べた。

——私は正式に日本政府に次のように言うことができる。この条約はすでに効力を失った。ではなぜ中国はある種の形式を以て発表しないのかといえば、それはわれわれがこのことを全く重要視していないからである。この「中ソ条約」には次のような規定がある。もしこの条約を破棄しようとするなら、条約期限満了の一年前までに破棄宣告をするというものだが、来年はちょうど期限満了の一年前であるので、われわれは何らかの形式で破棄を表明するつもりである。

会談終了前、園田外相は日本政府を代表し、鄧小平の訪日を招請した。鄧小平は喜んでこれを受けることを表明し双方は協議した結果、「条約」批准書交換の際に訪日することに決定した。

八月一二日、両国外相は再度会談を行った。双方は両国代表団が話し合い確定した条約文および字句の翻訳について確認し、これを以て交渉は全て完了したことを認め合った。

この日の午後、人民大会堂において盛大な調印式が行われた。調印式には華国鋒総理、鄧小平副総理等が出席した。黄外相と園田外相がそれぞれの国を代表して「条約」に調印した。そして両国首相は互いに祝電を寄せこれを祝った。

「条約」は前文と五項目の条文から成っている。前文では「共同声明」の諸原則を厳格に遵守することを確認している。条約の規定によれば、「条約」は締結国双方が平和共存五原則を基礎として、両国間の恒久の平和友好関係を発展させる決意をすると規定している。そして、全ての紛争は平和的手段によって解決し、武力や武力による威嚇を用いないと定めている。さらに「条約」は、ひきつづき経済および文化面での協力を行い、両国民の往来を促進させるために努力すべきことを規定している。また双方はまた「条約」の中で、どちらもアジア・太平洋地域あるいはその他すべての地域で覇権を求めるべきではなく、いかなる地域の国家、国家集団が覇権を確立することにも反対すると表明している。同時に「条約」は、締結国と第三国との関係に影響を与えるものではないことを文章で明らかにしている。

九月一日、中日友好協会など一一団体は人民大会堂で宴会を催し「条約」の締結を祝った。この祝賀宴には中日双方の友好人士二五〇〇人余が出席した。日中友好議員連盟祝賀訪中団の団長浜野清吾氏は大量の餅を北京に運び込んだ。宴席でわれわれはともに餅と赤飯を食べ、「条約」締結を祝ったのである。

(当時、中共中央宣伝部副部長、中央広播(放送)事業局局長(閣僚級)、中日友好協会副会長)

張香山(Zhang Xiangshan)　一九一四年、浙江省寧波市生まれ。天津市中日学院中退後、三四年、東京高等師範に留学。三七年、治安維持法違反の容疑により逮捕拘留の後帰国、山西省五台山の八路軍前線総政治部に参加。三八年、入党。四一年、八路軍一二九師団敵工作部副部長、北平軍事調停処中国共産党側新聞処副処長、中共中央外事グループ副処長、等を歴任。建国後は中連部副秘書長、同副部長。この間、外交部顧問として中日国交正常化交渉に参加。その後、中日友好協会副会長、中央放送事業局長、中共中央宣伝部副部長、中日友好二一世紀委員会中国側首席委員、等を歴任。その間、第五―七期中国人民政治協商会議常務委員。

4　中日平和友好条約締結交渉のいきさつ

丁　民

中日平和友好条約が締結されてから今年で二五周年をむかえる。筆者は中国外務当局の末端の責任者として、四年間にわたる条約交渉の最初から最後まで実務の一端を担当した。この条約のはたす大きな役割を考えるとき、自分も少しは世の中のためになることをしたものだと悔いのない思いをしている。

動き出した締結交渉

一九七二年九月、中国政府の周恩来総理、姫鵬飛外交部長は、田中角栄総理、大平正芳外相を北京にむかえて国交正常化交渉を行ない、世界史的意義をもつ中日両国政府の共同声明を発出した。その共同声明の第八項に「両国間の平和友好関係を強固にし、発展させるため、平和友好条約の締結を目的として、交渉を行なうことに合意した。」とある。これが中日平和友好条約交渉の根拠であり、出発点である。

両国間の原則的な問題はすでに共同声明の中で規定されているので、それを条約の形で定着させ、両国関係に安定した基礎をもたせようというのが、国交正常化時における両国首脳の一致した見解であった。つまり政府間の約束である共同声明を国家間の約束である条約に昇格しようとするものである。条約には法的拘束力がある。「平和友好条約」という呼称は周恩来総理の発案による。周総理の胸の中では、中国と日本の世々代々にわたる平和友好協力関係の未来図を描いていたに違いない。この呼称は即座に日本側首脳の賛同をえた。後になって日本内部に何故「友好条約」でよいものを「平和友好条約」にするのかという議論もあったようであるが、これは国際間にすでに前例もあることだし、何ら不自然なものではないということで、原案を維持することにしたようである。

条約交渉のイニシアチブは終始中国側がとった。一九七四年一一月中国外交部の韓念龍副部長が中日海運協定調印のため訪日した際、平和友好条約の案をたずさえていき、中国側の考え方を東郷文彦外務次官に説明した。これが条約交渉の始まりである。中国側の案は㈠前文で共同声明の諸原則を再確認すれば、台湾問題にはふれない、㈡本文では平和共存五原則、相互関係で武力に訴えないこと、経済および文化関係の一層の発展、覇権反対などを明記する、というもので、共同声明の規定をそのまま移してきており、後に双方の合意をみた案文と本質的な差異はない。この案に対する日本側の反応は、中国側の説明を「多とする」という表現だった。筆者はそのとき、もっと高い評価があってもよいのではないかと思った。そして日本側の考えとほとんど違わない、ということだったので、この「ほとんど」が少し気になった。しかしそのときはこの交渉が四年間も続くとは想像もしなかった。田中総理、大平外相（のちに蔵相）も条約の早期締結を望んでいたし、一九七二年一一月の日本衆参両院本会議では「政府は速やかに日中平和友好条約の締結を進めるよう最大の努力をいたすべきである」と全会一致の決議が行われている。筆者はせいぜい半年ぐらいで締結できるものと思っていた。

覇権条項めぐり交渉中断に

韓念龍訪日の直後一九七四年一二月、日本政府が三木内閣に変わった。三木武夫総理、宮澤喜一外相のコンビである。新内閣は「後遺症外交」と称して、中日関係正常化の際にとだえた台湾との関係の修復につとめ、対中関係の前進は意識的に遅らせているようにみえた。それにつけこみ、ソ連は日本政府に圧力をかけはじめ、中日間の平和友好条約に覇権条項を入れることに反対しだした。これは明らかに日本に対する内政干渉である。三木内閣はソ連に気がねして、中国との条約交渉の中で、条約案文から覇権条項をはずすことを主張した。中国側はこれに対し、覇権条項は共同声明に明記されていることであり、これをはずすことは共同声明の精神から後退することになるので賛成できないという主張を堅持した。一九七五年一月から四月まで、東京で陳楚大使と東郷外務次官の間に十数回に及ぶ会談があり、四月になってからは北京で王暁雲副司長と秋山公路公使との間で数回の交渉があったが、ともに覇権条項について意見の一致をみることができず、交渉は五月の初めに中断してしまった。その後ニューヨークの国連の場で喬冠華外交部長は一九七五年九月宮澤外相と会談し、一九七六年九月には小坂善太郎外相と会談したが、やはり覇権条項で前進がなかった。これらの会談を通じて中国側は、共同声明以上のものを求めているのではなく、共同声明からの後退に反対だという立場を鮮明にした。

三木内閣は条約交渉を完全にサボタージュした。伝え聞くところによると、藤山愛一郎先生が三木総理をたずねて、中国との平和友好条約の重要性を説き、日本の将来にとっても必要であると強調したところ、三木総理は「そんなもんですかねー」とおっしゃったので、藤山先生は大へん失望したという。

覇権条項とは、両国政府共同声明の第七項に「両国のいずれも、アジア・太平洋地域において覇権を求めるべきではなく、このような覇権を確立しようとする他のいかなる国あるいは国の集団による試みにも反対する。」と規定されているものを指す。これはその前に発出された中米上海コミュニケにあるのをそのままうつしてきたものである。

一九七六年一二月、三木内閣が退陣し福田赳夫先生が総理になった。福田内閣はやや前向きな姿勢を示しはじめ、とくに園田直官房長官(のちに外相)は独自のチャネルで廖承志中日友好協会会長と連絡をとりあい、中国側の意向を打診し、条約のあり方を模索していた。その頃日本国内で条約早期締結を求める声が大きくなりはじめ、各野党はいうに及ばず、自民党の内部でも、財界でも、条約推進の積極的な動きがみえだした。福田総理本人もたびたび前向きの発言をしておられたが、条約交渉再開の行動としてはなかなか表われてこなかった。

一九七七年八月小川平四郎大使にかわって佐藤正二大使が北京に着任した。佐藤大使はそれまで外務事務次官をしておられたが、「新聞辞令」によれば、次の任所は韓国か中国のどちらかだということだった。佐藤次官本人は、もし条約交渉をするのなら中国に行く、さもなければ行かない、という意味の発言をしたと当時の新聞は伝えていた。佐藤大使の着任は我々に期待をもたせたが、日本側内部の意志統一に時間がかかり、すぐには交渉再開にいたらなかった。

交渉再開のサイン

一九七八年の二月になって佐藤大使は韓副部長と会見のさい、福田総理が覇権反対を条約に明記する決心をしたと伝えてきた。五月には佐藤大使から日本側の困難は国内の交渉に時間がかかることにあるという説明があった。韓副部長はこれに対し、中国側には意見の不一致はなく、何ら困難がないと表明した。この頃鄧小平副総理は日本の賓客と会見のさい、条約の締結は実に簡単な問題で、一秒あれば解決するといって、福田内閣の決心をうながしていた。日本側は国内の条約反対派の説得に時間をかけたり、中米国交正常化の動きをみきわめたりしながら、当時進めていた日ソ漁業交渉にも不利にならないよう、タイミングを待っていたようである。

この年の夏、あるパーティーの席で筆者は日本大使館の堂之脇光朗公使と隣り合わせになった。雑談中堂之脇公使は突然「中国は福田内閣とは条約を結ばないつもりか」と質問して来た。筆者は「役者が問題ではなく、筋書の問題だ」と答えた。中国側の早期締結の願望に変わりはない。条約の内容の問題である。その頃アメリカも中日平和友好条約の早期締結をのぞんでいるという情報が伝わって来た。カーター政権はそれによって中米国交正常化に関する国会討論を推進しようとしたのである。

七月二一日韓副部長を団長とする中国代表団と佐藤大使を団長とする日本代表団との条約交渉が正式に再開した。会談は八月八日までほとんど毎日おこなわれ、やはり覇権条項に時間をとられた。日本側はこの条項の言いまわしをなるべく軽くし、第三国に対するものではないということを強調したかったようである。例えば、「反対する」という表現を「反対である」としたいと主張してきた。その理由としては中米上海コミュニケに each is opposed となっているから、「反対である」がそれに近いというのである。要するに「反対する」という行動をともなうものより、「反対である」として単なる態度表明にとどめたいということであった。これには中国側が賛成しなかった。中国側からも新しい妥協案を出したりしたが、日本側の賛成がえられないまま、八月四日になって日本側から「この条約は第三国との関係に関する各締結国の立場に影響を及ぼすものと解してはならない」という案が出された。つまり覇権条項では第三国問題にふれず、この文句を別項として新たに挿入するという案である。八月七日には「――を及ぼすものと解してはならない」を「――を及ぼすものではない」と簡潔にした。ちょうどこのあと園田外務大臣が訪中され、条約交渉は黄華外交部長と園田外相との間で行われることになり、八月九日の黄―園田会談で中国側は八月七日の日本側案に同意した。八月一〇日には双方の事務当局が条約のすべての表現のすり合わせをし、英訳文まで共同で決めた。こうして八月一二日、黄華外交部長と園田外務大臣が北京の人民大会堂で、両国の全権委員として条約に署名調印する運びとなる。条約は国交正常化後六年の歳月を経て締結された。

ついに条約発効へ

一九七八年一〇月二三日条約の批准書交換のセレモニーが東京で行われたが、中国側からは鄧小平副総理、廖承志全人代副委員長兼中日友好協会会長、黄華外交部長、韓念龍副部長はじめ日本関係の仕事のスタッフが訪日したので、初代中国駐在大使であった小川大使はこの顔ぶれをみて、中国は本気で日本と仲よくしようとしていると感じたという。

条約が発効してから二五年になる。両国関係は台湾問題、歴史認識など敏感な問題をかかえながらも飛躍的発展をとげ、今や切っても切れない関係になっている。こうした平和友好協力関係は今後数世紀にわたって続いていくに違いない。今筆者がときどき不安に思うことは、日本の政界の先生方の中には日米安保条約は熟知していても、日中平和友好条約の重みは知らない人が数多くいるのではないかということである。この二つの条約は法的拘束力としては対等である。しかも、もし二つの条約の間に矛盾が生じた場合、後から出来た条約の方が優先する。中日平和友好条約の重要性は、年をへるにつれて増していくであろうが、双方の努力によって、もっと多くの人がそれを理解するようにしたいものである。

この条約で思い出すことは、やはり周恩来総理のことである。国交正常化のさい、田中総理は東京赤坂の迎賓館が新しく修復されたから、その最初の賓客としてお迎えしたいと周総理を招聘した。周総理は平和友好条約が出来たら行きましょうと答えていた。周総理は条約の基礎をつくり、その方針をきめたが、条約の締結をみることなく、一九七六年一月全中国人民の慟哭を聞きながら永眠した。周総理の訪日が実現しなかったことは、何度思い出しても残念でならない。

（当時、中国外交部日本課課長）

＊原文日本語

丁民（Ding Min）　一九二七年、遼寧省瀋陽市生まれ。一九四九年、清華大学法学院経済学系卒業。中国外交部アジア司日本課課長、アジア司副司長、在日中国大使館公使参事官代理大使、中国国際問題研究所特別研究員、中国国際人材交流協会駐日本総代表、などを歴任して、一九九二年、退職。現在、中国中日関係史学会名誉会長、中国国際友人研究会常務理事。

考 証 編

鄧小平副総理と会談した園田直外相. 1978年8月10日
(中国通信社提供)

一　米中和解から日中国交正常化へ
――錯綜する日本像

添谷芳秀

はじめに

　本稿は、日中国交正常化をもたらす最大の契機となった米中和解に関する米国の記録(1)を主要な検討材料としている。それに日中国交正常化時の日本の記録(2)を合わせ読むことによって、米中和解の国際政治的論理と、その対比のなかに浮かび上がる日中国交正常化の実態を明らかにしてみたい(3)。その比較からは、戦後日本外交を制約してきた日本の国家像の分裂という問題も浮かび上がる。

　すでに周知のとおり、米中和解を進めた両国の指導者が、高度な戦略ゲームを演じていたこととは極めて対照的に、日本の指導者は、主に国内政治的観点、および日華平和条約との関連における国際法的視点から日中国交正常化をとらえていた(4)。そこにみられる日本外交の「戦略性」の欠如は、戦後日本の体質とでもよべるものであった。

　米国の記録から明らかなのは、米中和解に臨む米中両国の指導者が、自立した「戦略的」アクターとしての日本の潜在性について、概念的な議論を徹底的に交わしていたことである。「自主防衛」の気運が高まる日本の行く末を懸念し、日本を太らせた張本人である米国は日本をコントロールすることができるのかと迫る周恩来と、日米安保関係を離れた日本は一九三〇年代の拡張主義を繰り返すと応えるキッシンジャーとの会話は、米中両国が日米安保条約の「ビンの蓋」の機能について同意した歴史的瞬間を彷彿とさせる。

他方、「ニクソン・ショック」に慌て日中国交正常化へと急激に走り出した日本の政治指導者には、日本がその種の戦略的視角から捉えられていることへの自覚は全くなかった。事実、米中両国の指導者が懸念したような軍事的に自立した大国外交を構想する日本の政治指導者は、皆無であった。当時佐藤栄作内閣の防衛庁長官として「自主防衛」を積極的に推進した中曾根康弘が、日本の国家像として「非核中級国家」論を唱えた(5)ことの方が、むしろ日本の実像を示していた。

潜在的軍事大国としての日本を共に懸念する米中両国の指導者は、戦後の「新しい日本」という現実も部分的に受け入れていた。米国はその新しい日本との間で日米安全保障関係の枠内での責任分担を迫り、中国も新しい日本を相手に国交正常化を推進した。こうして、米中の指導者が戦略的に語る「軍事大国」日本と、現実の外交の場で相手にする新しい日本とは、全く別の日本であった。

このことは、米中和解から日中国交正常化にいたる過程で、重要な当事者であったはずの日本の国家像が混乱していたことを示していた。さらには、錯綜した自画像を日本外交にとっての問題として認識していない日本の現状が、その混乱に輪をかけていたように思える。以下、以上の点を念頭におきながら、米中和解から日中国交正常化への過程において、日米中三国の政治指導者たちが日本をどのように認識していたかを明らかにするが、その前に、米中和解の国際政治的意味を簡単に振り返っておこう。

米中和解の論理

米中和解を進めたニクソン政権には、米国外交に対する深刻な危機意識があった。とりわけ、ベトナム戦争の泥沼化は、米国経済の疲弊をもたらしたのみならず、米国民に国際政治に対する新たな幻滅を引き起こしつつあった。キッシンジャーにいわせると、そのことは「ベトナムの悲劇よりもはるかに重大で深刻な悲劇」であった(6)。

ニクソン大統領とキッシンジャー大統領特別補佐官は、そうしたアメリカ外交の失敗の源泉に「封じ込め」政策があるという認識を共有していた。さらに、彼らにとって「封じ込め」に変わる新たな米国外交の原則とは、大国が合理的に国益を追求する過程から生まれる勢力均衡を米国の国益に有利に展開することであった。そして、米ソ関係および米中関係から「封じ込め」の概念が後退すれば、ベトナム戦争の国際政治的意味は決定的に変わり、「名誉ある撤退」が可能になると考えられた。

ニクソンが当初から唱えていたように、ソ連との間に「交渉の時代」を開くことは、その最大の要件であった。米国の世界戦略における中心的利益と周辺的利益を区別し、協調可能な領域における対ソ交渉を活発化させ、大国外交の新たな枠組みを作ることが目指された。さらに、同様の米ソ交渉を通じて、米国の中心的利益に反するソ連の行動に修正を迫ることも期待された。それがニクソン政権の考える対ソ「デタント」であり、「リンケージ」政策であった。

ニクソン政権からみて、米中和解はこうした戦略的グランド・デザインの一環であった。とりわけ一九六九年に入って中ソ対立が軍事的衝突にまで発展すると、ニクソンとキッシンジャーは、米中ソ関係のなかで「スイング・ポジション」を確保することを目論んだ。中ソ対立に突き動かされる中国を勢力均衡ゲームに引き込み、そのことでソ連の対米関係改善の誘因を高め、さらには、北ベトナムのハノイから北京とモスクワを切り離し、ベトナム戦争の「ベトナム化」を図ることが目指されたのである。

それに対して、中国の発想は、もっぱらソ連との対決を中核としていた。中国側の文献によれば、一九六八年八月のソ連によるチェコ軍事介入、および六九年三月の珍宝島(ダマンスキー島)での中ソ軍事衝突によってソ連との対決を覚悟した毛沢東が、陳毅、葉剣英、聶栄臻、徐向前の四元帥に国際戦略情勢の研究を指示したことが、中国側が米中和解に向けて動き出す重要な第一歩であった(7)。

その検討結果は、一九六九年七月以降、周恩来に報告された。それは、米中矛盾より中ソ矛盾の方が大きい、中ソ矛盾より米ソ矛盾の方が大きい、そしてソ連には対中戦争の意思はあるがすぐに戦争になる可能性は小さいという判断を基に、ソ連と米国に対する「一面対抗、一面交渉」を提言した。すなわち、ソ連と対抗するために、「戦略上米ソ矛盾を利用し、中米関係を打開する」ことを唱えたのである(8)。

こうして米中両国は、ともに米中ソ戦略関係の枠組みのなかで米中和解を推し進めたが、中ソ対立を利用して「スイング・ポジション」を確保しようとする米国の戦略と、米ソ矛盾を利用して米国との関係改善を模索しようとする中国の戦略には、重要なズレが潜んでいた。そもそも米国の戦略では、中国が前提とする「米ソ矛盾」を伝統的な大国間関係へと転換させることが目指されたのであり、米中和解もそうした戦略的デザインの一環であったのである。

そうした戦略的ギャップを抱えながらも、米中和解を推進した米中両国は、共通の戦略的土俵で秘密交渉を重ねた。以下、米中和解の過程で米中の首脳がどのように国際戦略問題を語り、そのなかでどのように日本を認識していたのかを中心に関連資料を読み解いてみよう。

キッシンジャーの極秘訪中

主にパキスタン・ルートを使った米中の秘密接触は、一九七〇年後半以降重要な進展をみせ、七一年四月には、直接交渉のためにキッシンジャー、または国務長官、あるいはニクソン大統領の訪中を歓迎するとの周恩来のメッセージがワシントンに届けられた。キッシンジャーは、パキスタン訪問中に腹痛と偽って姿を隠し、七月九日から一一日にかけて秘密裏に北京を訪問した。同行したのは、国家安全保障会議(NSC)スタッフのジョン・ホルドリッジ、ディック・スマイザー、ウィンストン・ロードの三人のみであった。その間キッシンジャーは、四八時間未満の滞在中に、五回にわたる会談(うち第四回目は二セッション)をこなしている。

一九七一年七月九日午後四時三五分から始まったキッシンジャーと周恩来の初対面での冒頭の会話は、前年一二月の毛沢東とエドガー・スノーとの会談、およびそれについてスノーが『ライフ』誌に寄稿した記事に関してであった。周恩来が話題を真っ先に持ち出したこと、およびキッシンジャーがスノーと直接面識がないということに周恩来が驚いた様子であること、周恩来が『ライフ』誌の記事について、細かいところに誤りはあるが「基本的には正しい」と強調していることなどからして(9)、中国側が毛沢東とスノーとの会談をいかに重視していたかが分かる。

その後キッシンジャーは、今回の訪中の目的は、ニクソンの訪中の意味について合意し段取りを整えること、および米中間の問題、アジアの問題、世界平和の問題について議論を深めることの二つだと述べ、議論のテーマとして、(一)台湾、(二)インドシナ、(三)他の大国との関係(たとえばソ連と日本)、(四)南アジア情勢、(五)米中間のコミュニケーション・チャンネルの構築、(六)軍備管理問題、(七)その他中国側が希望する問題、を挙げた。

そしてキッシンジャーは、米国の基本的姿勢の表明として、同盟国とであれ敵対国とであれ、中華人民共和国に対して米国が結託することはないことを強調し、「強力で発展する中華人民共和国は米国の中心的利益にとって何ら脅威ではない」というニクソン大統領の確信を披露した。

個々の議題についての議論を詳しく論ずる紙幅はないしそれが本稿の目的でもないが、初回の会談における台湾とインドシナに関する論点を簡潔に紹介しておこう。台湾については、台湾は中国の一部であり、米軍は撤退すべきであるとする周恩来の立場表明に対して、キッシンジャーは原則同意し、問題は現実的プロセスであり時間の枠組みだという点を強調している。インドシナについては、キッシンジャーは、五月三一日のパリにおける北ベトナムとの秘密接触で、北ベトナムに対してベトナムからの完全撤退の期限を提案した、という驚くべき秘密交渉の内容を周恩来に伝えている[10]。そして、米国のインドシナ政策を詳細に説明した。ベトナム戦争を終結させようとしている米国の意図が本物であることを中国に分からせ、そのシナリオに中国の協力を取り付けようとする米国の戦略の重要な伏線である。

その後、初回の会談のほとんどはインドシナ問題に費やされたが、夕食後に再開された会談で周恩来は、韓国、日本、ソ連等に関する問題にも簡単に触れた。そして、キッシンジャーと周恩来は、七月一〇日の二回目の会談で、再び台湾問題やインドシナ問題の討議を深めるとともに、南アジア問題、ソ連問題、軍備管理問題等についても、まさに縦横無尽に率直な観察と見解をぶつけ合った。後日キッシンジャーがなぜあれだけ周恩来を偉大な指導者として手放しで誉めるようになったのか、その空気が十分に伝わってくる。

日本に関しては、七月九日の第一回会談の中ほどで、周恩来が、当時日本で進行中の第四次防衛力整備計画の策定過程に強い危機感を表明した。さらに周恩来は、「日本人には拡張主義的傾向がある。日本の経済はすでに拡張した。経済的拡張は必然的に軍事的拡張につながる」と論じ、「米国がアジアからすべての軍隊を撤退させれば、アジアをコントロールする前衛として日本を強化するのが米国の目的ではないのか」との疑問をキッシンジャーにぶつけた(11)。

それに対してキッシンジャーは、「強い日本と強い中国とでは、強い中国の方が拡張主義的ではない」と述べ、「日本との防衛関係は日本が攻撃的政策をとることを防いでいる」と、いわゆる「ビンの蓋」論を披露した。そしてキッシンジャーは、日本が自前の軍事力を備え、核兵器を持つようになれば、周恩来の懸念が現実になるという恐れを自分も抱く、とも述べた(12)。

翌日七月一〇日の第二回会談でも、再び日本問題が取り上げられた。周恩来は、四次防の予算はそれまでの三次にわたる防衛力整備計画の合計を五割も超えるものであり、日本の経済力からすれば二、三年で達成が可能だという具体的懸念に言及した(13)。そして、米国が撤退した後に、日本が生命線とみなすマラッカ海峡までの地域、および台湾に対して軍事的に進出しようとしている「日本軍国主義者の野望」に対する懸念を率直に語った。[14] それに対してキッシンジャーは、「我々は、台湾における日本のいかなる軍事的プレゼンスにも、強く反対する」[15]と、明確に述べた。

その後米中和解の過程で両国の指導者の間で何度となく繰り返される日本論が、こうして始まった。

米中指導者の日本観

ニクソン大統領がキッシンジャー極秘訪中の事実を公表し、ニクソン自らが翌年五月までに訪中することを表明したのは、一九七一年七月一五日夜のテレビ演説においてであった。それは、「ニクソン・ショック」として世界を震撼させた。

ニクソン訪中の段取りを整えるために一〇月に訪中したキッシンジャーは、二〇日から二六日にかけて、周恩来との間に一〇回にわたる会談をこなした。ここでも、ニクソン訪中に関する実務的打ち合わせや、コミュニケの内容に関する実質的な交渉の他に、日本問題も含めたさまざまな戦略的問題について深い議論を交わしている。

周恩来は、一〇月二二日の会談で、韓国から米軍を撤退した後に日本の軍が進出するのではないかという疑念を表明した。それに対してキッシンジャーは、韓国にも台湾に関して述べたことと同じ原則が当てはまるとし、「米国は日本の軍事的拡張に反対である」と断言した。周恩来は、「我々はその声明を大変重く受け止める」と応えた。[16]

一九七一年一〇月といえば、中国が、日中国交正常化をも視野に入れ、日本の経済界の急速な対中傾斜を演出していた最中である。七〇年四月には、対中貿易に従事する日本企業に対して「周恩来四条件」が示され、七一年九月には関西財界代表団の訪中が実現していた。そして一一月には、東京経済人の訪中が実現し、国交正常化へ向けての日中間の環境は急速に整いつつあった。[17]

周恩来が日本の「軍国主義の復活」を本気で心配していたことは確実である。しかし、それが日本のすべてであるとも思っていなかった。戦後の日本には「軍国主義」の温床が残っている一方で、全く別の新しい日本が着実に根を下ろしていることも理解していた。周恩来の戦略は、「新しい日本」に積極的に働きかけることによって「軍国主義」の復活を抑え、そうした基本方針に沿って日中国交正常化を実現することであった。一握りの「軍国主義者」と一般国民を区別するという公式の政策は、その戦略の上に乗ったものであった。

幾度となく表明されたキッシンジャーの日本不信に安心したのか、周恩来は、一〇月二二日の会談の後半で、その対日戦略の考え方を披露している。周恩来は、「一度日本が軍事的拡大の道を歩み出せば、それがどの程度進んでしまうのかなかなか分からない」と述べた後で、「しかし、日本は一九三〇年代や四〇年代の日本とも違う。日本人民には大きな変化が起きた。したがって、日本政府の拡張主義的政策を挫き、平和の政策を後押しするならば、この事態は改善することができる」と論じたのである。[18]

それに対してキッシンジャーは、駄目を押すかのように、より明確に日本に対する根源的不信感を表明した。「中国と日本の社会を比較すれば、中国は伝統的に世界的視野を持っているが、日本の視野は部族的だ。[19]」「私は常に、日本を強くしながら我々の好む政策を追求できると思っている米国人はナイーブであると思ってきたし、今もそう思う。……私は日本に幻想は抱いていない。[20]」

キッシンジャーは、米中和解に乗り出す以前に、日本の指導者は「概念的に考えられず、長期的ヴィジョンもなく」、「退屈、鈍感であり、継続して注意を払う価値がない」と側近にこぼしたことがある。(21)こうしたキッシンジャーの一連の対日観は、個人的好き嫌いの問題というよりは、世界観や外交観から日本をとらえたものと考えるべきだろう。キッシンジャーの国際政治観からすれば、日本よりも中国の方が信頼できる国際政治ゲームのパートナーであったのである。

まったく同じことが、ニクソン大統領にも当てはまる。一九七二年二月の歴史的訪中の際に、二一日に毛沢東との会談および第一回目の全体会談を済ませたニクソンは、二二日の周恩来との会談で、「私達は、日本の状況が過去において日本政府の特徴であった軍国主義から変わったことを望む。他方、それに確証を持てないので、米国が日本を丸裸にしたならばふたつのうちひとつのことが起こり、それはいずれも中国にとってよくないことだと思う」と発言した。すなわち、米国が日本への安全保障の提供を止めた場合に、第一に「生産性の高い経済、自然の勢い、戦争の記憶喪失から、日本人は自国の防衛力増強に走る」可能性が強く、第二に「日本にはソ連に接近する選択肢がある」というのである。(22)

そしてニクソンは、結論的に以下のように述べた。「米国は中国に対する企てを何ら持っていない。米国は、防衛関係を持ち経済支援をしている日本やその他の国々に影響力を行使し、中国の利益を損なう政策をとらせないようにする。しかし米国がアジアから撤退し、日本から撤退すれば、われわれの抗議は、どのような大声で叫ぼうが、空砲を打つようなものだ。」「それが私のみる世界であり、それを分析すれば、そのことが米国と中国を接近させるものなのである。哲学や友好の問題(それらも重要なことであるとは思うが）ではなく、国の安全保障ゆえに、私が述べた意味で我々の利益は共通するのだと思う。[23]」結局のところ、ニクソン政権は、米中和解に際して、独立した戦略アクターとしての日本という「亡霊」を語り続けた。

日中国交正常化

日本の「軍国主義」の復活を懸念する中国の指導者は、基本的にそうした日本観に同調した。しかし同時に、日中国交正常化にあたっては、日本の野党や平和主義勢力とのチャンネルを通して環境作りを進める一方で、日本政府に対しては日米安保条約には触れないという立場を堅持した。

一九七二年七月の竹入義勝と周恩来の会談、および同年九月の田中角栄と周恩来の会談の記録を読んで気付くことは、周恩来の発言が大枠として先に考察した米中和解の際の認識を反映していることである。まさに、中国にとって、米中和解と日中国交正常化が密接な相互関連を持ったものであったことがよく分かる。それとは対照的に、日本側の反応には、同次元の戦略的思考は全くといっていいほど存在しない。

周恩来は、七月二七日の竹入義勝との第一回目の会談で、日中間の平和友好運動の論理の上に日中国交正常化を進めるという中国側の基本方針を確認している。周恩来は、竹入に対して「田中首相は、野党や議連の中日友好運動をある程度評価しているのですね。貴方々が努力し、道をつくったと見ているのですね」と声をかけ、「田中首相もこの事は十分考えに入れている日中国交を実現することは全人民の願望だと思う。大平外相も日本人民の動向を認識している。それは二〇年来、野党、与党の一部の先生方にも劣ることではないと思います」と、日中国交正常化の原則的立脚点を真っ先に確認したのである。(24) さらに周恩来は、「戦後と戦前はちがいます。戦後は国交はないが、友好的往来はとだえませんでした。それはアメリカとちがうところです。岸もこれをとだえさせることは出来ませんでした。人民の友好です」と、戦後日本の「人民」の新しさにも言及した。(25)

その一方で、周恩来は、田中角栄訪中時九月二七日の第三回目の会談で、田中に対して「過去の歴史から見て、中国側では日本軍国主義を心配している」と迫った。それに対して田中が「軍国主義復活は絶対にない」と断定すると、周恩来は「政権担当者の政策が大事である」と応じた。(26) 周恩来がキッシンジャーに対して述べたように、まさに「軍国主義」が懸念される日本と「新しい日本」に対する発言の使い分けである。

日米安全保障条約に関しては、とりたてて触れないというのが中国側の基本方針であった。周恩来は、竹入との第一回目の会談で、「日米安保条約にはふれません。日中国交回復が出来たら、中国への安保の効力は無くなります」と述べた。そして、台湾問題は、「機が熟すれば自然に解決します。安保や日米共同声明に影響はしません。中国に関する部分は効力を失ってしまいます」ともいっている。(27)

さらに周恩来は、翌日の第二回会談で、ベトナム戦争と台湾問題に関するキッシンジャーのリンケージ政策を竹入に伝えた。「台湾の米軍はベトナム戦争が終れば逐次引きあげる。現在、ベトナム戦争の規模が小さくなっている。ベトナム戦争が終れば完全に撤退し、台湾から完全にひき上げる。これは秘密です。先生方のみに云いました。共同声明では、ハッキリしていません。極東状勢が緩和するに従って引きあげるというふうにしてあります。[28]」なぜか竹入は、「ベトナム戦争終結後、台湾の米軍が引きあげるということを、二人に伝えてもよろしいですか」と念を押しているが、当然のように周恩来は、「二人には、云って良いと思います。……伝えるのは、お二人が日米関係を処理する為、いくらか知っておかねばならないからです」と応えている。[29] ニクソン政権がこのことを日本政府に伝えたとは思えないが、日本側が中国側から伝えられた情報をどのように受け止め、対米交渉上どのように処理したのかは不明である。

周恩来は、九月二五日の田中角栄との第一回会談で、「日米関係にはふれない。これは日本の問題である。台湾海峡の事態は変わってきているから、条約(日米安保、米華相互防衛条約)そのものの効果も変ってきている。……中国側としては、今日は日米安保条約にも米華相互防衛条約にも、ふれずにゆきたい。日米関係については皆様方にお任せする。中国は内政干渉はしない」と述べた。[30] 残念ながら、日本側がそれにどう応えたのかの記録はない。この中国の方針はすでに竹入訪中を通じて伝わっていることであり、日米安全保障関係と日中国交正常化が両立することに対する安堵感を感じていたというのが、恐らく日本側の大方の反応であったろうと推測される。

どうしても、米中和解の戦略的論理を踏まえて日本に対応している中国と、驚くほど戦略性を欠く日本のコントラストが際立つ。さらに竹入メモには、そのことを一層際立たせる項目が潜んでいた。いわゆる「反覇権」条項である。周恩来は、七月二九日の竹入との第三回目の会談で、共同声明の中国側原案として、「双方は、中日両国のどちらの側もアジア太平洋地域で覇権を求めず、いずれの側も他のいかなる国、あるいは、国家集団が、こうした覇権をうちたてようとすることに反対するということを声明する」という一項を提案した。その上で周恩来は、「これは、田中首相が、こういうことをいうのは、早すぎるというなら相談できます」と、事実上棚上げも可能であることを示唆したのである。しかも、会談の終盤で、「たとえば、この中で、どこかの一句、覇権の言い方がきつすぎるのなら、言い方を変えていいと、入れなくてもいい。将来、平和友好条約に入れてもよいと思います。そうしないと、平和友好条約に書くものがなくなります」と、まるで念を押すかのように発言している。

しかし、その後日本政府には、あまり「反覇権」条項の対ソ戦略上の意味に深い思いを巡らせた様子がない。田中角栄訪中の際の正常化交渉においても、ほとんど争点にならなかったらしい。むしろ、中国の方が、日中国交正常化を実現させるために、日本の戦略的立場に敏感に反応していたようでもある。日中国交正常化の過程での、奇妙な一幕であった。

日本外交への視角

かつて筆者は、日米中関係の中で浮かび上がる錯綜した日本像の問題を、「日本要因の二重性[31]」、あるいは戦後日本の「二重アイデンティティー[32]」として概念化したことがある。戦後日本外交には、「あの戦争」の歴史の記憶と経済大国の実体からくる「大国」イメージと、同じ歴史から生まれる制約と憲法九条を原点とした様々な国内的制約ゆえに大国間権力政治には関与できない「非大国」イメージが同時に存在しており、そうした二つの相反する国家像が錯綜していることが戦後日本外交を規定してきたのではないか、という議論である。

そして、その根底には、占領中に憲法九条と日米安全保障関係をセットで選択した吉田茂の選択があった。憲法九条は、冷戦発生以前の国際環境を前提とした対日政策の根幹をなすものであり、日米安全保障条約は、まさに冷戦の産物であった。背後にある国際政治的論理が全く異なるふたつのものを、セットで選択したのが「吉田路線」であったのである。そして、左の政治勢力は日米安保を攻撃し、右の政治勢力は憲法九条に違和感を持つという形で、戦後日本社会は日本外交の根幹をめぐって分裂した。

こうしたなか、歴代自民党政権の外交は、自前の主体的な戦略論を育てる余裕を全く持たないままに、正反対の論理を使い分けながら左右の政治的挑戦から身を守るという対応を迫られることになった。そして、平和憲法を堅持しつつ日米機軸主義を維持するためには、防衛論議や安全保障論議をできるだけ避け、軍事紛争はもちろん地域的な安全保障問題に関与しないことが、むしろ政治的には賢明であるという判断が、日本政府の基本的発想となった。一九六〇年代の高度成長を経て、吉田の選択が驚異的な経済成長の秘訣であるという認識すら定着した。

田中角栄内閣による日中国交正常化は、そうした高度成長後の、最初で最大の外交的課題であった。そのとき日本政府が、こうした戦後日本外交の枠内でしか動けなかったことは、むしろ自然であった。その結果、日中国交正常化を可能にした最大の要因が高度に戦略的な米中和解であったにもかかわらず、日本政府にとっての重要な論点は、日米安全保障関係を損なわないことの確認、日台平和条約との法的整合性、日本国内の親台湾勢力への対処および台北との関係処理など、戦略環境とは直接接点のない個別的なものであったのである。

戦後日本外交の実体は、いかに「吉田路線」の土台がねじれていようとも、平和憲法か日米安全保障条約のどちらか(あるいはその両方)を放棄してそのねじれを解消するという選択肢に、国民の過半数の支持を得る可能性が事実上存在しないところにあった。したがって、米中両国が心配した「軍事大国」としての自立は、戦後の日本には全く不可能な道であった。そうした日本の現実への理解が前提として欠如していたことが、米中和解の際に浮かび上がった日本像の混乱の源泉であった。

ただし、このことは、「吉田路線」の軸の太さを前提とした外交論議をしてこなかった日本の政治指導者にも、責任の一端があったというべきだろう。そして、主体性論議の矛先が米国に向きがちであるにもかかわらず、主体性を求めようとすればするほど結果として日米関係の緊密化が進むという日本外交の「逆説」は、今日においても変わっていないように思われる。

注

(1) 本稿が考察対象とした米中和解に関する文書は次頁のとおりである。以下の注で取り上げる場合は、各文書末尾カッコ内の表記(たとえば“Kissinger ①”)で記載する。これらの文書はいずれも米国のナショナル・セキュリティー・アーカイブのホームページ(http://www.gwu.edu/~nsarchiv/)で閲覧することができる。なお、一九七二年二月のニクソン訪中時の会談録の日本語訳に、毛里和子・毛里興三郎訳『ニクソン訪中機密会談録』(名古屋大学出版会、二〇〇一年)がある。

(2) 本稿が考察対象とした日中国交正常化に関する文書は以下のとおりである(いずれも本書に収録)。以下の注で取り上げる場合は、各文書末尾カッコ内

米中和解に関する文書

キッシンジャー秘密訪中(1971年7月)

"Memorandum of Conversation," July 9, 1971, 4:35–11:20 p. m.("Kissinger①")
"Memorandum of Conversation," July 10, 1971, 12:10–6:00 p. m.("Kissinger②")
"Memorandum of Conversation," July 10, 1971, 11:20–11:50 p. m.("Kissinger③")
"Memorandum of Conversation," July 11, 1971, 12:00 midnight–1:40 a. m.; 9:50–10:35 a. m.("Kissinger④")
"Memorandum of Conversation," July 11, 1971, 10:35–11:55 a. m.("Kissinger⑤")

キッシンジャー訪中(1971年10月)

"Memorandum of Conversation," October 20, 1971, 4:40–7:10 p. m.("Kissinger⑥")
"Memorandum of Conversation," October 21, 1971, 10:30 a. m.–1:45 p. m.("Kissinger⑦")
"Memorandum of Conversation," October 21, 1971, 4:42–7:17 p. m.("Kissinger⑧")
"Memorandum of Conversation," October 22, 1971, 4:15–8:28 p. m.("Kissinger⑨")
"Memorandum of Conversation," October 23, 1971, 9:05–10:05 p. m.("Kissinger⑩")
"Memorandum of Conversation," October 24, 1971, 10:28 a. m.–1:55 p. m.("Kissinger⑪")
"Memorandum of Conversation," October 24, 1971, 9:23–11:20 p. m.("Kissinger⑫")
"Memorandum of Conversation," October 25, 1971, 10:12–11:00 a. m.("Kissinger⑬")
"Memorandum of Conversation," October 25, 1971, 9:50–11:40 p. m.("Kissinger⑭")
"Memorandum of Conversation," October 26, 1971, 5:30–8:10 a. m.("Kissinger⑮")

ニクソン訪中(1972年2月)

"Memorandum of Conversation," February 21, 1972, 2:50–3:55 p. m.("Nixon①")
"Memorandum of Conversation," February 21, 1972, 5:58–6:55 p. m.("Nixon②")
"Memorandum of Conversation," February 22, 1972, 2:10–6:00 p. m.("Nixon③")
"Memorandum of Conversation," February 23, 1972, 2:00–6:00 p. m.("Nixon④")
"Memorandum of Conversation," February 24, 1972, 5:15–8:05 p. m.("Nixon⑤")
"Memorandum of Conversation," February 25, 1972, 5:45–6:45 p. m.("Nixon⑥")
"Memorandum of Conversation," February 26, 1972, 9:20–10:05 a. m.("Nixon⑦")
"Memorandum of Conversation," February 28, 1972, 8:30–9:30 a. m.("Nixon⑧")

("Nixon①" はニクソン・毛沢東会談, "Nixon②" と "Nixon⑦" は全体会談, それ以外はニクソン・周恩来会談)

の表記（たとえば「竹入メモ①」、「日中①」）で記載する。頁表記は本書記録編。

「一九七二年七月二七日　一六・〇〇〜一九・〇〇竹入・周会談（第一回）」（「竹入メモ①」）

「七月二八日　一九・〇〇〜二〇・四五竹入・周会談（第二回）」（「竹入メモ②」）

「昭和四七年七月二九日　一九・三〇〜二一・三〇竹入・周会談の日中共同声明関連部分（第三回竹入・周会談）」（「竹入メモ③」）

「田中首相・周恩来総理会談（一九七二年九月二五日〜二八日）—日中国交正常化交渉記録—」

「第一回会談　九月二五日」（日中①）

「第二回会談　九月二六日」（日中②）

「第三回会談　九月二七日」（日中③）

「第四回会談　九月二八日」（日中④）

（3）　望ましくは、それに中国側の文書を突き合わせることができればよいだろう。しかしそれは筆者の力量を越えるし、その意味で本稿には大きな限界がある。その欠落を埋めたいという読者は、『ニクソン訪中機密会談録』（上記注1）に収められた毛里和子の解説論文「解説　一九七一〜七二年の米中交渉について」を参照していただきたい。

（4）　緒方貞子（添谷芳秀訳）『戦後日中・米中関係』（東京大学出版会、一九九二年）、添谷芳秀『日本外交と中国　一九四五—一九七二』（慶應義塾大学出版会、一九九五年）、および、田中明彦『日中関係一九四五—一九九〇』（東京大学出版会、一九九一年）。

（5）　中曾根康弘「『日本の防衛』の発刊にあたって」『日本の防衛』（一九七〇年一〇月）、二頁。

（6）　Henry Kissinger, *White House Years* (Boston: Little, Brown, 1979), p. 65.

（7）　毛里「解説　一九七一—七二年の米中交渉について」、二五九頁。

（8）　同右、二五九—二六〇頁。

（9）　"Kissinger ①," pp. 1–2.

（10）　"Kissinger ①," p. 17.

（11）　"Kissinger ①," p. 29, p. 37.

（12）　"Kissinger ①," p. 42.

（13）　"Kissinger ②," pp. 10–11.

（14）　"Kissinger ②," p. 7.

(15) "Kissinger ②," p. 19.
(16) "Kissinger ⑨," p. 10.
(17) 詳しくは、添谷『日本外交と中国 一九四五—一九七二』第七章を参照。
(18) "Kissinger ⑨," p. 21.
(19) "Kissinger ⑨," p. 22.
(20) "Kissinger ⑨," p. 23.
(21) Tad Szulc, *The Illusion of Power : Foreign Policy in the Nixon Years* (New York : Viking Press, 1978), p. 169.
(22) "Nixon ③," p. 12.
(23) "Nixon ③," p. 12.
(24) 「竹入メモ①」、四頁。
(25) 「竹入メモ①」、一〇頁。
(26) 「日中③」、六五—六六頁。
(27) 「竹入メモ①」、一一頁、一六頁。
(28) 「竹入メモ②」、二一頁。
(29) 「竹入メモ②」、二四頁。
(30) 「日中①」、五五—五六頁
(31) 添谷芳秀「米中和解と日米関係」『法学研究』第六九巻第八号(一九九六年八月)。
(32) 添谷芳秀「日米中関係の構造と日本の外交戦略」『外交フォーラム〈中国特集〉』(一九九七年九月)。

二　日華平和条約締結から日中国交回復へ
――「二つの中国」政策から「一つの中国」政策への跳躍

石井　明

はじめに

一九七二年九月二九日、調印された日中共同声明の前文には「戦争状態の終結と日中国交の正常化という両国国民の願望の実現は、両国関係の歴史に新たな一頁を開くことになろう」と記されている。この文言は、一九五二年の日華平和条約締結によって戦争状態は終わっているという日本側の説明と、国交回復によって戦争状態が終結するという中華人民共和国の主張がともに可能となる玉虫色の表現となっており、日中双方が両国政府の面子を立て、国交正常化を実現するために考え出した苦心の表現なのだが、では、いつ戦争状態が始まったのであろうか。

一九四一年一二月九日、日本の真珠湾攻撃の翌日、当時の中国の中央政府である中華民国政府は対日宣戦と対独伊宣戦を布告した。従って、国民党政権の立場に立てば、同日以降、日本と戦争状態に入り、日中間の戦いは第二次世界大戦の一部となった、ということになる。ただ、当時すでに事実上、日中戦争は始まっていたのであり、日中双方とも、盧溝橋事件の起きた一九三七年七月七日をもって始まったとする見方と、満洲事変の起きた一九三一年九月一八日をもって始まったという見方とがある。

ところで、なぜ日中国交正常化にかくも長い年月がかかったのであろうか。外的要因として、戦後、日本を国際社会に復帰させるための講和会議の開催が遅れ、その間に中国で政治変動が起こったことがあげられる。すなわち、国共内戦で国民党が敗れ、一九四九年一〇月一日、北京に中華人民共和国が成立し、中国人民を代表する唯一の政府であると主張したが、国民党政権は台湾に落ち延び、引き続き中国の正統政府であると主張し続けたのである。

ようやく敗戦から六年経った一九五一年にサンフランシスコで日本との講和会議が開催される運びとなったが、その会議にどちらの中国の代表を招くかをめぐって米英が対立し、結局、中国、台湾の代表とも招請せず、日本が別途、自らが選択する中国政府との間で平和条約を結ぶことになった。当時の吉田内閣はアメリカの圧力の下、台湾の政権との間で平和条約を結ぶ道を選択し、日華平和条約を結んだ。

しかし、後述するごとく、この条約は台湾の政権が実効支配している地域に適用範囲を限定していた。吉田内閣は確かに台湾と外交関係を持ったが、最終的には中国大陸との関係正常化を望んでいた。本稿では、台湾の政権と外交関係を維持したままで、中華人民共和国との関係正常化を目指す政策を「二つの中国」政策と称する。(1)「一つの中国、一つの台湾」政策と称してもよいだろう。

「二つの中国」は、もともとは中華人民共和国が日本の対中政策を非難する際に使った言葉で、初出がいつか断定はできないのだが、一九五五年八月一七日、周恩来首相が日本の新聞・放送界訪中代表団と会った際、書面回答の中で、「二つの中国」のやり方に追随しようとする者がいると指摘している。(2) その後、岸内閣以降の日本政府およびアメリカの中国政策を叩く時に、この言葉がよく使われた。

国民党政権も「漢賊並び立たず」の立場に立ち、「二つの中国」の存在は認めておらず、日本政府も表立って「二つの中国」政策を進める、と言っていたわけではない。しかし、戦後、歴代日本政府の対中政策の本音は、濃淡の差はあっても、基本的に「二つの中国」政策、あるいは「一つの中国、一つの台湾」政策の追求であったと考えられる。ただ、この政策では現実の日中関係を打開できなかった。日中関係を正常化するためには、「二つの中国」政策から、中華人民共和国を中国とする「一つの中国」政策への跳躍が必要であった。内外の反対、拙速との批判を浴びながら、この跳躍を行う決断を下したのが田中内閣であった。

前掲添谷芳秀論文は、日本外交には「戦略性」が欠如しており、日本の指導者が主に国内政治的観点、および日華平和条約との関連における国際法的観点から日中国交正常化をとらえていた、と指摘している。それはその通りなのだが、米中対立下、日米安全保障条約を結び、米国と同盟関係にあった日本の外交の動ける範囲は限られていた。米中関係が改善に向かい、また中国が国連に加盟し、日中関係をめぐる国際環境が大きく変わってからの国交正常化ではあるのだが、国内の親台湾勢力の反対を抑え、戦後日本の対中外交との整合性を維持しつつ、「一つの中国」政策へと跳躍することは容易なことではなかった。

本稿は、日中台三方の動きに触れながら、この跳躍の過程を検討していく。その前に、戦後初期、すなわち冷戦が東アジアに波及する以前の日中関係がどうであったのか、見ておきたい。

戦後初期の中華民国の対日政策

一九四五年八月一五日、重慶で蔣介石総統は抗戦勝利に際して、ラジオ放送で演説し、日本の軍閥を敵とし、日本人民は敵としないと声明してきたことを想起させ、「軍民同胞」に対し、怨みに報いるに怨みをもってするな、と呼びかけた。この演説は後に日本では「以徳報怨」の演説として知られるようになり、蔣介石政権の対日寛大政策を表していると受け止められるようになる。

しかし、この演説は「敵軍」に厳しく責任をとらせ、あらゆる降伏条件を忠実に実行させねばならない、と述べており(確かに、報復を企ててはならない、と付け加えられてはいるが)、敵の侵略的野心と侵略的武力を徹底的に消滅させなければならない、とも主張していた。

確かに戦後初期、中国政府は軍国主義日本の根本的改造を求める政策を取った。中国で日本の戦犯が次々に逮捕され、その数は一九四五年八月から一九四七年五月までに二三五七名に及んだ。彼らは南京、広州、上海、北京、漢口、徐州、済南、台北に設けた軍事法廷で裁かれた。東京裁判に対しては、判事、参与裁判官の二人を代表とする代表団を東京に送り込み、積極的に戦犯の追加リストを提出し、日本戦犯を追及している(3)。

賠償について言うと、中国東北の日本の工業設備はその多くがソ連によって接収され、持ち去られたが、その他の生産設備は接収して、中国の復興にあてようとした。ＧＨＱは本格的な賠償を取り立てる前に「中間賠償」を関係国に分ける方針を決めたが、中国は勝利に対する貢献と膨大な損害を理由に中国の配分額が大となるよう主張した。日本本土の工業設備も「中間賠償」の対象となったが、一九四七年、駐日代表団の中に賠償帰還物資接収委員会が設けられた。この委員会は、業務上は行政院賠償委員会の指導下にあったが、この活動のため延べ一〇〇名を超える要員が訪日している。[4]

しかし、中国政府の対日賠償要求は、アメリカの対日占領政策の転換、すなわち日本を反共の砦として育成する方向へ転換する過程で、次第にトーン・ダウンを余儀なくされる。一九四七年一〇月二四日、王世杰・外交部長が訪米の帰途、東京でマッカーサーと会談したことがあった。王世杰は、現在の日本の生産設備の中から、より大きな部分を賠償として取り立てたい、と述べた。ところが、マッカーサーは、中国はすでに中国、満洲、台湾で莫大な日本の資産を接収したではないか、と反論するとともに、王世杰に対し、日本自身がアメリカの援助によって生きながらえている時に、中国人はどうして日本が充分な商品を生産し、現在の生産物の中から相当額を引き渡してくれる、と期待できるのか、と尋ねている。[5]

その後も、中国は賠償要求を続けていくのだが、結局、賠償として、日本から中国へ送られた物資はわずかなものであった。後掲朱建栄論文が指摘しているように、若干の日本軍の残存艦艇の配分を受けた。それに加え、一九四九年七月三〇日付けの行政院賠償委員会から外交部に当てた電報によれば、第一回目、二回目に運ばれたのは、工作機械など七六八六台、重量は五万二〇三四トン。GHQが第三回目の配分として割り当ててきたのは電気設備などで、重量一万九八二七トン。その内、六六〇トンは七月はじめに台湾の基隆に着き、残りの一万九一六七トンは輸送中と、この電報は伝えている。[6]台湾で作られた年表には同年一二月九日、日本からの賠償二千トンが基隆着、一九五〇年一月一日、日本の賠償物資一万トン陸続到着という記載がある。[7]すでに中華人民共和国が成立した後のことである。

また、中国は対日占領軍を送り込むつもりであった。日本へ派遣されることになったのは第六七師団を骨幹とする兵力で、一万二三六七名の将兵からなり、上海、九龍(香港)、ハイフォンに集結し、輸送船が到着すれば日本に向かうことになっていた。一九四六年七月二〇日、駐日代表団長朱世明将軍とマッカーサーを代表するミュラー将軍の間で、合意文書が交わされ、中国軍は名古屋港に上陸し、愛知県を管轄下に置くことが決まった。(8) しかし、中国軍は日本には向かわなかった。彼らが向かったのは東北の戦場であった。国共内戦のため、日本に占領軍を送れなかったのである。

一九四七年にはアメリカが極東委員会を構成する一一カ国による対日講和予備会議を開きたいという提案を行い、関係国の間で、協議が行われた。中国は、予備会議はワシントンで開かれても、一一カ国がその見解を表明し、四大国(米、ソ、英、中)が最終的決定を行う本会議は上海か他の中国の都市で開きたい、と希望した。

ソ連が予備会議を一九四八年一月に中国で開催したらどうかという提案を行うと、一九四七年一二月五日、中国はもし各国が同意すれば、受け入れてもよいという意向を表明した。(9) しかし、予備会議の表決方式を巡り、関係国間の調整がつかず、予備会議は開催されず、対日早期講和は実現しなかった。

日華平和条約の締結

朝鮮戦争が勃発すると、アメリカは対日講和を急いだ。一九五〇年九月、アメリカは対日平和七原則を極東委員会構成国に伝達し、賠償請求の放棄を含め、寛大な平和を主張した。すでに台湾に落ち延びていた国民党政権は、これに対し、次のような決定を下す。「この行為は我が望むところではないが、たとえ反対しても実益は得がたい。しかも日本に対して恩恵を示すという精神とも合致しない。そこで原則的に同意する」[10]。

アメリカが極東の緊張した情勢に対処するため積極的に日本を育成しようとしている現在、国民党政権が賠償を要求しても、アメリカの支持は得られないし、逆に台湾が講和会議に参加し、平和条約に調印することが難しくなる、と考えられたのである。

しかし、台湾はサンフランシスコ講和会議に招かれないまま、一九五一年九月、サンフランシスコ平和条約が結ばれた。アメリカは一九五二年四月と予定されたサンフランシスコ平和条約の発効までに、日本が台湾とだけでなく、韓国との間でも諸懸案が解決されることを希望していた。そのため、一九五一年一〇月二〇日、東京のＧＨＱの一室で、シーボルト局長の立ち会いのもとで日韓会談の予備会談が開かれた。予備会談は一九五二年二月に本会議を開くことで合意した。東京で第一回会談が開かれたのが二月一五日。日華条約を結ぶための全権団が台北に飛ぶ前日である。日本政府は韓国・台湾と同時に戦後処理のための交渉を始めたのである。

しかし、日韓交渉は請求権問題をめぐって対立した。この対立には、日本による植民地統治をどう評価するかという根本的な問題がからんでいた。韓国政府は急ぎ日本との交渉をまとめることを自らの利益と考えておらず、同年四月二一日、第一回会談は決裂してしまった。日韓の間では、その後一五年に及ぶマラソン交渉が断続的に行われ、交渉がまとまり、日韓基本条約が結ばれたのは一九六五年である。

韓国とは違い、中国大陸を失い、台北に遷都した国民党政権にとっては、国際社会における発言権を確保するためにも、中国の正統政府として日本との平和条約を速やかに結ぶことが必要であった。サンフランシスコ平和条約第二六条は「日本国は一九四二年一月一日の連合国宣言に署名し若しくは加入しており、且つ日本国に対して戦争状態にある国(中略)で、この条約の締結国でないものと、この条約に定めるところと同一の又は実質的に同一の条件で二国間の平和条約を締結する用意を有すべきものとする」と規定していた。国民党政権は、日本との条約は、このサンフランシスコ平和条約第二六条にいう平和条約でなければならないと主張した。

しかし、吉田首相の考えは違っていた。吉田は同条約第二六条にいう「二国間平和条約」は、国連における中国代表権問題が国際的に解決されるまで延ばしたい、と考えていた。(11) 中国との平和条約の締結は将来の課題とし、とりあえず国民党政権との間で「正常な関係を再開する条約」を結び、その条約の適用範囲を「中華民国に関しては、中華民国政府の支配下に現にありまたは今後入るべきすべての領域」とする考えであった。

吉田は、台北に派遣する全権代表に、プロの外交官ではなく、元蔵相の河田烈を起用した。河田は台湾拓殖株式会社(略称、台拓)の最後の社長である。台拓は台湾のみならず東南アジア一帯の開発を手がけていた国策会社であったが、敗戦直後、国民党政権に接収されている。河田は一九五二年二月一六日、羽田を発った。

河田は日本外務省事務当局が起草した「戦争状態の終結及び正常関係の再開に関する日本国政府と

中華民国政府との間の条約案」と題する条約草案(12)を台北に持参した。筆者はこの草案を日本側第一次草案と呼んでいるのだが、わずか六条の草案で、経済協力、通商関係の条項が多く、通商航海条約案と言った方が適切な案であった。無論、賠償関係の条項はない。

河田に対しては「戦争状態の終結及び正常関係に関する条約」を締結するための全権委任状が出されていたのだが、台湾側から見れば、日本が必ず台湾と平和条約を結ぶからというアメリカ側の説明を信じ、サンフランシスコ講和会議出席を断念したわけで、戦争の勝者と敗者の間で結ぶ平和条約以外の名称の条約を結べば、面子がたたない。結局、河田が、台北で、自分はいかなる名称の条約にも締結する権限がある、と言質を与えたことにより、二月二〇日、正式交渉の運びとなったのだが、条約の適用範囲の問題、賠償問題等をめぐり、交渉は難航した。

この日華平和条約締結交渉関係の文書は一九八七年一二月に日本外務省より公開され、筆者も交渉過程についての論文をすでに発表したことがあり[13]、そこでも触れておいたので、繰り返しになるのだが、交渉のターニング・ポイントになったのは、三月一九日の台湾側全権葉公超・外交部長の申し入れであった。日本側は、中国大陸における戦争損害に関しては、条約の適用範囲外のことであるからとして、台湾側草案にあった賠償条項の削除を求めていたのだが、葉公超は、日本側が最も重視している賠償問題について、「自分は中国世論の反対を押し切り、自発的に政府に建議し、同意させることに決意したから貴方においても貴方にとっては比較的マイナー・ポイントであるその他の条項については中国案に同意を願いたい」と申し出たのである。

台湾側が提示してきた賠償放棄の案文は、議定書の中に次の通り記すというものであった。「日本国はサンフランシスコ平和条約の締結国に与えた優遇を中華民国にも与えることを請け合うとともに、日本国は戦争中引き起こした損害及び痛苦につき、中華民国に賠償することを宣言する。但し中華民国は現在、日本の資源がすべての損害及び痛苦に対し完全な賠償をするのに足らず、同時にその国民経済に危害を加えないことを承認する。このような承認に基づき、かつ日本国民に対し寛大さと善意を表すために中華民国は(中略)役務賠償の利益を要求することを放棄することを決定した」。役務(サービス)とは、生産、沈没船引き揚げなどの作業における日本人の役務の提供によって損害を賠償することだ。日本は賠償すると言っているが、台湾側が善意で、賠償請求を放棄するという趣旨の案文である。

しかし、東京からは台湾側案文の前段は受け入れられないとして再交渉を指示してきた。台湾側は譲歩を重ね、最終的にまとまった条約本文、議定書、交換公文には賠償という言葉は入っていない。「同意された議事録」の最後に、中華民国は役務賠償を自発的に放棄したので、中華民国に及ぼされるべき唯一の残りの資産は日本国の在外資産である、という一節に一箇所、出てくるだけだ。

また、条約の適用範囲について、台湾側は交換公文に「中華民国に関しては、中華民国政府の支配下に現にあり、及び今後入るべきすべての領土に適用される。この項は、中華民国がそのすべての領土において享有している主権に何らの影響も及ぼさないものと了解する」という一節を入れるよう主張した。しかし、日本側は、中華民国が中国大陸の主権を有している、と受け取られる表現を入れることは拒否した。台湾側案文の後段は削除され、適用範囲についても台湾側が譲歩した。[14]

このような経緯を経て、双方が条約の調印にこぎつけたのは、交渉開始から二カ月たった四月二八日であった。サンフランシスコ平和条約の発効日であり、調印は同条約発効の数時間前であった。台北での交渉中、ランキン米公使は舞台裏で双方の見解の調整を図った。ランキンは恒例の休暇をとるのを一カ月以上延ばし、この条約の調印後、台湾を離れた。

新中国の対日政策

では、アメリカの監督下で、このように日台間で講和を目指す動きが進んでいくのを中華人民共和国はどのように見ていたのだろうか。

建国直後の中国は「向ソ一辺倒」と称される対外政策を進めており、一九五〇年二月一四日締結の中ソ友好同盟相互援助条約は第一条で日本及び日本と結託する国を仮想敵国として挙げていた。日本と結託する国とはアメリカを指している。その上で、第二条で、「相互の同意を経て第二次世界大戦中のその他の同盟国とともにできるだけ短期間のうちに日本との平和条約を締結することを保証する」と規定していた。「単独不講和」の規定である。

当時、中国の対日政策は、日本の共産勢力の過激な闘争方針に対する支持を含め、ソ連の対日政策の枠内で進められていた。旧ソ連の崩壊後、旧ソ連の外交文書の公開が進んでいるが、中国では、こうした文書を使った、当時の中ソの対日外交についての研究が現れている。[15]それによると、一九五一年八月一二日、ソ連はアメリカにサンフランシスコ講和会議への出席を通告するとともに、そのことを中国にも通報しているが、中国と協議したうえではなく、単に決定を通知するだけだった。

ただ、ソ連がサンフランシスコ平和条約に調印しなかったことについては、南樺太と千島のソ連への帰属が規定されていなかった等の要因もあるが、主たる要因は、米ソ冷戦・朝鮮戦争下という条件のもとで、一緒に対日平和条約を締結するという義務を負ったソ連が平和条約に調印すれば、中ソ同盟関係に重大な損害を与え、朝鮮戦争における両国の協力を壊してしまう危険を冒すことになる、と考えたからだ、と指摘している。

しかし、一九五三年三月、スターリンが死去し、同年七月、朝鮮休戦協定が結ばれると、中国政府は対日関係の正常化に取り組みはじめる。一九五四年一二月、自主外交の看板を掲げた鳩山内閣が成立すると、中国の対日働きかけは強化された。

一九五五年一月二三日、周恩来は日本国際貿易促進協会初代会長村田省蔵、日中貿易促進会常務理事鈴木一雄らと会見した際、日本に「革命」を輸出するのではないか、という危惧を打ち消して、次のように述べた。「中国人民は決して日本の内政に干渉せず、日本人民が、どの政党が組織する政府を選択しようと、我々は承認する。中国人民は社会主義に賛成しているが、この制度を日本に輸出することはできない。革命は輸出できないし、政治制度は人民自身が選択すべきで、国外の如何なる干渉も失敗するものだ。(16)」

張香山によると、その直後、三月一日、中国共産党政治局は、中央対外連絡部長で中央国際活動指導委員会主任の王稼祥が起草した文書「中共中央の対日政策並びに対日活動方針及び計画について」を採択した。(17)

張香山は、この文書が、中国共産党が対日政策について全面的に分析した最初の文書であり、対日政策の基本原則には次の五項目があった、と指摘している。(一)日本からの米軍の撤退を求め、日本の米軍基地と日本の再軍備、軍国主義の復活に反対する、(二)平等互恵の下に関係改善を進め、正常化を図る、(三)両国人民の友情を築き上げ、日本人民の現状に同情を示す、(四)日本政府に圧力をかけて、米国を孤立させ、日本の対中姿勢の変化を迫る、(五)日本人民の反米闘争と独立平和民主運動に間接的な影響を与え、支持する。

こうして、中国は自前の対日政策を持つことができるようになり、翌一九五六年一〇月の日ソ国交回復後は、ソ連に気兼ねすることなく対日政策を進めることができるようになった。

ただ、日本国内の保守勢力はその後も引き続き中国の「革命」支援に対する危惧を抱き続けた。本書所収の第二回田中・周会談の記録によれば、田中がこの問題を取り上げ、「日本の国内で、中国が革命精神の昂揚をやることはない。日中間に互譲の精神と内政不干渉、相手の立場を尊重するという原則が確認されれば、自民党内もおさまると思う」と述べ、周恩来の「思想に国境はない。思想は人民が選択する問題である。しかし、革命は輸出できない」という回答を引き出している。

歴代保守政権の台湾政策

鳩山内閣が日ソ国交回復で力を使い果たして退陣した後、短命に終わった石橋内閣を経て、岸内閣が登場した。岸は台湾と外交関係を維持しながら、同時に大陸との関係を打開し、中華人民共和国を承認する道を探ったが、中国側から「二つの中国」政策を進めていると非難を浴びた。

岸の後、首相となった池田勇人は岸内閣時代に断絶した日中関係の修復に努めたが、「二つの中国」政策を継承していたことは間違いない。一九六一年六月二六日、カナダ訪問中の池田首相はカナダ首相と会談した際、中国問題に関し、次のような会話を交わしていたことが、一九九八年公開の日本外務省文書によって明らかになった。

『『自分は中共は国連に入れるべきであり、ただ、台湾の地位は保障されねばならないと考える』とカナダ首相が述べると、『池田首相――日本は国民政府、中共の双方に対し、それぞれ特殊な関係にあり、二つの中国論を国内でいえない立場にある。カナダあたりがイニシアティブをとってくれればよいのではないかと思う』と答え、カナダの首相は、重ねて中国を着席させることに同意されるか、と問い、池田首相から、同意であると答えたところ、カナダの首相は、We are not so apart と述べた』。「中国を着席させる」とは、中国を国連に迎えいれるということである。

しかし、池田首相は「二つの中国」論に立って、その後、中国問題の解決のために積極的に動いたようには見えない。池田に限らず、動こうとしても動きようがなかったのではないか。中華人民共和国は厳しく「二つの中国」政策に批判を加え、一方、台湾でも蒋介石があくまで「一つの中国」に固執し続けていたのであるから。

ただ、二〇〇二年一二月公開の日本外務省文書によると、池田政権末期、日本外務省は内部で「一つの中国、一つの台湾」のアイディアに基づく台湾の国連メンバーシップの維持工作を、台湾の反対を押し切っても推進すべきかどうか検討していた。

一九六四年一月二八日のアジア局長の「国府台湾問題研究課題案」を受け、二月一三日に「日華問題に関する若干の考え方」が作られ、三月二日にその改訂版が作られている。両案の違いは、二月一三日案では、中国の「台湾解放」の主張に対抗するためには、台湾島の戦略的価値を云々するのは不得策であり、台湾住民の「民族自決権」を高く掲げるべきだと記されていたのだが、それが三月二日案では「台湾住民」の「自決権」と変えられている点である。台湾人を民族とみなすと、さしさわりがあるという判断がはたらいたのであろう。いずれにせよ、こうした主張は「中立的諸国はもちろんのこと親中共的なアジア・アフリカ諸国」中でも共感を呼ぶであろう、と考えられていた。

この両案の最大のポイントは、台湾が国連内の地位を確保するためには「暫くの間」、台湾が全中国の主権者たる擬制を差し控える覚悟さえ要しよう、と主張している点である。この主張は、台湾の主権者として国連に留まる道を探したらどうか、という趣旨に受け取れる。しかし、このような内部的な検討については、外部に漏らされることはない。

なお、この時期、外務省中国課は、「蔣介石恩義論」を正面から批判した調書を作成していた。一九六四年一月一七日付けの「国民政府における日本進駐問題と天皇戦犯論について」というタイトルの調書であり、一九九八年の外務省文書公開時に公開された。国民党政権はかねてより日本の敗戦時の日本に対する「寛容政策」を強調し、日本の保守勢力も蔣介石総統の恩義を忘れてはいけない、という理由で、台湾との絆を切るべきではない、と主張していた。「蔣介石恩義論」は保守勢力のみならず、日本国民にも浸透し、日本の対中政策の策定に大きな影響を及ぼしてきた。もっとはっきり言えば、中華人民共和国との関係打開を阻止する論拠の一つとなってきた。

この調書は、国民党軍が「日本への進駐を見合せ、もってソ連の北海道進駐の口実を封じ、日本の分割を救った」という主張と、国民党政権が「天皇の責任を追及することを差し控え、むしろ天皇の戦犯指名の解除のため積極的役割を果たした」という主張を退け、前者については、国共内戦の再燃により、軍事的に日本進駐を困難とする事態に直面したことが主原因であり、後者については、国民党政権が積極的に天皇免罪のため努力したといった証拠は見受けられない、と断定していた。保守勢力からの「蔣介石恩義論」の押し付けに苦慮していたことが窺える調書である[18]。

一九六四年一一月、池田は病気のため首相を辞任し、佐藤内閣が成立した。佐藤内閣時代、一九六九年三月一三日、参議院予算委員会で社会党の森中守義議員が日華平和条約について愛知揆一外相に質問したことがあった。森中議員は「条約の適用範囲というものは限定されておるのですよ」と述べ、「中国の全土に及ぶということが日華条約のどこにありますか」と追及し、最後に次のように質問した。「もう一回、大臣、たいへんしつこいようですがね、要するに戦争終結というものは中国本土全域に及んでいる、こういうことですね」。愛知外相の答弁は次の通りであった。「この条約は、中国本土の主権者としての立場の国民政府との間の合意でありますから、さように理解すべきであります[19]」。

このような解釈に従えば、日華平和条約がある限り、中国大陸での戦争状態を終結させ、中華人民共和国との関係正常化をはかることは不可能になる。吉田内閣は、同条約の締結時、適用範囲を限定し、中華人民共和国との関係においては白紙である、という解釈を取ったが、このような「深謀遠慮」は後の内閣によって生かされる機会はなかった。いや、中国も台湾もともに「一つの中国」を標榜している以上、もともと生かしようがなかったと言う方が適切であろう。日本政府・外務省は日華平和条約によって全中国との戦争状態が終結した、という立場を引きずって、北京での国交正常化交渉に臨むことになる。

田中内閣と台湾問題

佐藤政権末期の一九七一年七月二日、北京で竹入義勝を団長とする公明党第一次代表団と王国権を団長とする中日友好協会代表団の共同声明が出され、その中で、公明党側は次の五原則を明らかにした。(一)中華人民共和国は唯一の合法政府、(二)台湾は中華人民共和国の領土の不可分の一部、(三)「日蔣条約」は不法であり、廃棄されなければならない、(四)アメリカが台湾と台湾海峡地域を占領しているのは侵略行為、(五)国連における中華人民共和国の合法的権利の回復。竹入メモでも、一九七二年七月二七日の第一回竹入・周会談の際、周恩来が、公明党が他の野党とは違って、主導的に五原則を掲げたことを評価して、「敬服しています」と述べている。

公明党の五原則の前の三項目は日中復交三原則にまとめられ、他の野党も受け入れていった。一九七二年四月一三日に出された民社党代表団と中日友好協会代表団の共同声明ではこの三原則が日中復交の前提である、と明記されている。三原則は交渉に入る際の前提ということであり、交渉の中で解決すべき問題ではなくなったのである。

佐藤首相も中華人民共和国と関係改善を進めたいという意向は持っており、自民党の親中国派議員を通じて北京当局に伝えていた。しかし、台湾との関係を維持したまま、中国との外交関係を持とうとするものであり、中国側は取り合わなかった。中国が注目したのが、ポスト佐藤の政権の座をめぐって福田赳夫と激しく争っていた田中角栄であった。田中と大平に対しては、橋本恕が別個に、「台湾の国民政府との外交関係を絶つという覚悟、つまり、一つの中国ということでないと、中国は絶対に正常化に応じませんよ、その決心ができなければ、いくら話したってムダです」と説明していた。橋本は二人とも踏み切った、と記している(橋本証言)。踏み切ったというのは、「二つの中国」論から「一つの中国」論へと踏み切ったという意味である。

一九七二年五月、二宮文造・公明党副委員長を団長とする公明党第二次代表団が訪中し、一五日、周恩来と会見した。その際、周恩来は「もし田中が首相になり、訪中して中日両国間問題を話し合いたいというのであれば、歓迎する」と述べた[20]。

中国側の読み通り、七月五日の自民党総裁選挙で田中角栄は勝ち、首相の座についた。田中首相、大平外相の「復交三原則を認める」という意思を中国側に伝えたのが、佐々木更三・社会党副委員長であった[21]。七月一七日、周恩来に会った佐々木は、田中の、訪中して「謝罪」したいという意向を伝えると、周恩来は、今は、我々は前を向くべきで、後ろを向くべきではなく、今後の問題を解決しなければならない、と述べている[22]。

七月二七日からは三日連続で周恩来は竹入義勝と会談している。二七日の会談後、周恩来は中央政治局会議を主宰し、竹入との会談の模様を報告するとともに、「中日共同声明の要点(草案)」と三項目の黙約事項を提案し、了承を取り付けている[23]。黙約事項とは以下の通りであった。

一、台湾は、中華人民共和国の領土であって、台湾を解放することは中国の内政問題である。

二、共同声明が、発表された後、日本政府が、台湾から、その大使館、領事館を撤去し、また、効果的な措置を講じて、蔣介石集団の大使館、領事館を日本から撤去させる。

三、戦後、台湾における日本の団体と個人の投資及び企業は、台湾が解放される際に、適当な配慮が払われるものである。

翌日、「中日共同声明の要点(草案)」は、毛沢東のもとに送られ、二九日の会談の際、竹入に示された。従って、周恩来は独断専行を避け、党内の手続きも済ませ、毛沢東の同意も取り付けた後で、竹入に共同声明案を示したのである。帰国後、竹入は直ちにこの案を田中、大平に渡した。

当時、自民党内では、中国との国交正常化は必要としても、台湾との関係をどうするかをめぐって激しい議論が行われていた。九月八日、自民党の日中国交正常化協議会で集約された「日中国交正常化基本方針」の前文には、日本政府が「わが国と中華民国との深い関係にかんがみ、従来の関係が継続されるよう十分配慮のうえ交渉すべきである」と記されていた。「従来の関係」が外交関係を含むか、含まないかが自民党内でも見解の分かれるところであった。

田中首相、大平外相は自民党内の調整に加え、一九五二年の日華平和条約の調印以来、積み重ねられてきた日台関係の重みにかんがみ、日中関係の正常化を図ろうとする日本政府の方針をどのようにして台湾側に説明すべきか、苦慮していた。その結果、考え出されたのが、自民党副総裁椎名悦三郎を首相特使として訪台させるという案であった。

椎名は九月一七日—一九日、訪台し、蔣経国・行政院長を含む台湾の要人と会談したが、台湾と断交するとは一言も言わず、「従来の関係を継続する」という自民党の基本方針を説明した(24)。東京から携行した田中首相の蔣介石総統宛て親書も、北京政府承認国が続出し、日本国民多数が日中国交正常化を望んでいるという状況下で、「慎思熟慮して北京政府と新に建交する」意思を表明しているが、台湾との断交方針は記されていない。中国と国交を正常化した後、台湾との関係をどうするのかという点については、次のように述べられているだけだ。

「固より　貴國との間に痛切なる矛盾抵觸を免れず
時に又粗略有るを免れぬことと存じますが
自靖自獻の至誠を盡して善處し……」

九月二〇日、椎名は田中、大平に訪台の報告を行った。椎名は、台湾側の対日不信が高まっており、激しい反発が予想されると伝えたが、首相と外相は報告に対して、一切発言しなかった、という。(25)

こうして、日中国交正常化についての台湾側への説明は終わったとして、翌二一日、田中首相の訪中日程が九月二五日―三〇日となる旨の発表があった。

むすび――日台断交へ

北京に飛んだ田中首相、大平外相は九月二八日、日中首脳会談で台湾問題を話し合っている。大平外相が「いよいよ明日から、日台間の外交関係は解消される」と述べたうえで、用意してきた「日中国交正常化後の日台関係」と題する文書を読み上げた。この文書は記録編に収められているが、まず、次のように記されている。

「日中国交正常化の結果、現に台湾を支配している政府と我が国との外交関係は解消される。このことは当然のことではあるが明確にしておきたい。しかしながら、昨年、日台貿易が往復一二億ドルを越えたこと、我が国から台湾へ約一八万人、台湾から我が国へ約五万人の人々が往来したことなどにみられるとおり、日本政府としては、日台間に多方面にわたる交流が現に行われているという事実、また日本国民の間には台湾に対する同情があるという事実を無視することはできない」。

続いて、この文書は「日本政府としては、今後とも『二つの中国』の立場はとらず、『台湾独立運動』を支援する考えは全くないことはもとより、台湾に対し何等の野心ももっていない」と、日本の台湾に対する基本的な立場を明らかにしたうえで、今後も台湾との実務関係を保持していきたい、という意向が記されている。

この文書には、会談に同席した橋本・中国課長の次のようなコメントが付いている。「周総理以下中国側は、大平大臣あるいは田中総理が日台関係につき、何か難しいことを言い出すのではないかという顔をして、難しい顔で大平発言を聞いていた。しかし、大平発言が終ると、一様に安心したという表情となり、大平発言につき正面から認めるとは言わなかったが、わかっているから心配するなという表情で、うなずいた」。

周恩来首相の発言は次のように記録されている。「日本側では、台湾との間で『覚書事務所』のようなものを考えているのか？　台湾が設置に承知するであろうか？　日本側から、主導的に先に台湾に『事務所』を出した方が良いのではないか？」。中国側が、日本に対し、先に台湾に事務所設置の提案をしたらどうかと述べているのである。

一方、田中首相は「我々は異常な決心を固めて訪中した。明日の大平大臣の記者会見で、台湾問題は明確にする」と述べるとともに、「明日の大平大臣の記者会見で、自民党内には党議違反の問題が起ってくる。しかし、私は総理であると同時に総裁であるから、結論をつけたいと考えている」と述べている。この発言からは、台湾との外交関係を絶つことが、「台湾との従来の関係を継続する」

という自民党の党議から外れるという非難が起きるであろうことを十分認識しているが、それでも国交正常化を実現させるつもりであったことがわかる。田中首相はまた、「台湾は日中国交正常化後は戦争状態に戻ると言っているから、日本の総理としては困っている」とも述べており、断交後の台湾の出方をつかんでいなかったことを窺わせる。

二八日の首脳会談で予告した通り、翌二九日、日中共同声明調印後、大平外相は記者会見で「日中国交正常化の結果として、日華平和条約はその存在意義を失い、同条約は終了したと認められるというのが日本政府の見解である」と述べた。日華平和条約は平和条約という性格上、条約の更新・廃棄の手続きを定めた条文がない。そのため、外相の記者会見での声明という形式によっても条約を終了できる、と考えたわけだ。この声明でも「断交」という表現は使われていない。

同夜、椎名特使に随行して訪台した中江要介(当時、アジア局参事官)は、東京の自宅で台北からの連絡を待っていた。深夜二時半頃、台北の日本大使館の公使から電話が入り、台湾の対日断交声明が出されたが、その末尾に「中華民国政府は、田中内閣の誤った政策がなんら日本国民の蔣総統への深厚な徳意に対する感謝と思慕に影響を与えるものではないことを信じて疑わない。わが政府はすべての日本の反共民主の人士に対して、依然、引き続いて友誼を保持する」という一節が入っていることを伝えてきた(26)。

田中内閣と日本国民を区別する論理が使われており、日本人に対して報復手段が加えられる恐れがなくなったことに中江は安堵した。若干の混乱はあったが、日本と台湾の実務関係は維持された。こうして、田中内閣は、中華人民共和国を中国の合法政府とする「一つの中国」政策への跳躍を実現したが、台湾との間では、日本は外交関係を除いた「従来の関係」を維持することになったのである。

注

(1) 陳肇斌『戦後日本の中国政策 一九五〇年代東アジア国際政治の文脈』(東京大学出版会、二〇〇〇年)は、日本政府は国民政府を「台湾の政府」として承認したままで、「中国の政府」としての人民政府との外交関係を最終的に持つことを目標としており(同書、二頁)、こうした「二つの中国」政策は吉田内閣以降、鳩山内閣、岸内閣へと継承されていった、と指摘している。

(2) 『日中関係基本資料集 一九四九年—一九九七年』霞山会、一九九八年、九六頁。

(3) 拙稿「中国の立場とソ連の立場」、五十嵐武士・北岡伸一編『〔争論〕東京裁判とは何だったのか』築地書館、一九九七年、九五—一〇〇頁。

(4) 巴図『国民党接収日偽財産』 群衆出版社、二〇〇一年、三九六頁。

(5) *Foreign Relations of the United States*(以下、FRUSと略記), *1945*, Vol. VI. p. 554.

(6) 中日外交資料叢編(七)『日本投降与我国対日態度及対俄交渉』台北・中華民国外交問題研究会、一九六六年、三五二—三頁。

(7) 台湾史料編纂小組編『台湾歴史年表 終戦編一(一九四五—一九六五)』台北・業強出版社、一九九三年、九八頁、一〇二頁。

(8) *FRUS 1946*,Vol. VIII, pp. 329 – 332.

(9) 『中華民国重要史料初編—対日抗戦時期 第七編 戦後中国(四)』 中国国民党中央委員会党史委員会、一九八一年、六四九頁。

(10) 『日本投降与我国対日態度及対俄交渉』三二〇頁。

(11) 浅田正彦「日華平和条約と国際法(一)」『法学論叢』(京都大学法学会)第一四七巻第四号、二〇〇〇年、一七頁。

(12) 筆者はこの条約草案全文を「日華平和条約の交

渉過程―日本側第一次草案をめぐって」(東大中国学会『中国―社会と文化』第三号、一九八八年六月)で紹介した。

(13) 拙稿「日華平和条約締結交渉をめぐる若干の問題」東京大学教養学部『教養学科紀要』第二一号、一九八九年。

(14) 日華平和条約の中国語文では「領土」という言葉が使われている。しかし、日本語文では「領域」となっている。中華民国が台湾・澎湖諸島が主権の及ぶ領土である、という立場を取っていたのに対し、日本はサンフランシスコ平和条約で台湾・澎湖諸島に対する権利、権原、請求権を放棄しており、中華民国の領土であると認める立場にはない、という立場を取っていた。そのため、日本側は「領土」という用語を使うのを避けた。

(15) 張威発「中蘇共同抵制対日講和与蘇聯拒簽旧金山和約」章百家・牛軍『冷戦与中国』北京・世界知識出版社、二〇〇二年。

(16) 中共中央文献研究室編『周恩来年譜　一九四九―一九七六』上巻、中央文献出版社、一九九七年、四四三頁。

(17) 日中国交正常化二五周年にあたる一九九七年二月、横堀克己・朝日新聞論説委員(当時)と筆者は、張香山氏に面会し、夏に取材チームが訪中するのでインタビューに応じてほしい、と依頼した。その際、張香山氏がこの文書の存在に言及したので、内容を教えてほしいとお願いしておいたところ、七月に訪中した、堀江義人編集委員(当時)をキャップとし、筆者も含む取材チームに対し、口頭で紹介して下さった。「張香山回想録」上、『論座』一九九七年一一月号、一九二―一九三頁。

(18) 長文の調書であるが、筆者は「日台断交時の『田中親書』を巡って」(東京大学大学院総合文化研究科国際社会科学専攻編『社会科学紀要』五〇輯、二〇〇〇年)の中で「はしがき」と「概観」を紹介しておいた。

(19) 昭和四四年三月一三日『参議院予算委員会会議録』。

(20) 『周恩来年譜　一九四九―一九七六』下巻、五二五頁。

(21)「田中訪中の筋道つけに——佐々木更三氏」、時事通信社政治部編『ドキュメント日中復交』時事通信社、一九七二年、一二三—一二三頁。
(22)『周恩来年譜　一九四九—一九七六』下巻、五三七頁。
(23)同右、五四〇頁。
(24)二〇〇二年一二年二一日、台北で台湾日本研究学会主催により、断交当時の日台双方の当事者が一堂に会し、当時を回顧するシンポジウムが開かれた。この会議の模様については高橋正陽・若山樹一郎「『日中』か『日台』かで揺れた日本外交」『中央公論』二〇〇三年四月号参照。
(25)『朝日新聞』一九七二年九月二〇日夕刊。
(26)高橋正陽・若山樹一郎前掲、六九—七〇頁。

三　一九七〇年代の中日関係
——中日平和友好条約の締結

林　暁　光
益尾知佐子・訳

一九七二年九月、中日国交正常化が行われ、「中日共同声明」が発表された。その第8条では、「平和友好条約の締結を目的として、交渉を行なう」ことが規定されていた。一九七四年一一月には中日両国は平和条約締結のための準備会談を始めたが、「反覇権条項」と「第三国条項」をめぐる論議のため、交渉は四十五カ月の長期に及ぶこととなった(1)。

中日平和条約交渉の第一段階——開始から中断まで

中日平和条約の予備会談

中日国交正常化の前に、日本の公明党委員長・竹入義勝と会談した周恩来総理は、中日国交正常化をふたつのステップに分けることを提起した。「最初のステップは、『共同声明』あるいは『共同宣言』のようなものを発表し、名称はどのようなものであれ、とにかく国交正常化のために声明を発表して大使を交換し、相互が正式に承認を行う。次のステップは、平和条約を締結する。ただし単純な平和条約ではなく、『平和友好条約』を締結し、単純な平和条約から一歩前進させる。こうすれば、私たちがどのようなものを結ぼうとしているのか、世界の人々に知ってもらい、安心してもらうことができる。もちろんこのような平和条約を結ぶことは中国の人民にとっても日本の人々にとっても必要で、互いにためになる。(2)」

これは周恩来が、日本の国内政治に対する理解をふまえ、日本側の発想に立って考え、深い思考を繰り返して行なった提案であった。なぜなら日本は議院内閣制であるため、「共同声明」あるいは「共同宣言」のような二国間の文書ならば首相が召集し開催する閣議を通過すれば発効する。もしも閣僚からの反対が出ても、首相は内閣の人事権や閣僚の任命権を行使してこれを辞職させることができる。しかし「平和友好条約」の場合は、国会の審議や批准を経ることとなり、かなり長い時間がかかる可能性があるため、首相の主導的作用は相対的に低下して、難度もより高くなる。つまり「ツー・ステップで進む」とは、不利な要素を排除し、できるだけ早く中日国交正常化を実現するための発想であった。その後訪中した田中首相は、この提言を受け入れることとなる。中日双方が発表した「共同声明」でも、国交正常化以後に双方が「平和友好条約の締結を目的として、交渉を行なう」ことが明確に規定されていた。

「平和条約」の内容については、周恩来は胸に成算ありであった。一九七四年一一月、中日両国の外務次官が中日平和条約について予備会談を開催する以前、周恩来は自らの構想を中国の外交部に伝えている。また後に日本側の友人と会見した際にも、何度も自らの考え方を語っている。周は「平和友好条約」は「共同声明」を基礎とすべきであると考えていた。「共同声明」の前半は歴史について語っており、これはすでに実現し是認された部分である。第5条では賠償問題が取り上げられているが、これも解決済みであるため、取り上げる必要はない。第6条では平和共存五原則と国連憲章についてで、両国はすべての紛争を平和的手段により解決し、武力又は武力による威嚇に訴えないこととされている。第7条は中日友好と、他を排斥せず覇権に反対することで、この一条は論理性が強い。相手が覇権を唱えないのに、こちらはどうして相手を排斥したり対抗したりできるであろうか。経済文化条項については、簡単に書き入れても良い。もしも他に何か付け加えたいことがあれば、話し合うことができる。条約であるから、どうしても原則的なことが多くなる(3)。

周恩来の中日平和条約に関する構想が基本的には「中日共同声明」を基礎としていたことは明確である。彼はここで何を書き何は書かず、何は簡単に書き入れるべきか、かなり詳細に述べている。中国外交部も明らかに、「共同声明」とこの「周構想」に基づいて平和条約の準備作業を進めていた。重要なのは、最初に周恩来が各種の方法やルートを通して日本側に自らの構想を伝えていることである。当時の日本側が「周構想」に対してどのような反応を示したのかを示す資料は公開されていないが、しかし田中内閣のころ中日関係発展の趨勢は良好であり、日本側からも「周構想」に根本的に反対する意見は出されていなかったと見られる。次の事実もこの点を証明している。

「中日共同声明」は、双方がその後、貿易、海運、航空、漁業などの四つの協定を締結することで合意していた。しかし一九七四年に自民党が参議院選挙で敗北し、田中政権は大きなダメージを受けた。これが平和条約交渉の阻害要因となるのを避けるため、同年七月、中国の外務次官であった喬冠華は、日本の外相・木村俊夫に対して可能な限り早く中日平和条約交渉を開始することを要請し、日本側もこれに同意した(4)。貿易協定と航空協定が締結された後の一一月、海運協定の締結のため中国の外務次官・韓念龍が訪日し、日本外務省の事務次官・東郷文彦と中日平和条約問題について準備会談を開始した。共同声明の政治的基礎があり、また中日関係も良好に発展していたため、当時は中日双方とも平和条約交渉は非常に順調に行われるであろうと予想していた。一九七五年一月一六日午後、訪中した日本経済界の稲山嘉寛らの人々と北京医院で面会した周恩来総理は、「調印の問題を解決するには、半年もかからない。おそらく三カ月で十分だろう」という認識を示している(5)。一月二〇日、日本政府の特使として訪中した保利茂も、周恩来総理に三木首相の親書を手渡した際、平和条約をできるだけ早く締結することには「特に大きな障害はないであろう」と表明している。日本の外務省も、調印前の準備作業は一九七五年の前半で完成すると見ていた(6)。しかし日本側の立場の変化は中日平和条約交渉に予想もされていなかった困難をもたらすこととなった。喬冠華も、「条約という実際はかなり簡単なことが、あのような曲折に遭遇し、どちらも譲らない状況が生まれるとは、私たちも全く考えていなかった」と後に証言している(7)。

日本の立場の変化と中国の既定政策の堅持

木村外相は、「もしも田中が政権を下りなかったら、平和友好条約は一九七五年一月に締結されていたであろう」と述べている(8)。しかし日本の政局の変動は平和条約交渉に予想もされていなかった変局をもたらした。一九七四年末、田中内閣は「ロッキード事件」のために下野し、三木内閣が政権に就いた。日本の国内政治的な構図は再編され、自民党の親台湾勢力が党と政府の大権を掌握し、これによって反覇権問題に関する態度も変化したため、平和友好条約交渉は阻まれた。

中国側は三木を中国の古い友達とみなし、彼に希望を託した。三木は衆議院の代表質問に答えて、「日中平和友好条約問題では、日中双方が一日も早く締結し、永遠の平和の基礎を固めたいと考えている」と表明し、「日中間での交渉が妥結しだい、一日も早い国会承認を得たい」と述べた。[9] 一九七五年一月から二月にかけての第二回予備会談交渉では、中日は平和条約が平和と友好に向かう両国の歩みを保証するものであり、その内容は共同声明を基礎とすることで合意し、条約の草案を交換した。ところが第三回予備会談では、日本側が「反覇権」という言葉には「なじみ」がなく、「反覇権条項」は「平和条約の主旨に反し」ており、日本憲法の精神とも抵触しており、日中平和条約を「対ソ防衛条約」にしてしまってはいけないと提起した。[10] そして三木内閣は、日中平和条約の「締結を促進」し日ソ平和条約にも積極的に対処する「等距離外交」の方針を実行しているため、平和条約交渉を長く引き延ばして中日関係を損なうことも、「反覇権条項」によってソ連の怒りを買うことも望まないとした。周恩来は、「三木新内閣が反覇権問題でいいがかりをつけてきたのは、三木が外交関係や国際関係にあまり詳しくないからだ」[11]と述べ、これは三木内閣が国内の派閥の争いにとらわれ、国際政治構造についてはよくわかっていないからで、そのため戦略的な観点から中日関係を処理できないのだ、政治的には近視眼的で大局的な見方が欠けているのだ、と指摘している。

中国側は当然「反覇権条項」が削除された中日平和条約に反対した。廖承志は、一九七五年四月八日に西日本新聞の訪中団と会見した際、もしも平和条約にひとつも実際的な内容が書き込まれないなら、たいして締結する意義はないと表明した。[12] 四月一六日には鄧小平も、日本の友人である池田大作と会見した際に次のように指摘している。

中日平和条約に覇権主義に反対するという内容を書き込むことには、二つの意義がある。第一に、アジア・太平洋地区において中国も日本も覇権を求めず、覇権主義を行わないということだ。私たち中国は、この点によって私たち自身を抑制することを望んでおり、中国はこの義務を負担するのだからアジア・太平洋地区で覇権を求めない。また日本がアジア・太平洋地区で覇権を求めないという責任を負うことは、二度の世界大戦と百年近い歴史を経た経験を総括することになる。アジア・太平洋地区における日本のイメージは、長期にわたる歴史的な理由によって影響されている。この一条を書き込むことは、日本がアジア・太平洋地区の国家との関係を改善するために有益であるだけでなく、必要でもある。第二に、この地区においていかなる国家やいかなる国家集団が覇権を求めることにも反対するということだ。現在実際にこの地区において覇権を求めている超大国がある。この一条を書き込むことは、誰かの内政に干渉することではなく、彼らの行動に干渉することである。他国を侵略したり、隷属させたり、支配したり、いやがらせをすることには干渉を行わなければならないのだ。だからこの二点は、私たちが平和友好条約を締結する障害にはならない。問題はおそらく、中日の友好が結局のところどのような基礎の上に成り立つのかである。中日両国間に貿易や人の往来があるだけでは十分ではなく、政治的基礎が必要である。反覇権条項は政治的基礎であり、だからこそ私たちはこの問題を重視しているのだ。(13)

中国とアメリカの上海コミュニケにも中日共同声明にも「反覇権条項」は書き込まれているが、ソ連と日米の関係の障害になることはなかった。共同声明の立場から後退してはならない。三木首相が勇気を出して政治的決断をなさることを望んでいる。(14)

鄧小平は、「反覇権」は特定の一国を対象とするものではなく、覇権主義的な政策や行為を対象としていること、そして同時に締約国の自己抑制でもあることを強調し、さらに中日間の「政治的基礎」の大切さを指摘し、中国側がこれを非常に重視していることを強調した。

一九七五年九月には、宮沢と中国外相・喬冠華が国連総会で二回、合計十時間に及ぶ会談を行った。宮沢は、「①アジア・太平洋地域だけでなく、世界のどこでも覇権には反対する。②覇権反対は、特定の国家に向けられたものではない。③覇権反対は、日中の共同行動を意味するものではない。④国連憲章の精神と矛盾することは受け入れられない」とし、正式に「第三国条項」を提起した(15)。中国側は「宮沢四原則」は共同声明から後退しているとして批判した。一〇月三日、日本自民党の衆議院議員・小坂善太郎と会見した鄧小平は、次のように述べた。

覇権主義に反対する共同声明の内容は必ず全部中日平和条約に書き入れなければならない。もしも困難ならば、いずれにせよ共同声明はあるのだから、多少時間が遅れてもかまわない。はっきりしないままあなだこうだと説明を行うよりも、しばらく何もしないほうがましだ。共同声明から後退はできないし、どのような説明も事実上後退に当たってしまう(16)。

さらに鄧小平は、「私は三木首相の態度にがっかりしました」と表明している(17)。しかしそれでも日本側は、「宮沢四原則」を含む平和条約の新案を正式に提起した。一九七六年の二月と四月、韓念龍と喬冠華が前後して日本側の駐中大使である小川平四郎と会見し、日本側の反覇権条項への対応は共同声明から後退していると指摘し、中国側は同意することができないとした(18)。一九七五年から七六年にかけ、中日両国は何度も平和条約問題について意見を交換したが、何ら実質的な進展を見ることはできなかった。

中国国内の政治的変動からの影響

実際には、「第三国条項」はのちに中日双方が問題を解決する基礎となり、基本的には日本側の案に合意がなされた状況の下で協議が成立し、中日平和条約に書き入れられることになる[19]。中国側の立場は、共同声明を堅持するという原則のほか、当時の国内的な政治環境と関連していた。「文化大革命」の時期においては「左」の思想や路線が横行しており、「四人組」が外交上の事務にも干渉し、抽象的なイデオロギー的スローガンを用いて外交政策決定に影響を及ぼした。一九七三年七月、「ニクソン=ブレジネフ会談に対する初歩的見方」を掲載した外交部の『新情況』第一五三期に対し、毛沢東は次のように批判した。

私はしばしば大動揺、大分化、大改組を主張しているのに、外交部は突然なにやら大ペテン、大主宰を始めてしまった。思想ややり方において、表面的なものばかり見て実質を見ていない。結論は四つだ。大事は討論しない。小事は毎日送ってくる。この調子を変えないと、必ず修正主義になる。将来修正主義を行うときには、私が事前に指摘しなかったというなかれだ[20]。

これは周恩来が管轄していた外交上の工作に対する批判であった。江青はその機に乗じて周を「右傾投降主義」と責めたてた。一一月末から一二月初めにかけ、中央政治局が毛沢東の意見に基づいてたて続けに会議を開き、周恩来と葉剣英を批判したため、周は自己批判を行っている[21]。しかし一二月一四日には、毛沢東が鄧小平を政治局委員とし、中共中央と中央軍事委員会と国務院の指導工作に就かせることを提起した[22]。一九七四年から七五年にかけて、鄧小平は中央の工作を管轄することとなった。一九七四年三月には、毛沢東は鄧小平を国連総会第六回特別会議の中国代表団団長とすることを提起した。江青はこれに反対を表明したが、これに対し毛は「鄧小平が出国するのは私の意見であり、あなたは反対しないほうが良い」とする書簡を送付している[23]。その後鄧小平が徐々に外事工作に責任を負い、処理を行うようになっていった。かねてより外交大権を狙っていた「四人組」はこれに非常に不満で、「かたつむり事件*」と「風慶輪事件**」を利用し、外交工作を「西洋を崇拝し外国に媚びた「売国主義」だと責め上げたため、正常な外交政策決定は暗礁に乗り上げた。しかも当時の中国外交の主たる政策決定者であった毛沢東と周恩来はともに病床にあり、「最高政策決定のプロセスには徐々に混乱が生じ、これによって中国の内政と外交にはともに『塵埃未定』の境地に陥った[24]」。重大な外交的政策決定を下す政治的リソースが不足していたことで、中日平和条約においても融通の余地は限られたものとなった。一九七五年末には、毛沢東が鄧小平を厳しく批判したため、「鄧小平を批判し右傾に反撃する巻き返しの風」運動が全国を席巻し、「四人組」を代表とする極左勢力が再度勢力を盛り返していた。国内の政治的環境の変化は政策決定層が外交において臨機応変に積極的に活動するための能力と意欲を制約しており、平和条約交渉に対してさらに多くの政治的リソースを投入するには、彼らはあまりにも無力であった。中国外交の突発的な進展のためには、「世界の大変化」だけでなく、「中国の国内政治に大変化が起きることがさらに必要だった[25]」のである。

＊かたつむり事件　一九七四年、政府代表団が訪米中にガラス製のカタツムリ(歩みがのろいシンボル)をプレゼントとして受け取ったことを江青が「対中侮辱を受け入れた」として批判した事件。

＊＊風慶輪事件　中国初の一万トン級遠洋貨物船「風慶輪」の就航をめぐって、江青らが西洋に媚びるブルジョア思想の表われだとして、暗に周恩来、鄧小平らを批判した事件。

中日平和条約交渉の第二段階——交渉再開

七〇年代末、中国国内の政治的環境には重大な変化が発生していた。「文化大革命」が終わり、工作の重点は移り、改革・開放路線が確立され、鄧小平が中共中央の第二世代指導者の核心となった。対内的には混乱が収まって正常に回帰し、経済建設を中心とする発展戦略が模索された。対外的には国際戦略と外交政策が調整され、開放政策が実施されることとなった。これらの歴史的変動は中国外交の「突発的な進展」にとって有利な国内的政治条件を生み出した。

一九七七年七月、鄧小平が再び工作に復帰し、徐々に中国の内政と外交の「総設計士」となっていった。政治路線の転換と外交的突破を実現するため、彼は二つの大きな外交的決断を下した。第一に中日平和条約を締結すること、第二にアメリカとの国交正常化を実現することである。外交的突破を通して、中国経済の近代化建設のために良好な外部環境を作り出し、工作の重点を対外開放に移すことを推進するというのである。政治的政策決定のレベルで、中日平和条約交渉を推進する主たる原動力が生まれていた。

福田は政権についてから一年ほど、積極的に交渉を再開する動きを見せておらず、「階段から音は聞こえるが、人はぜんぜん下りて来ない」状態だった。中国側は「促」の方針を採り、福田に階段から下りてくるよう促すこととした。一九七七年九月一〇日、日中友好議員連盟の訪中団と会見した鄧小平は、次のように指摘した。

「福田首相の過去の立場については私たちも理解していますが、この件をやっていくと声明している以上、私たちもあちらがこの方面で貢献してくださることを期待しています。実際こんなことは一秒で解決でき、多くの時間は必要ありません。一秒というのは、つまり二文字、『調印』ということです。[26]」

鄧のこの態度に人々は驚き、日本の政界は震動した。福田首相はただちに元・官房長官の二階堂進を訪中させ、「反覇権条項」を平和条約の本文に書き入れて中日平和条約を成立させることに同意しながら、日ソ関係の安定化をはかるために「どのような第三国をも対象としない」ことを明確にすべきであるとした。一〇月一四日、二階堂進と会見した際、鄧小平は次のように表明した。

「第一に、私たちは福田先生の政治的見解についてはよくわかっております。第二に、問題は福田先生が決意を下すかどうかで、これには一秒しかかかりません。私たちは福田先生が決意を下すことを期待しており、この点は不変です。[27]」

鄧小平は自ら対日「政党外交」を推進し、日本の政界人士と何度も会見した。一九七八年三月には、鄧小平は日本の公明党書記長・矢野絢也と会見している。矢野は次のような福田首相のメッセージを伝えた。

「日中条約締結問題に早期に断固として対処していく準備がある。どのような国家とも平和友好的に共存していくという日本外交の基本的立場を、中国側にご理解いただきたい。もしも中国側の理解が得られれば、締結交渉に入るために園田外相を中国に派遣するつもりである。[28]」

ここで鄧小平は次のように指摘している。

(1)中日平和条約に反覇権条項を書き入れる問題は、本来は順当に解決できたはずだが、三木首相は勢いに乗って前進することができなかったため、反対勢力に遭遇してしまうと覇権問題をあら探ししてひねり出した。しかしソ連や日本の右派にとってはこの問題を利用して難癖をつけるのがかえって容易になった。だから平和条約を締結するときは、この問題について明確に説明しなければならない。

(2)福田首相は中国に日本がすべての国家と友好を進める必要があることを理解して欲しいとしているが、私たちも理解できるし、反覇権条項はもともと別の一国と友好的になってはいけないという意味ではない。問題は、ソ連がもし覇道を横行させた場合、これと友好関係を発展させることは不可能だということである。もしも中国がアジアで覇権を唱えた場合、他国は中国と友好関係を続けることができるだろうか。ソ連に気兼ねしていては、どのようなことも達成できない。

(3)大局から、政治的な角度から着眼すれば、この問題は容易に解決できるが、外交的な言葉の上だけで推敲していてもだめだ。

(4)私が福田首相に「決断」していただきたいとしたのは、「共同声明」の立場から後退すべきでなく、多少前進すべきだ、前進ができなくとも、少なくとも後退してはいけないということだ。福田首相の過去の中国との関係については私たちもよくわかっているが、福田首相に伝えて欲しい。私たちはこれを気にかけてはいない。私たちは心から、福田首相と園田外相が田中さんや大平さんと同じように私たちと友人になってくれることを望んでいる。

また鄧小平は、「反覇権条項」の書き入れを堅持するのは「覇権主義が中日両国にとって共通の脅威」であるからだとし、「覇権に反対することは中日両国が共同行動をとるということを意味せず、両国はおのおの独立した対外政策を実行する」ものだと説明した。中国側は矢野に、福田に対して以下の内容を伝えることを要請した。

(1)中国政府は共同声明の基礎の上に早期に中日平和条約を締結することを主張している。

(2)中日が平和友好関係を打ちたて発展させていくことは第三国に対するものではない。中日双方はともに覇権を求めないし、どのような国家や国家集団が覇権を求めることにも反対し、ある国が覇権を求めればその国に反対する。一方で覇権に反対すると述べ、他方で誰かに対するものではないと述べるのでは、論理が合わない。事実上、覇権主義はすでに中国をも日本をも脅かしている。

(3)中日両国が覇権に反対するのは、両国政府が共同行動をとるということを意味しない。中日両国はおのおの独立自主の外交政策を持っており、互いに内政に干渉しない。

(4)中日平和条約交渉を再開することに中国側には何の障害もないため、いつでも推進させることができる。福田首相が早期に決断を下すことを望んでおり、園田外相の訪中を歓迎する。(29)

「反覇権」は中日の共同行動を意味しないという中国側の言い方は、実際は日本側が提起した「第三国条項」に多少接近しており、このようにして平和友好条約交渉を再開させることに貢献を行ったのであった。

三月二六日には、鄧小平は飛鳥田一雄が率いる日本社会党代表団と会見した。ここでは次のように強調し、日本側が懸念を解いて最後の決断を行うことを促した。

中日友好と早期の締約が大勢の向かうところであり、中日両国人民の根本的利益に真に符合するものだ。……現在の問題は、福田首相が決断を下すかどうかだ。私たちは共同声明の基礎の上に少し前進することができれば最適だと考えているが、少なくとも後退しなければそれで良い。……条約締結問題は外交的には解決することができず、政治的な視角から考えてこそ解決できるからだ。中日両国人民の長期的な利益から考慮すれば簡単に解決できるのだ。[30]

鄧小平の言わんとするところは、「反覇権条項」を強調するのは順序や表現の問題ではなく政治問題なのだ。だから政治的な決断が必要なのだ、ということだ。

鄧小平はさらに、日本がソ連の報復を憂慮していることについては、「いったん日本が条約締結に同意してしまえば、ソ連もどうしようもなくなる。ソ連が何を用いて報復をするというのだ？」と指摘し[31]、日本側の懸念を解こうとした。また飛鳥田が中国の指導者の訪日を要請すると、鄧小平は「福田首相が決断してくだされば、私は東京に行ける」と述べた[32]。こうして中日両国人民の利益のためには最大限の努力を惜しまないという積極的な態度を再度表明したのである。

一九七五年一〇月三日の「共同声明から後退することはできず、どのような説明をつけることも事実上後退することにあたる」という発言から、一九七八年三月二六日の「私たちは共同声明の基礎の上に少し前進することができれば最適だと考えているが、少なくとも後退しなければそれで良い」という発言の間には、中国側が原則を堅持するのと同時に臨機応変な戦術方針を排除せず、中日平和条約を達成するためには最大限の努力をしていたことが読み取れる。

これと同時に鄧小平は忍耐強い説得工作を行い、中共党内で徐々に次のようなコンセンサスを固めていった。中国は繁栄と富強を望んでいるが、このためには経済的な近代化を実現し、対外開放を行い、大胆に国外の先進的な技術や管理の経験を導入し、国際的なリソースを適切に有効に利用していかねばならない。外交と内政の関係は日増しに緊密になっているため、外交的な突破、特に先進国との外交を推進していくことは、工作の重点の転換と改革・開放路線が順調に実現できるかどうかに関わる重大な問題なのだ。七〇年代から八〇年代にかけて、日本経済はハイスピードで発展し、経済総額は世界第二位となっており、日本は中国の対外開放とリソース導入にとって重要な対象のひとつである。中日平和条約を達成することは、国家の安全保障を擁護し、国際的な覇権反対と統一戦線を推進するために必要であり、経済建設と改革・開放にとっても必要なのだ。そのために、積極的で能動的な全方位外交を通して、経済建設と改革・開放に有利な国際的環境を作り出し、国際的リソースを利用して中国の政治・経済・文化の全面的な近代化を推進していかねばならないのだ。

七〇年代末の中国外交の政策決定プロセスからは、毛沢東や周恩来が存命だった時期と比べてこれが明らかに変化しており、最高政策決定者と主たる政策執行者が鄧小平の身ひとつにかかっていたことがわかる。鄧小平は党内では最も威信が高かったが、復活して間もなく、また毛沢東のような至上最高の権威もなく、名義上も党の第一人者ではなかった。そのため最終的な決断を下す前には、党の最高政策決定層内部で充分に意思疎通を図り、忍耐強い説得工作を行って、彼らに自分の政策構想を受け入れてもらわなければならなかったのである。また同時に、鄧小平は周恩来のように有能で精力的で用意周到で心配りができたわけではなかったが、周が政策を立案し政策決定を行うのを補佐し、執行を貫徹することのできる力強い助手であった。そのため、中日平和条約のような重要な対外政策には、鄧小平自身が全般的に考察し、政策的構想を提起し、また肝心な会議には自ら乗り出してその場で指揮をとり音頭をとることが必要だったのである。[33]『鄧小平思想年譜』では、中日平和条約交渉の記述において特に「中日平和友好条約の交渉は一九七四年一一月に開始されて以後、一貫して鄧小平の指導と主管の下で進められた」と記述されている。[34]これは鄧自身が述べたことではなく、編者が加えた説明である。編者がここでこのように事実を厳粛に指摘したことは、中日平和条約交渉のプロセスにおいて鄧小平は他者が代替することのできない決定的な作用を担っていたことを説明している。

中日平和条約の最終的な締結

七〇年代末に中日両国の国内外で政治的環境が変化したことで、中日平和条約の交渉にとってより良い条件が生み出された。一九七六年一二月、首相となった福田赳夫は、中日平和条約に積極的な姿勢を示し、一九七八年五月二四日には佐藤大使に中国側との交渉を命じた。一九七八年五月三一日、佐藤大使は韓念龍と会見し、北京で条約締結交渉を再開することで同意した。中国側は韓念龍を交渉の代表に選んだ。さらに全体的な交渉方針として、「原則を堅持し、時を見て有利に導き、矛盾を利用し、積極的に勝ち取る。『反覇権条項』を条約の本文に書き入れることができさえすれば、それ以外の問題は適宜柔軟に解決して良い」と定めた。[35]六月一四日には、中国外交部アジア局副局長の王暁雲が駐中日本大使館の公使・堂之脇光朗と会見し、七月も北京で締結交渉を続けることを提起した。

七月一九日、日本側代表の佐藤大使と中江局長の一行が北京に到着し、二一日には双方は交渉を開始した。[36]

中日双方ともが早期に合意に達することを望んではいたが、それでも「反覇権条項」の表現については論争となった。日本側は「第三国に対するものではない」あるいは「特定の国家に対するものではない」ことを書き入れるよう要求し、中国側は「覇権を求めない国家に対するものではない」ことを主張した。一九七八年八月一日の晩、北京の首都体育館で開かれた建軍節の祝賀会に出席した中共中央政治局の五名の常務委員は、終了後すぐにその接待室で会議を開き、外交部の黄華、韓念龍、駐日大使の符浩、中共中央対外連絡部の張香山と面会した。韓は対日交渉の情況を報告し、日本側は交渉を中止しようと表明しているわけではなく、中国側も交渉を継続して締結の任務を完成させるべきだと指摘した。討論の後、鄧小平が中国側代表団に協議の達成に尽力するよう求める発言を行った。また彼は、合意に達することができなかったときの準備は当然しっかりと行わなければならないが、交渉の中断や決裂は両国の友好関係を発展させていくのに不利である、と指摘した。[37]こうして、交渉を継続し成功をおさめるための新たな政治的原動力が注入された。

一方、日本の外務省も八月四日に会議を開き、解決の方法を検討していた。ここでは次の二つの案が提示された。A案は「本条約は第三国との関係に関する締約各国の立場に影響しない」、B案は「両締約国は第三国の利益を損なう意図を持たない」というもので、佐藤を通して中国側に伝えられた。[38]八月六日、福田は閣議において、園田が訪中し、最大限の努力で交渉の早期成功を推進することを決定した。[39]

八月八日、園田が北京に到着した。そして九日には中国の外相・黄華と二度の会談を行った。中国側は日本側が提起したA案を受け入れた。八月一〇日から一一日にかけて、双方は平和条約の条文の言葉遣いについて最後の推敲に入った。八月一二日の晩、中日両国の外相が中日平和友好条約に調印し、鄧小平自らが調印式に参加した。[40] 八月一六日、中国人民代表大会常任委員会で審議の上、平和条約は通過した。一〇月一六日と一八日、日本の衆参両院が起立表決によって条約を批准した。一〇月下旬には、平和条約の批准書を交換する儀式に出席するために鄧小平が日本を訪問した。中国政府のハイレベル指導者は、戦後初めて日本の土を踏んだのであった。

中日平和条約には全部で五条ある。第2条は「両締約国は、そのいずれも、アジア・太平洋地域においても又は他のいずれの地域においても覇権を求めるべきではなく、また、このような覇権を確立しようとする他のいかなる国又は国の集団による試みにも反対することを表明する」となっている。また第4条では、「この条約は、第三国との関係に関する各締約国の立場に影響を及ぼすものではない」とされた。「反覇権条項」問題は適切に解決が図られたのである。共同声明の第7条を条約では「反覇権」と「第三国」の二条に分割したことで、反覇権の意義はより強調された。

中日はさらに、平和条約交渉を通してある重大な問題について原則的な了解に達していた。八月一〇日の午後、鄧小平は園田と会見した際に次のように強調している。

条約の中心的な内容は実際は覇権主義に反対するということだ。覇権反対とは第三国に向けられたものではないが、ただし覇権を求めたものには反対するという一条は守る。もし私たち自身が覇権を求めた場合は、自分で自分に反対するということだ。私たちが覇権反対を堅持するのは四つの理由がある。第一には、日米関係は重要だが、アメリカはこれに反対しない。第二に、これは私たち自分自身に対する抑制でもある。中国には現在覇権を唱える資格はないが、ただ少なくとも東南アジアには中国が四つの現代化を実現した後に覇権を唱えるのではないかと心配している人たちがいる。中国は永遠に覇権を唱えないし、もしも唱えたとすればそれは社会主義国家ではない、質を変えてしまったことになると、私たちは再三言っている。条約に反覇権条項が書き込まれたことは、中国の久しい国家政策を体現しているのだ。第三に、これは日本自身にとってもひとつの抑制であり、日本のイメージを変えるためにも良い。第四に、日本が北方四島問題を解決するためにもなる。中日間には全然問題がないわけではない。例えば尖閣諸島[釣魚島]問題や大陸棚の問題だ。こういう問題は今無理に解決しなくてもいい。とりあえず隅に置いておいて、後でゆったりと話し合い、双方が受け入れることのできる方法をゆっくり相談すればよい。私たちの世代に方法が見つからなかったら、次の世代、あるいはそのまた次の世代がいい方法を考えるだろう。(41)

園田が「中ソ同盟条約」問題を提起すると、鄧小平は次のように答えた。

「あれは有名無実です。あの条約は一年前に通知すれば廃棄できると規定しています。来年の四月にはその時期が来ますので、私たちも適当な方法をとって廃棄を宣言することにしましょう。」

園田は非常に満足し、この問題は外部に話しても良いのかと尋ねた。鄧小平は続けて、「どうぞどうぞお話しください」と答えた。園田が再度尖閣諸島問題について触れると、鄧小平はまず尖閣諸島が中国の領土であることを強調し、それから尖閣諸島問題はそのまま二十年、三十年放置しておいて良い、中国側から何かすることはありません、と明確に述べた。[42]「すべては今までのまま、二十年、三十年棚上げしましょう。[43]」こうして鄧は、「主権は私たちの側にある」という前提に基づきながら、「争いは棚上げする」ことで領土紛争を解決するという戦略的構想を提起したのであった。

鄧小平は中国の内政と外交の全局を出発点とし、中日平和条約と中米国交正常化の問題を考察した。そして中日平和条約の締結プロセスが尖閣諸島問題によって、また中米国交正常化プロセスが台湾に対する兵器売却によって、それぞれ阻害されることのないように決意を固めた。これは戦略的な観点から政治的決断をしたものであり、現実的な国益と長期的な外交戦略を結合させた深い考えであった。さらにまた党の政治路線と工作の重点が順調に転換されることを保証するものであり、改革・開放政策を実施するためにより有利な国際的環境を整えようとするものだった。

鄧小平は一九七八年の中央工作会議の間、少人数の話し合いの中で、中米の国交正常化が「まったくの大局」問題であると強調している。[44]中日平和条約は、この「大局」の中で二番目に位置づけられる重大な問題であったといえよう。対日外交で対米外交を推し進め、外交で工作重点の転換と発展戦略の調整を推し進めるというのは、外交と内政、国内の工作重点の転換と改革・開放の実施の間のそれぞれの相互関係に対して、鄧小平が全体的な戦略的思考を行った結果である。ミクロなレベルで外交政策に対する国内の政治的経済的な要素の影響を考えたとしても、あるいはマクロなレベルで国内と世界における二大政治システムの間の相互関係を分析したとしても、国内の政治的経済的な必要が外交政策の転換と戦略的調整を促進し、外交の成果が内政を促進するという作用をはっきりと見て取ることができる。

中日平和友好条約の意義

対外的な経済貿易関係を強化し、経済的な近代化建設を進めることは、対日外交を含む新時期の中国外交にとって重要な任務であった。中ソ関係と中越関係が緊張する国際的環境において、積極外交を通じて周辺の環境を改善し、国際的な統一戦線を構築していくことも、重要な戦略的考慮であった。そのため中日平和条約の意義は深遠で、多方面にわたっていた。

第一に、これは中日の経済協力の政治的保証となった。中日平和条約の締結は、双方の経済・貿易、科学技術、文化的な面での交流と協力に役立っただけではない。これによって、その後日本が中国に政府開発援助(ODA)を提供し、中国が国際的リソースと国際市場を効率良く利用して経済の現代化建設を加速するために、良い政治的条件が作り出された。

第二に、中日関係の政治的総括である。中日平和条約は共同声明の各項の原則を継承し、その法律化を行い、中日友好の政治的基礎と法律的な保障を提示した。外務省アジア局長を務めたことのある三宅和助は、「日中条約ができてから、中国の対日姿勢が急速に良くなった」と指摘している。(45)平和条約の対話をめぐって、両国は外交理念と国際戦略思想についての相互理解を深めた。

第三に、中国外交の勝利である。中日平和条約は「地域の覇権に反対する」ことを明確に提起しているが、これは中国の外交理念とアジア・太平洋戦略の構想を表明したものであり、二国間関係の範疇を超えて、地域の平和と安全のために強固な礎石を打ち立てたものである。中日平和条約はソ連の拡張主義にとっては大きな打撃であり、アジア・太平洋地区の安定と世界の平和にとって重大な意義と深い影響力を持つと国際世論は認識した。(46) 鄧小平は次のように指摘している。

「中日平和友好条約は、中日両国が覇権を求めないことと同時に、このような覇権を確立しようとする他のいかなる国又は国の集団による試みにも反対することを明確に規定した。これは国際条約におけるひとつの成果だ。」

「まずは中日両国が自分を抑制して覇権を求めないという義務を担ったことで、同時に現在国際的な安全と世界平和を脅かす主な根源となっている覇権主義に対しても重大な打撃を与えることができた。(47)」

「中日平和友好条約が締結されたことは、まずアジア・太平洋地域の平和と安全と安定のための要素となる。(48)」

このように鄧は、この重大な外交的成果に対し、高い評価を与えている。

第四に、中国の「一条線、一大片」の国際戦略を推進したということだ。『人民日報』の社説は、中日平和条約の締結は「ソ連社会主義帝国の干渉と破壊の陰謀が恥ずべき破産を遂げたことを宣言した(49)」と指摘している。

これに対し、ソ連側は即刻次のように反応した。「北京の指導者たちは、この条約がソ連に向けられたものだと認めている。日本は明らかに北京の圧力に屈したのだ。」ソ連が日本に対して精一杯勝ち取った「第三国条項」はまったくありがたみがなく、「日本政府がこの条項でこの条約の問題点を除去できると考えたのは、まったく幻想に過ぎない」と批判した。(50)

日本側は、「今後もソ連との関係を継続的に保持し発展させていく考えであり、この方針に変化はない」と強調した。しかしソ連の外交部は定期的な日ソ外相会談を延期し、日本が「客観的に見て中国の外交政策を支持している」と非難した。そして日本に「極東の国際情勢の複雑化、およびソ日関係にもたらされるかもしれない出来事と願望に背いた結果に対して責任をとる」ことを要求し、「日中条約はすでに二国間の範囲を超えており、ソ連は無関心ではいられず、自らの利益を守るために必要な措置を採ることになるであろう」と述べた。[51]

日ソ関係は冷却化した。これは中国が団結しうるすべての国際的なパワーを団結し、国際統一戦線の戦略的構想を打ち立てるのを助けた。

第五に、中国の対米外交が促進されたということである。中日平和友好条約交渉と中米国交正常化交渉はともに七月から始まったが、中国の指導者は高みから全体を見下ろし、二本の絵筆を同時に動かして、双方を相互に促進させ、より素晴らしい成果を収めた。

一九七七年八月、訪中したバンスが台湾問題について「連絡事務所方式」で行うことを提起すると、鄧小平は中米関係の正常化を実現するために、台湾問題については条約破棄、撤兵、断交の三条件があり、日本方式で行うべきだと指摘した。[52]鄧小平は中米交渉の最も重要な時期においても、「中日両国の指導者と同様、より高い視点から世界の形勢を観察し、問題を処理し、政治問題として対処すれば、協議に達するのは簡単だ。前提をはっきりすれば、細かい問題も話し合いやすくなる」と指摘している。[53]中日交渉の進展によって中米交渉の行き詰まりは打破された。中日が条約を締結して四カ月後、中米両国も国交正常化コミュニケを発表した。

一九八〇年代初め、中国外交は戦略的調整を行い、独立自主で非同盟の平和外交政策を実施するようになり、中ソ関係も緩和した。中日平和条約の対ソ性は徐々に希薄になり、中日関係を調整したという意義と役割がなお強調されるようになった。そしてこの条約は、中日関係の政治的な基礎と戦略的枠組を構成する重要な文書のひとつとなった。

(1) 「反覇権条項」とは、すなわち「中日平和友好条約」の第2条、「両締約国は、そのいずれも、アジア・太平洋地域においても又は他のいずれの地域においても覇権を求めるべきではなく、また、このような覇権を確立しようとする他のいかなる国又は国の集団による試みにも反対することを表明する」ことをいう。「第三国条項」とは、同条約の第4条、「この条約は、第三国との関係に関する各締約国との立場に影響を及ぼすものではない」ことを指す。
(2) 張香山「中日締結和平友好条約前後」『日本学刊』一九九八年第四期、一頁。
(3) 同上。
(4) 永野信利(顧汝鈺訳)『日中建交談判紀実』時事出版社、一九八九年、一二五頁。
(5) 王泰平主編『新中国外交五〇年(上)』北京出版社、一九九九年、四六九頁。
(6) 中江要介『日中条約と日本外交――その締結交渉をふり返って』民主外交協会、一九七八年、八頁(若月秀和「日中平和友好条約の締結――国際環境における不安定化の中での決断」『法学政治学論究』第四二号、一九九九年秋季号、一〇〇頁、からの引用)。
(7) 王泰平前掲『新中国外交五〇年』四六〇頁。
(8) 王泰平前掲『新中国外交五〇年』四六九頁。
(9) 『朝日新聞』一九七五年一月二八日。
(10) 共同通信一九七五年三月四日東京電。宋成有等『戦後日本外交史』北京・世界知識出版社、一九九五年、四二三頁、からの引用。

(11)　張香山前掲『日本学刊』論文、二頁。
(12)　『人民日報』一九七五年四月九日。
(13)　中共中央文献研究室『鄧小平思想年譜（一九七五―一九九七）』中央文献出版社、一九九八年版、六頁。
(14)　張香山「鄧小平と中日平和友好条約（上）」『軍縮問題資料』一九九八年七月号、七八頁。
(15)　王泰平前掲『新中国外交五〇年』四五九―四六七頁。
(16)　同四六七頁。
(17)　張香山前掲『日本学刊』論文、三頁。
(18)　王泰平前掲『新中国外交五〇年』四六八頁。
(19)　張碧清「中日邦交正常化的前前後後」『百年潮』二〇〇二年第一〇期、七三頁。王泰平前掲『新中国外交五〇年』四七四頁。
(20)　『周恩来年譜　一九四九―一九七六』下巻、中央文献出版社、一九九七年、六〇四頁。
(21)　同六四三頁。
(22)　同六三六―六三七頁。
(23)　同六五八頁。
(24)　李捷「従解凍到建交：中国政治変動与中美関係」『党的文献』二〇〇二年第五期、七一―七三頁。
(25)　同七五頁。
(26)　前掲『鄧小平思想年譜』三九頁。
(27)　王泰平前掲『新中国外交五〇年』四七一頁。
(28)　同上。
(29)　同四七一―四七二頁。
(30)　同四七二頁。
(31)　同上。
(32)　張香山、前掲『日本学刊』論文、四頁。
(33)　章百家「変動的国家因素対中国外交的影響（従六十年代末至九十年代初）」、「中美日三辺関係討論会」（二〇〇〇年一月、於東京・国際文化会館）への提出ペーパー参照。
(34)　前掲『鄧小平思想年譜』九〇頁。
(35)　曲星『中国外交五十年』江蘇人民出版社、二〇〇〇年、三五七頁。
(36)　王泰平前掲『新中国外交五〇年』四七一―四七三頁。
(37)　張香山前掲『日本学刊』論文、四頁。

(38) 同五―六頁。
(39) 三宅和助『外交に勝利はない――だれも知らない日本外交裏のうら』扶桑社、一九九一年、一五八頁(若月前掲論文、一一二頁、からの引用)。
(40) 王泰平前掲『新中国外交五〇年』四七四頁。
(41) 前掲『鄧小平思想年譜』七四頁。
(42) 呉学文他『中日関係(一九四五―一九九四)』時事出版社、一九九五年版、二三三頁。
(43) 王泰平、前掲『新中国外交50年』四七五頁。
(44) 鄧小平が一九七八年一二月一日に李先念、許世友、李徳生など九人に語った言葉。章百家の報告ペーパー(前掲)より引用。
(45) 若月前掲論文、一一八頁。
(46) 曲星前掲『中国外交五十年』三五九頁、からの引用。
(47) 『人民日報』一九七八年一〇月二四日。
(48) 前掲『鄧小平思想年譜』九五頁。
(49) 『人民日報』一九七八年八月一四日。
(50) 『プラウダ』評論員論文、一九七八年八月一三日。
(51) 永野前掲『日中建交談判紀実』二一三頁。
(52) 前掲『鄧小平思想年譜』三六頁。
(53) 『参考消息』一九七八年一二月一日。

四　先人の開拓　二一世紀への示唆
――日中国交正常化と平和友好条約を再検証する意義

朱　建　栄

本書の意義

日中国交正常化と日中平和友好条約の締結がかなり昔の出来事になったような気がし、それに関する研究書や資料集もこれまで多く出ているが、なぜ今、この本を出すのか。読者からこのような疑問を投げかけられてもおかしくはない。

確かに、一九七二年の国交正常化と一九七八年の平和友好条約からいずれも一世代の歳月が経っている。その間、オイルショック、ソ連のアフガン侵攻、天安門事件、ソ連と東欧の社会主義体制崩壊、そして湾岸戦争と最近のイラク戦争など、世の中は目まぐるしく変わっている。日中関係も紆余曲折を経験しながら新たな発展段階に入った。

だが一方、今でも歴史認識や台湾問題、ひいては政府開発援助(ＯＤＡ)に対する受け止め方のずれなどをめぐって時々ギクシャクが起こっている。実はこれらの問題はほとんど、国交正常化交渉が行われた過程で伏線が敷かれたものだった。すでに「運命共同体」になりつつある両国関係の行方を考える上でも、現代および現在の日中関係の原点に戻って、過去の超越、未来志向のためのヒントを見出す必要がある。

本書の編集・出版にはもうひとつの重要なきっかけがあった。情報公開法に基づき、一九七二年の日中国交正常化をめぐる政府間交渉などに関する日本側記録が請求に応じて公表されることになったのである。これまで多くの当事者による証言や研究成果が出ているものの、歴史を再現した会談記録が公に出たことは、私たちに歴史の再検証を促す力となった。また、歳月がたち、関係者の大半が相次いで世を去っている状況にかんがみ、可能な限り当事者たちの証言を記録しようとしたのも本書の編集に至らしめたもうひとつの理由である。

明確な対日戦略があった中国側

日中国交正常化と平和友好条約締結のプロセスを、新しい資料と証言に基づいて再検討すると、どのような「今日的再発見」があるのだろうか。

戦後の二十数年間にわたる両国間の対立と交流断絶に終止符を打ったことは中国がよく使う表現の「誰にも止められない歴史的な流れ」であった。両国民とも、関係の正常化を熱望していた。米中接近、ソ連の「脅威」をともに感じるという外部環境も、両国政府を動かした。ただ、再検証を通じて、国交正常化のプロセスは、中国がイニシアチブをとって攻勢をかけ、日本がマクロでは受身的に、その大枠の中では一定の積極性も見せた、という構図であったことが、浮き彫りにされたといえるのではないかと思われる。

中国側には明確な戦略があった。米中接近の次に対日関係を打開する、その過程で特に台湾問題をある一定の枠組みを作って解決する、というものだった。対米、対ソ戦略を主導した毛沢東主席は対日戦略においても、すべての動きを把握し、最終決断を行う最高責任者だった。そして、具体的な対日政策の制定、執行に関しては周恩来首相が陣頭指揮に当たった「前線総司令官」だったといえる。青年時代に日本に留学し、アジアの両雄が「世世代代の友好」を実現すべきだという歴史使命感をもった周恩来は、文化大革命最中の国内政治においても、劉少奇、林彪の相次ぐ失脚を受けて久しぶりに大きな権限を与えられていた。そこで毛・周コンビで、ドラマチックで歴史にも残る「名作戦」、日中関係正常化が演出・推進されたのである。

一九七二年五月、訪中した二宮文造・公明党副委員長と会った周恩来は、ポスト佐藤栄作の「角福戦争」を詳しく聞いた上で、「もし田中氏が首相になって、中日両国の関係問題について話したいというのなら、われわれは歓迎する。そのような勇気あるかれをわれわれは歓迎すべきだと思う」とのメッセージを託した(王泰平証言)。他方、福田赳夫が首相になるシナリオに備えて、文革参加で国内に留まっていた蕭向前(LP覚書貿易事務所の中国側代表)が速やかに日本駐在に戻る準備を整えるよう指示した。(1)七月七日、田中内閣が発足した日に、国営新華社通信はそれまでの佐藤内閣を敵視した延長で、新内閣の発足についても二行だけの短い記事を発信しようとしたが、周恩来はそれを却下して、田中首相の政治姿勢などを詳しく紹介する長編記事を自らの指示で書かせ、新内閣に好意を示す最初のメッセージを発した(呉学文証言)。周恩来はまた、田中首相が組閣した日に「日中国交回復の機は熟した」と表明したのに対し、翌日夜に北京で行われた南イエメン政府代表団に対する歓迎宴の挨拶で、「田中内閣の関係改善の姿勢を歓迎する」との一文を付け加え、第二のシグナルを送った。

当時、唯一、予定されていた対日民間交流は七月一〇日から始まる予定の上海歌舞団の訪日だった。周恩来は直ちに、実質的な政府特使だった孫平化を団長に据え、蕭向前をも同行させて日本に送った。この訪問で孫平化らは田中、大平らと極秘に会うことができ、日本政府首脳との間に最初のホットラインが作られることになった。その後の短い二カ月余りの間、周恩来はあらゆる機会を利用して日本に対するメッセージを次々と発し、情勢を動かしていった。

周恩来は日本政府への直接のアプローチとともに、「以民促官」(野党や財界、学界、マスコミなどに働きかけて日本政府への包囲網とする)という華麗な民間外交を展開した。さらに、アメリカやヨーロッパの複雑な動向をも利用しようとした。日本が懸念した米側の態度について、周恩来は八月一八日、自民党議員川崎秀二との会見で、自分とキッシンジャーとのやり取りを紹介して「心配は要らない」と話した(王泰平証言)。ほぼ同じ時期に、中国と西ドイツ(当時)との外交関係樹立をめぐる交渉が進行していたが、周恩来首相は中国側の王殊・交渉代表に、「西ドイツ(当時)との国交樹立交渉を早めに進めれば、日本側にもプレッシャーをかけることになる」と自ら指示を与えた。(2)

「竹入メモ」が田中首相に訪中の決断をさせた

それに対し、日本側は佐藤内閣の末期に、対中関係において常に後手後手の対応に追われていた。田中首相は当選前に中国側代表と極秘に接触し、日中国交正常化推進に関する自分の信念と抱負を伝えていたとされているが、何を目標としてどのように具体的に進めるかについてはほとんど白紙状態だった。当選後、外務省の橋本・中国課長に、その上司を飛び越えて田中・大平ラインに直接報告させていたことからも、当時の与党や外務省内にいかに「抵抗勢力」が強かったかが窺えるものだった。

田中首相をいよいよ北京訪問と国交正常化への着手に決意させた転換点は「竹入メモ」だったようだ。しかし周恩来からの対日条件提示を引き出した「誘い水」となった竹入委員長(当時)が中国側に出したいわゆる「日本政府の試案」は、実は公明党訪中団自身の「作文」であった。竹入は田中から一筆の紹介状すら書いてもらえなかったので、政府の立場をひそかに整理しまとめた上で「私は来る前に、田中さん、大平さんとは三回ずつ会った。今回は彼らの意見を持って中国に来た」と言って、(3)架空の「親書」を中国側に提示した。周恩来はそれへの対案の形で中国側の基本主張を、互いに一字一句確認しながら「竹入メモ」を作成し日本政府に伝えた。中国がニセの政府親書に踊らされたことになるようだが、マクロ的に見れば、竹入さん自らが言ったように、「周首相は、竹入試案であろうがなかろうが、きちんと中国側の決断が田中首相に伝われば事態は動くと判断していたに違いない」「(自分は)周首相のたなごころの上で踊り続けた橋渡し役だったなと思う」ということだったのかもしれない(竹入証言)。

歴史が動いた田中首相一行の訪中を経て、周恩来にとっては日中国交正常化という予期の作戦目標を円満に実現した。「大作戦」だったため、随行の日本人記者に、「この時ほど文字通り『行き届いた』サービスを受けた記憶がない」と感じさせる完璧な接待をした(田畑証言)。一九七二年一〇月一日午前、日本政府代表団が上海空港から飛び立つのを見送ってから、周恩来も北京に戻ることになったが、彼は特別機のパイロットに、予定を変えて空港の上空を一周するよう指示した。国内では感情的な表現を常に抑えていた周恩来が自ら指揮したこの「大作戦」の成功に感慨無量のところがあったのだろう。その時点で彼は自分の体がガンに犯されていることを知っていた。その悲壮な喜びを丸出しにして表現したのは周恩来の人生においてもそんなに回数がなく、それが最後であった。

双方にとっての最大の難関

今から振り返ってみると、日中双方が国交正常化に踏み切るに当たって、それぞれ最も重視していた問題は何だったのだろうか。日本側から見て、「日本が一つの中国に踏み切ったこと、つまり、中国側の主張する『一つの中国』を受け入れたこと、それと、今度は中国がそれまで毎日あれだけ非難していた日米安保条約を容認したこと。そして、中国が賠償を放棄したこと」の三つで、「これで正常化はできる」と判断した（橋本証言）。

では中国側はどうなのか。国内向けの配慮と説明という必要性もあり、最も重視していたのは歴史問題、台湾問題という二つだったと思われる。

周恩来は対日問題の本音を次のように語っている。

「正直、多くの人民は中国が強くなったら必ずこの借りは返す。必ず日本に復讐してやると思っていたのです」

「でも、それでは正常化はできません。人民の感情は理解できてもその考え方は間違っています。中国のためにも、日本のためにも、そしてアジアのためにも、われわれは対日正常化が必要だと思っていました。どうしてもわが国の人民を説得しなければならなかったのです」（西園寺証言）

「人民に説明する必要がある。人民を教育しなければ、『三光政策』でひどい目にあった大衆を説得

することはできない」(両総理会談記録)

自分が入手した中国の資料でも、一九七二年の国交正常化交渉前、政府が各地で座談会を開き、民衆の対日不満および要望を聞きだして必死に説得工作を行っていた。(4)

ところが、日本側は中国人の心におけるこの歴史問題の重さを十分に認識していなかった。田中首相が北京に到着した九月二五日の夜に開かれた盛大な歓迎宴で、戦争責任について「わが国が中国国民に多大な迷惑をおかけした」との表現を使った。日本語ではこの表現は重いお詫びから軽い釈明にいたるまで使われるが、中国語ではかなり軽い釈明の意味しかなかった。そのため、田中演説を聴いた宴会場は一時しんとなり、「中国侵略という重大な罪を、こんな軽い表現で済ませられるか」との反発が湧き出た。それを受けて周恩来首相は翌日の正式会談で次のように話した。

「日本の侵略戦争によって、数千万の中国人民が死傷すると同時に、一千万の日本人民も被害を受けた。この経験と教訓を忘れてはいけない」

「率直に言って、『大きな迷惑をかけた』という言葉は中国人民の強い反感を引き起こしている。『迷惑をかけた』という言葉の意味は中国語ではとても軽い。例えば、先ほど記者たちが冒頭撮影をしたが、そんなときに『迷惑をかけた』と言うのです」(5)

そこで日本側は謝罪の表現の重要性に初めて気づき、大平外相の提案で『日中共同声明』では「日本側は過去において、日本国が戦争を通じて中国国民に重大な損害を与えたことについての責任を痛感し、深く反省する」という表現が盛り込まれることになったのである。その後、戦争責任と謝罪に関する表現をめぐって日中間では何度も摩擦が起きたが、その構造的な要因は、日本側の予想のはるか以上に、戦争を経験した中国の指導者がこの問題を重く見たことであり、田中・周恩来の応酬がその幕開けであった。ちなみに、今も中国でよく使われる「前のことを忘れず、後のことの鑑とする」という表現も周恩来が一九七二年に使ったのが始まりであった。

台湾問題――東洋の知恵を凝結した「合意」

戦争終結の捉えかたについても双方に溝があった。日本側は「日本政府が、自らの意志に基づき締結した(日台)条約が無効であったとの立場をとることは、責任ある政府としてなしうることではなく、日本国民も支持しがたいところである」として、日台条約で戦争状態はすでに終結したことを主張したのに対し、中国側は「ではこれまでの二十数年間の日中対立は何だったのか」と反発し、日台条約に拘束される立場ではないとして、「両国間の戦争状態の終了をここに確認する」という表現の共同声明案を提出して譲らなかった。最後には橋本・中国課長が提案した「戦争状態」という表現に取って代わる「不自然な関係」(中国語では「不正常な関係」)という表現で合意し、共同声明に書きこまれた(橋本証言)が、これは双方の立場をぎりぎりでつなぎとめた立派な「玉虫色」の合意だった。

諸合意のうち、両国の政府間交渉でもっとも難しいと予想されたが、歴史に残るうまい解決となったのは台湾の帰属問題だった。中国側は、「一つの中国」「台湾は中国の一部」という立場を絶対譲れなかったのに対し、日本側は、国内の強い親台湾派勢力への配慮もあり、「台湾は中国の一部」という明言を避けようとし、また日台条約の扱いをめぐっても調整が難しかった。最後に両方は知恵を絞り、大平外相が「ポツダム宣言第8項に基づく立場を堅持する」という表現を提示し、中国側の立場を配慮する形で「台湾は中国の一部」と間接的に認めた(日本が受諾したポツダム宣言の同項は、台湾の中国返還を要求したカイロ宣言の遵守を明示している)。一方の周恩来首相も、「日本側の困難を配慮し、日台条約の破棄を明言しなくてよい」との妥協に応じた。この合意の上で日台間は政治外交関係を断絶するが、経済文化の交流関係を維持していく(後に日台双方は互いに代表部を設置)という解決方法が生み出された。東洋の知恵を凝結したこの解決方法は一九七九年に米中が国交を樹立した際、米台関係の処理にも踏襲された。

賠償問題　日本外務省は台北と北京で使い分け

歴史認識・台湾問題の両方とも絡んだ賠償問題については、今から見れば特に再検証する必要がある。

終戦当時の価格で五〇〇億ドル以上と算出された日中戦争による中国側の損害総額(台湾と旧満洲を除く)、その賠償の扱いは国交正常化のもう一つの焦点だった。自分が検証したところによると、中国指導部は遅くとも一九六四年一月の時点で、日本に賠償を求めないことを決定した。(6) 翌六五年五月に訪中した宇都宮徳馬代議士と会見した場で、中国側の対日責任者の一人、趙安博が次のように賠償放棄の考えを系統的に説明した。

一、中国は他国の賠償によって自国の建設を行おうとは思っていない。

二、一般的にいって、巨大な戦争賠償を敗戦国に課することは第一次大戦後のドイツの例をみても明らかなように、平和のために有害である。

三、戦争賠償はその戦争に責任のない世代にも支払わせることになるので不合理である。[7]
そのような背景があったため、一九七二年になっても、中国指導部内で賠償をとるか否かをめぐって議論することなく、「竹入メモ」でこの交渉カードを放棄するとあっさりと提示したのである。ところが、日本側はこのメッセージを受け取ってから、中国側にとって予想外の回答をしてきた。九月二六日午前の第一回外相会談で、高島益郎条約局長が、「日本と台湾との間にはすでに日台条約があって、蔣介石が賠償放棄を明言した。中国との戦争賠償問題はすでに解決済みなので、中華人民共和国との共同声明の中にわざわざ賠償問題と書き入れるべきではない」との共同声明に関する日本側案の対中説明を読み上げた。[8] 中国側高官はその発言に憤慨して「そういうような代表団なら、即刻お帰りいただきたい」と責め、[9] 周恩来首相も、次の首脳会談でこう話した。

「蔣介石が日台条約で戦争賠償請求権を放棄すると宣言したから、中日共同声明で改めて言及する必要はないというのはおかしな論法だ。蔣介石はすでに台湾へ逃げ、全中国を代表する資格はないし、戦争の賠償を受けたのは大陸が中心だ。蔣介石の態度は『他人のふんどしで相撲をとる』ようなもの。われわれが賠償請求を放棄するのは両国人民の友好から出発して、日本人民に賠償の苦難をこうむらせたくないからだ。条約局長はわれわれの好意を受け入れないばかりか、蔣介石がすでに賠償はいらないといったと主張する。これは私たちに対する侮辱だ。絶対に受け入れることはできない。[10]」

双方の折衝の上、最後に共同声明では「中華人民共和国政府は、中日両国国民の友好のために、日本国に対する戦争賠償の請求を放棄することを宣言する」という表現で、「請求権」の「権利」という表現を落として合意に至ったが、問題は、高島条約局長が話した「日本と台湾との間で結ばれた日台条約によって、中国との戦争賠償問題は解決済み」ということは歴史事実だったのかどうかということだ。

終戦直後に「恨みに報いるのに徳を以ってせよ」と語った蔣介石だが、実際はその後、国共内戦に備える資金と戦争物資の必要上、二四隻の軍艦と日本国内の機械設備などを賠償に充塡するものとして獲得していた。台湾に逃れた後も、厚い被害者関係の資料を用意し、日本側に手渡した条約の原案でも賠償請求の内容を盛り込ませて「日華平和条約」(日台条約)の交渉に臨んだ。それに対し、日本側交渉代表木村四郎七は一九五二年三月五日の交渉で「吉田首相はダレス米国務長官への書簡で、日中(台湾のこと)が協議している平和条約の範囲は直ちに大陸に及ぶことができないと述べたのを踏まえ、……我がほうは、貴国の主権が中国大陸を含めた全領土に及んでいるかどうかに関して疑問がある」と述べた[11]。最後に台湾側はアメリカの圧力や内外情勢に押されて賠償請求の放棄を日台条約の本文に盛り込んだが、付録文書に、条約の適用範囲は台湾の実効支配範囲に限ると明記された。条約締結後にも、吉田茂首相は国会答弁で、条約の適用範囲を台湾当局の実質支配区域に限定し、大陸を支配している「中共政権」との関係は白紙であると語っている[12]。

台湾側には「大陸を代表して賠償請求することができない」と迫る一方、北京では「台湾はすでに請求権を放棄した」と話すという二刀流の外交は、一時的に利益を得ることができても、後にＯＤＡと賠償放棄の関係をめぐって摩擦がくすぶったことから連想されるように、問題を後世に残すものであった。

毛沢東、周恩来ら指導者が理想主義的に「賠償を求めない」方針を決めたことは今日も、国民の意見を聞かずに急ぎすぎたのではないかとして中国国内に異論がある。それが近年の民間賠償を求める各種の動きの背景にもなっている。両国関係が順調に進む時、これらの不満は底流に潜むだけだったが、ＯＤＡの対中供与で「感謝されない」といった日本国内の声が出ると、「ＯＤＡは中国の賠償放棄に対する見返りではないか」と反発する声が中国側で出てくる。中国側の賠償放棄を日本国民は心に銘記し、日本からのＯＤＡに対しても中国は日本国民の気持ちとして暖かく受け止める、というような東洋的な美談にもう一度立ち戻ることはできないだろうか。

双方の記録を比較して――受け止め方の相違

外務省が公表した一九七二年の国交正常化交渉および一九七八年の平和友好条約交渉の会談記録は、不完全とはいえ、日中関係史のこの重要な二コマを解明するのに重要な一歩を踏み出したことに間違いない。張香山、王泰平らの証言はいずれも中国側の記録を引用する形になっているが、オリジナルなものではない。

日本側の記録を再読すると、一部の重要な交渉場面に関しては予想より簡潔な記述に留まった印象を受けた。また、中国側の発言として、当時の日本が台湾について使った「国府」という表現を無意識的に記録した間違いなどもあった。北京に乗り込んだ会談での、中国側の思考様式をあまり理解し得ず、しかも通訳を介して聞いた交渉内容に関する記録係の作業としてはご苦労様と言うべきところだったが、中国側の記録を読んだ現役の中国外交官の話によると、日本側のより、中国側のものははるかに詳細にわたってできており、毛沢東と田中らとの会見や、首相級会談の記録では、登場者の表情、ゼスチュアなどに関しても記されているとのことである。それを聞くと、現代史研究者としてなおさら、本書が中国側の記録が公表されるきっかけ、「呼び水」になればと期待してやまない。

この本に収録された日中双方の資料や証言を比較して、一部相違が現れたところを比較し検証してみたい。

一、思考様式のずれによるもの。田畑証言が指摘したように、「大同」と「小異」との関係について、中国では「大同につき、小異を残す」となっているところを、日本では「小異を捨て、大同につく」となっている。日本側の記録でも、周恩来の発言は「小異を捨て、大同につく」と記されている。中国的な発想では「小異」といっても簡単に捨てられるものではなく、互いに我慢して大所高所に立って妥協を求めよう、というものであるため、無意識に「小異を捨てる」発想で中国側の「小異」観を当てはめるべきではないだろう。

二、簡潔な日本側記録とより詳細な中国側の証言による微妙な差。たとえば社会党の立場に関して、日本側の記録では、周恩来は「私は日本の社会党より、ひらけている。社会党は『非武装』をやかましく言うから、日本が自衛力をもつのは当然ではないかと言ってやった」という意味がやや不明瞭な発言をしたことになっているが、張香山が引用した中国側の記録では、「私は日本社会党より開明的だ。日本人民が自衛の武装力を持つことに賛成です。私は何度も発言したし、社会党の友人の説得に努力した。あなたたちは自衛の武装力も必要ないというが、そのようなスローガンは選挙に不利でしょう。自衛力は必要だ」とされている。ただ、詳細の度合いに差こそあれ、現段階で得られる中国側資料による検証を経ても、日本側の記録はほぼ信憑性が高いことが裏付けられたといえよう。

日本側は周恩来のメッセージを読めなかった

記録以外の話になるが、中国側の国内事情と対日アプローチの苦心を日本側が十分に察知しなかったところもある。

日本側は首相から中国課長にいたるまで、廖承志を周恩来の最重要助手と見なしていた。文革前までは確かにその通りだったが、文革中は批判され、農村で重労働に従事し、北京復帰はかなり遅れていた(呉学文証言)ので、田中首相の訪中直前までの一連の対日働きかけに参加していなかった。外交上の必要性を強調して周恩来は廖承志を北京に呼び戻し、外交部顧問に任命し、実際にある程度その意見にも耳を傾けたが、田中訪中の際に廖承志を表に出させたのは、日本側が廖承志の中国政策における(かつての)重みを知っていたことに対応して、政策の連続性を強調するためだった。毛沢東は田中一行との会見でも廖承志を日本に送るという冗談まで飛ばした(記録編「田中・毛沢東会談」参照)が、国交正常化の過程における廖承志の役割は本当は日本側が考えていたほど重要ではなかった。(13)

田中首相の訪中に際し、中国側は主に王效賢、林麗韞の二人を通訳に使ったが、毛沢東との会見でも林が通訳を担当した。通訳のレベルとしては王のほうが一枚上だったが、あえて林を前面に出したのは、林が台湾出身で、周恩来が日本側に「台湾は中国の一部」というメッセージを送ろうとしたためだった。(14)

日本政府代表団の上海訪問はなぜセットされたのだろうか。事前折衝の段階で田中首相は政局を理由にいったん断ったが、中国側が力説したため訪中のスケジュールに最終的に上海立ち寄りを載せた。

日本側はそのわけが思い浮かばないため、上海は四人組の拠点で、その強い勢力への配慮で設定したと理解した(橋本証言など)。筆者は張香山、蕭向前ら複数の中国側当事者への取材を通じて、「四人組は一九七二年当時、周恩来総理がそこまで気を使うほど大きな勢力になっていなかった。張春橋(当時は上海市革命委員会主任)らを地方のトップとして配慮したのは周総理の風格で、特別扱いではなかった。『四人組』が公然と周恩来の対抗勢力となったのは一九七四年以降だった」との説明を受けた。

ではなぜ上海行きをわざわざセットしたのか。筆者の解釈では、ニクソン訪中の前例に見ならって、万が一北京での交渉が暗礁に乗り上げたら場所を変えて最終決着にもっていく、というクッションの役割を上海に持たせたと考えられる。その裏づけとして筆者は、当時の上海外事組の北京駐在者Rが上海市政府側(外事組宣伝処)にかけてきた電話の記録を入手した。それによると、九月二七日午前九時二五分の電話では、「日本語のタイプ(活字母型)と技術者はすでに準備を整えた。もし明日午前までに(日中共同声明の)文書を北京で印刷することが判明すれば上海に運ばないが、明日中に北京での調印が確定できない場合、二八日夜に特別機で上海に空輸し、徹夜して取り付けができるよう準備せよ」と伝え、さらに二七日午後一五時三〇分の電話では「日本語の活字母型は明晩に特別機で上海に運ぶことが決定した」とも伝えた。

当時の中国では日中共同声明の印刷に使える日本語の活字母型は一セットしかなかったので、以上のような電話のやり取りが生まれたわけだが、北京での交渉が決着できないことに備えて周恩来が上海に最終交渉の舞台を設定していたことはこれで明らかになったといえよう。

互いに自信をもって未来志向の関係を目指そう

国交正常化当時に比べ、日中関係は今日、経済貿易、文化交流、政治外交のあらゆる面において当初には考えられないような大発展を遂げた。にもかかわらず、問題と摩擦が続発し、互いの「好感度」も低下している。それはなぜだろうか。これについても国交正常化交渉における両国首相のやり取りにヒントが得られる。

田中総理　日本の国内には中国が大国であることに対する恐れがある。
周総理　日本は経済大国である。我々は遅れている。（中略）中国は人口は多いが、潜在的な力をもっているに過ぎず、現実の力はない。

すなわち、その時点から、日中両国同士は互いに高いプライドを持ちながら、一方は相手に対するコンプレックスをもつ、という二面的な心理を覗かせていたことが分かる。その後も、相手の言動に対して両方とも、時々過大評価、過剰反応をすることをくり返している。いっそのことインドネシアなどに対する日本、ベトナムなどに対する中国、両者とも心理的な余裕をもって対処できるから恒常的な摩擦と対立を避けられる。ここ数年、中国はベトナムに対して、国境地域やトンキン湾海域の領有権紛争で大幅な譲歩をしている。それは国内ではそれほど大きな反発を呼んでいない。ところが、日中間になると、互いにかつてのヨーロッパのフランス・ドイツ同士のように入り乱れた複雑な感情をもっているため、容易に妥協にこぎつけず、関係が不安定になるのだ。特に一九九〇年代において日本はバブル経済の崩壊で徐々に自信喪失に陥り、他方の中国はまだ自信をもち得ていなかった。その段階では摩擦が急激に台頭した。ただ、近年の高成長で自信をもちはじめた中国は今、両国関係に横たわっている諸問題について「新思考」(胡錦濤の言葉)を提起した。アジアのGDPの半分を今も占めている日本も国内改革でもっと自信を取り戻せば、日中間の新しい協力関係は一段と前進するだろう。

二〇〇三年五月三一日の両国首脳会談で胡錦濤主席は、「歴史を鑑とし、未来に向かい、長期的な視野に立ち、大局を計る」という二一世紀の日中関係を律する新しい方向を打ち出し、小泉首相からも賛同を得た。未来志向を目指すためにも、国交正常化当時に交わされた共同声明と七八年に締結された平和友好条約、そして九八年末に調印された共同宣言がまさにその基礎にあるといえよう。

一九七二年と七八年の二つの共同文書に関しては本書で詳しく検証しているので、これ以上説明は要らないが、ここでは特に上述の二つの共同文書を踏まえ、その後の内外情勢、両国関係の推移および経験と教訓を反映させた一九九八年の共同宣言の未来へのインプリケーションを強調したい。

この共同宣言は初めて、「平和と発展のための友好協力パートナーシップ」という対等の関係を構築する目標を提示した。またその本文に一節を設けて、「アジアないし世界における両国の共通責任」を明記した。考えてみれば、その前の二つの共同文書はいずれも、当時の内外環境の変化に押されて合意された、という側面があった。国際情勢は今、さらに輪をかけて大きな変化を遂げており、日中両国の世界における共同役割が今日ほど強く求められているときはない。世界に向けた両国の協調と共通努力は、両大国の新しい歴史的責任であり、また二国間の多くの問題を乗り越えるのに新しい視野と可能性を提供してくれる。これは日中関係のこの三〇年の歴史が教えてくれた最重要なことだと筆者は思う。

注

(1) 蕭向前へのインタビュー、一九九二年五月二四日。
(2) 外交部外交史編集室編『新中国外交風雲』(『世界知識出版社』一九九〇年版)二一八頁。
(3) 「張香山回想録(中)」、『論座』一九九七年一二月号、二一二頁。
(4) 朱建栄「中国はなぜ賠償を放棄したか——政策決定と国民への説得」(『外交フォーラム』一九九二年一〇月号)参照。
(5) 前出、張香山論文、二一八頁。これまで、周恩来のこの発言について、「これは道端でうっかり女性の着物に水をかけたことを詫びる程度の意味だ」と話したとされており、今回公開された日中首脳会談記録では具体的に記述されていない。そのため、中国側の記録を読んで書いたとされる張香山論文を引用することにした。
(6) 前出、筆者の『外交フォーラム』論文参照。
(7) 日中国交回復促進議員連盟編『日中国交回復関係資料集』による。
(8) このような細かい説明について本書が収録した日本側の記録には入っていない。ここでは中国側の記録を写したとされる張香山の論文を引用したものである。前出、張香山論文、二二一頁。
(9) 田中角栄証言、『宝石』一九八四年一一月号。
(10) 前出、張香山論文、二二一—二二二頁から引用。本書が収録した総理会談の記録にこれについても詳しい言及があり、ごく一部の日本的理解と思われる部分を除いて、張香山論文とほぼ照合できる。

(11)　『中華民国重要史料初編　対日抗戦時期第七編　戦後中国(四)』八六六—八六七頁。

(12)　主に以下の両者の論文を参照した。石井明「中国に負った無限の賠償」、「台湾か北京か——選択に苦慮する日本」。川島真「対日賠償請求問題と中華民国」(国際政治学会部会13「中国と日本外交」での発表、二〇〇二年一一月一六日)。

(13)　筆者は北京の複数の当事者、関係者からそのような説明を受けた。

(14)　蕭向前に対するインタビュー、一九九二年五月二四日。

資料

日本国政府と中華人民共和国政府の共同声明(日中共同声明)

日本国内閣総理大臣田中角栄は、中華人民共和国国務院総理周恩来の招きにより、千九百七十二年九月二十五日から九月三十日まで、中華人民共和国を訪問した。田中総理大臣には大平正芳外務大臣、二階堂進内閣官房長官その他の政府職員が随行した。

毛沢東主席は、九月二十七日に田中角栄総理大臣と会見した。双方は、真剣かつ友好的な話合いを行った。

田中総理大臣及び大平外務大臣と周恩来総理及び姫鵬飛外交部長は、日中両国間の国交正常化問題をはじめとする両国間の諸問題及び双方が関心を有するその他の諸問題について、終始、友好的な雰囲気のなかで真剣かつ率直に意見を交換し、次の両政府の共同声明を発出することに合意した。

日中両国は、一衣帯水の間にある隣国であり、長い伝統的友好の歴史を有する。両国国民は、両国間にこれまで存在していた不正常な状態に終止符を打つことを切望している。戦争状態の終結と日中国交の正常化という両国国民の願望の実現は、両国関係の歴史に新たな一頁を開くこととなろう。

日本側は、過去において日本国が戦争を通じて中国国民に重大な損害を与えたことについての責任を痛感し、深く反省する。また、日本側は、中華人民共和国政府が提起した「復交三原則」を十分理解する立場に立って国交正常化の実現をはかるという見解を再確認する。中国側は、これを歓迎するものである。

日中両国間には社会制度の相違があるにもかかわらず、両国は、平和友好関係を樹立すべきであり、また、樹立することが可能である。両国間の国交を正常化し、相互に善隣友好関係を発展させることは、両国国民の利益に合致するところであり、また、アジアにおける緊張緩和と世界の平和に貢献するものである。

一　日本国と中華人民共和国との間のこれまでの不正常な状態は、この共同声明が発出される日に終了する。

二　日本国政府は、中華人民共和国政府が中国の唯一の合法政府であることを承認する。

三　中華人民共和国政府は、台湾が中華人民共和国の領土の不可分の一部であることを重ねて表明する。日本国政府は、この中華人民共和国政府の立場を十分理解し、尊重し、ポツダム宣言第八項に基づく立場を堅持する。

四　日本国政府及び中華人民共和国政府は、千九百七十二年九月二十九日から外交関係を樹立することを決定した。両政府は、国際法及び国際慣行に従い、それぞれの首都における他方の大使館の設置及びその任務遂行のために必要なすべての措置をとり、また、できるだけすみやかに大使を交換することを決定した。

五　中華人民共和国政府は、中日両国国民の友好のために、日本国に対する戦争賠償の請求を放棄することを宣言する。

六　日本国政府及び中華人民共和国政府は、主権及び領土保全の相互尊重、相互不可侵、内政に対する相互不干渉、平等及び互恵並びに平和共存の諸原則の基礎の上に両国間の恒久的な平和友好関係を確立することに合意する。

両政府は、右の諸原則及び国際連合憲章の原則に基づき、日本国及び中国が、相互の関係において、すべての紛争を平和的手段により解決し、武力又は武力による威嚇に訴えないことを確認する。

七　日中両国間の国交正常化は、第三国に対するものではない。両国のいずれも、アジア・太平洋地域において覇権を求めるべきではなく、このような覇権を確立しようとする他のいかなる国あるいは国の集団による試みにも反対する。

八　日本国政府及び中華人民共和国政府は、両国間の平和友好関係を強固にし、発展させるため、平和友好条約の締結を目的として、交渉を行うことに合意した。

九　日本国政府及び中華人民共和国政府は、両国間の関係を一層発展させ、人的往来を拡大するため、必要に応じ、また、既存の民間取決めをも考慮しつつ、貿易、海運、航空、漁業等の事項に関する協定の締結を目的として、交渉を行うことに合意した。

千九百七十二年九月二十九日に北京で

日本国内閣総理大臣　田中角栄(署名)

日本国外務大臣　大平正芳(署名)

中華人民共和国国務院総理　周恩来(署名)

中華人民共和国　外交部長　姫鵬飛(署名)

日本国と中華人民共和国との間の平和友好条約（日中平和友好条約）

日本国及び中華人民共和国は、

千九百七十二年九月二十九日に北京で日本国政府及び中華人民共和国政府が共同声明を発出して以来、両国政府及び両国民の間の友好関係が新しい基礎の上に大きな発展を遂げていることを満足の意をもって回顧し、

前記の共同声明が両国間の平和友好関係の基礎となるものであること及び前記の共同声明に示された諸原則が厳格に遵守されるべきことを確認し、

国際連合憲章の原則が十分に尊重されるべきことを確認し、アジア及び世界の平和及び安定に寄与することを希望し、

両国間の平和友好関係を強固にし、発展させるため、

平和友好条約を締結することに決定し、このため、次のとおりそれぞれ全権委員を任命した。

日本国　　　　外務大臣　園田　直

中華人民共和国　外交部長　黄　　華

これらの全権委員は、互いにその全権委任状を示し、それが良好妥当であると認められた後、次のとおり協定した。

第一条

1　両締約国は、主権及び領土保全の相互尊重、相互不可侵、内政に対する相互不干渉、平等及び互恵並びに平和共存の諸原則の基礎の上に、両国間の恒久的な平和友好関係を発展させるものとする。

2　両締約国は、前記の諸原則及び国際連合憲章の原則に基づき、相互の関係において、すべての紛争を平和的手段により解決し及び武力又は武力による威嚇に訴えないことを確認する。

第二条

両締約国は、そのいずれも、アジア・太平洋地域においても又は他のいずれの地域においても覇権を求めるべきではなく、また、このような覇権を確立しようとする他のいかなる国又は国の集団による試みにも反対することを表明する。

第三条

両締約国は、善隣友好の精神に基づき、かつ、平等及び互恵並びに内政に対する相互不干渉の原則に従い、両国間の経済関係及び文化関係の一層の発展並びに両国民の交流の促進のために努力する。

第四条

この条約は、第三国との関係に関する各締約国の立場に影響を及ぼすものではない。

第五条

1　この条約は、批准されるものとし、東京で行われる批准書の交換の日に効力を生ずる。この条約は、十年間効力を有するものとし、その後は、2の規定に定めるところによって終了するまで効力を存続する。

2　いずれの一方の締約国も、一年前に他方の締約国に対して文書による予告を与えることにより、最初の十年の期間の満了の際またはその後いつでもこの条約を終了させることができる。

以上の証拠として、各全権委員は、この条約に署名調印した。

千九百七十八年八月十二日に北京で、ひとしく正文である日本語及び中国語により本書二通を作成した。

日本国のために　園田　直（署名）

中華人民共和国のために　黄　華（署名）

平和と発展のための友好協力パートナーシップの構築に関する日中共同宣言(日中共同宣言)

日本国政府の招待に応じ、江沢民中華人民共和国主席は、一九九八年一一月二五日から三〇日まで国賓として日本国を公式訪問した。この歴史的意義を有する中国国家主席の初めての日本訪問に際し、江沢民主席は、天皇陛下と会見するとともに、小渕恵三内閣総理大臣と国際情勢、地域問題及び日中関係全般について突っ込んだ意見交換を行い、広範な共通認識に達し、この訪問の成功を踏まえ、次のとおり共同で宣言した。

一

双方は、冷戦終了後、世界が新たな国際秩序形成に向けて大きな変化を遂げつつある中で、経済の一層のグローバル化に伴い、相互依存関係は深化し、また安全保障に関する対話と協力も絶えず進展しているとの認識で一致した。平和と発展は依然として人類社会が直面する主要な課題である。公正で合理的な国際政治・経済の新たな秩序を構築し、二一世紀における一層揺るぎのない平和な国際環境を追求することは、国際社会共通の願いである。

双方は、主権及び領土保全の相互尊重、相互不可侵、内政に対する相互不干渉、平等及び互恵、平和共存の諸原則並びに国際連合憲章の原則が、国家間の関係を処理する基本準則であることを確認した。

双方は、国際連合が世界の平和を守り、世界の経済及び社会の発展を促していく上で払っている努力を積極的に評価し、国際連合が国際新秩序を構築し維持する上で重要な役割を果たすべきであると考える。双方は、国際連合が、その活動及び政策決定プロセスにおいて全加盟国の共通の願望と全体の意思をよりよく体現するために、安全保障理事会を含めた改革を行うことに賛成する。

双方は、核兵器の究極的廃絶を主張し、いかなる形の核兵器の拡散にも反対する。また、アジア地域及び世界の平和と安定に資するよう、関係国に一切の核実験と核軍備競争の停止を強く呼びかける。

双方は、日中両国がアジア地域及び世界に影響力を有する国家として、平和を守り、発展を促していく上で重要な責任を負っていると考える。双方は、日中両国が国際政治・経済、地球規模の問題等の分野における協調と協力を強化し、世界の平和と発展ひいては人類の進歩という事業のために積極的な貢献を行っていく。

二

双方は、冷戦後、アジア地域の情勢は引き続き安定の方向に向かっており、域内の協力も一層深まっていると考える。そして、双方は、この地域が国際政治・経済及び安全保障に対して及ぼす影響力は更に拡大し、来世紀においても引き続き重要な役割を果たすであろうと確信する。

双方は、この地域の平和を維持し、発展を促進することが、両国の揺るぎない基本方針であること、また、アジア地域における覇権はこれを求めることなく、武力又は武力による威嚇に訴えず、すべての紛争は平和的手段により解決すべきであることを改めて表明した。

双方は、現在の東アジア金融危機及びそれがアジア経済にもたらした困難に対して大きな関心を表明した。同時に、双方は、この地域の経済の基礎は強固なものであると認識しており、経験を踏まえた合理的な調整と改革の推進並びに域内及び国際的な協調と協力の強化を通じて、アジア経済は必ずや困難を克服し、引き続き発展できるものと確信する。双方は、積極的な姿勢で直面する各種の挑戦に立ち向かい、この地域の経済発展を促すためそれぞれできる限りの努力を行うことで一致した。

双方は、アジア太平洋地域の主要国間の安定的な関係は、この地域の平和と安定に極めて重要であると考える。双方は、ＡＳＥＡＮ地域フォーラム等のこの地域におけるあらゆる多国間の活動に積極的に参画し、かつ協調と協力を進め、理解の増進と信頼の強化に努めるすべての措置を支持することで意見の一致をみた。

三

双方は、日中国交正常化以来の両国関係を回顧し、政治、経済、文化、人の往来等の各分野で目を見張るほどの発展を遂げたことに満足の意を表明した。また、双方は、目下の情勢において、両国間の協力の重要性は一層増していること、及び両国間の友好協力を更に強固にし発展させることは、両国国民の根本的な利益に合致するのみならず、アジア太平洋地域ひいては世界の平和と発展にとって積極的に貢献するものであることにつき認識の一致をみた。双方は、日中関係が両国のいずれにとっても最も重要な二国間関係の一つであることを確認するとともに、平和と発展のための両国の役割と責任を深く認識し、二一世紀に向け、平和と発展のための友好協力パートナーシップの確立を宣言した。

双方は、一九七二年九月二九日に発表された日中共同声明及び一九七八年八月一二日に署名された日中平和友好条約の諸原則を遵守することを改めて表明し、上記の文書は今後とも両国関係の最も重要な基礎であることを確認した。

双方は、日中両国は二千年余りにわたる友好交流の歴史と共通の文化的背景を有しており、このような友好の伝統を受け継ぎ、更なる互恵協力を発展させることが両国国民の共通の願いであるとの認識で一致した。

双方は、過去を直視し歴史を正しく認識することが、日中関係を発展させる重要な基礎であると考える。日本側は、一九七二年の日中共同声明及び一九九五年八月一五日の内閣総理大臣談話を遵守し、過去の一時期の中国への侵略によって中国国民に多大な災難と損害を与えた責任を痛感し、これに対し深い反省を表明した。中国側は、日本側が歴史の教訓に学び、平和発展の道を堅持することを希望する。双方は、この基礎の上に長きにわたる友好関係を発展させる。

双方は、両国間の人的往来を強化することが、相互理解の増進及び相互信頼の強化に極めて重要であるとの認識で一致した。

双方は、毎年いずれか一方の国の指導者が相手国を訪問すること、東京と北京に両政府間のホットラインを設置すること、また、両国の各層、特に両国の未来の発展という重責を担う青少年の間における交流を、更に強化していくことを確認した。

双方は、平等互恵の基礎の上に立って、長期安定的な経済貿易協力関係を打ち立て、ハイテク、情報、環境保護、農業、インフラ等の分野での協力を更に拡大することで意見の一致をみた。日本側は、安定し開放され発展する中国はアジア太平洋地域及び世界の平和と発展に対し重要な意義を有しており、引き続き中国の経済開発に対し協力と支援を行っていくとの方針を改めて表明した。中国側は、日本がこれまで中国に対して行ってきた経済協力に感謝の意を表明した。日本側は、中国がＷＴＯへの早期加盟実現に向けて払っている努力を引き続き支持していくことを重ねて表明した。

双方は、両国の安全保障対話が相互理解の増進に有益な役割を果たしていることを積極的に評価し、この対話メカニズムを更に強化することにつき意見の一致をみた。

日本側は、日本が日中共同声明の中で表明した台湾問題に関する立場を引き続き遵守し、改めて中国は一つであるとの認識を表明する。日本は、引き続き台湾と民間及び地域的な往来を維持する。

双方は、日中共同声明及び日中平和友好条約の諸原則に基づき、また、小異を残し大同に就くとの精神に則り、共通の利益を最大限に拡大し、相違点を縮小するとともに、友好的な協議を通じて、両国間に存在する、そして今後出現するかもしれない問題、意見の相違、争いを適切に処理し、もって両国の友好関係の発展が妨げられ、阻害されることを回避していくことで意見の一致をみた。

双方は、両国が平和と発展のための友好協力パートナーシップを確立することにより、両国関係は新たな発展の段階に入ると考える。そのためには、両政府のみならず、両国国民の広範な参加とたゆまぬ努力が必要である。双方は、両国国民が、共に手を携えて、この宣言に示された精神を余すところなく発揮していけば、両国国民の世々代々にわたる友好に資するのみならず、アジア太平洋地域及び世界の平和と発展に対しても必ずや重要な貢献を行うであろうと固く信じる。

以上、外務省ホームページより引用(http://www.mofa.go.jp/mofaj/area/china/index.html)

■岩波オンデマンドブックス■

記録と考証
日中国交正常化・日中平和友好条約締結交渉

2003年8月7日 第1刷発行
2010年2月5日 第2刷発行
2019年3月12日 オンデマンド版発行

編 者 石井《いしい》 明《あきら》 朱《しゅ》 建栄《けんえい》
添谷《そえや》芳秀《よしひで》 林《りん》 暁光《ぎょうこう》

発行者 岡本 厚

発行所 株式会社 岩波書店
〒101-8002 東京都千代田区一ツ橋2-5-5
電話案内 03-5210-4000
http://www.iwanami.co.jp/

印刷／製本・法令印刷

ISBN 978-4-00-730853-6 Printed in Japan